臺灣歷史與文化 研究輯刊

九 編

第 7 冊

琉球久米村人
閩人三十六姓的民族史

呂青華 著

花木蘭文化出版社

國家圖書館出版品預行編目資料

琉球久米村人——閩人三十六姓的民族史／呂青華 著——初
版——新北市：花木蘭文化出版社，2016〔民105〕
目 4+260 面；19×26 公分
（臺灣歷史與文化研究輯刊 九編：第 7 冊）
ISBN 978-986-404-475-7（精裝）
1. 民族史 2. 民族認同 3. 琉球
733.08   105001805

ISBN-978-986-404-475-7

9 789864 044757

臺灣歷史與文化研究輯刊
九 編 第 七 冊   ISBN：978-986-404-475-7

琉球久米村人
——閩人三十六姓的民族史

作 者 呂青華
總 編 輯 杜潔祥
副總編輯 楊嘉樂
編 輯 許郁翎
出 版 花木蘭文化出版社
社 長 高小娟
聯絡地址 235 新北市中和區中安街七二號十三樓
         電話：02-2923-1455 ／傳眞：02-2923-1452
網 址 http://www.huamulan.tw 信箱 hml810518@gmail.com
印 刷 普羅文化出版廣告事業
初 版 2016 年 3 月
全書字數 187177 字
定 價 九編 24 冊（精裝）台幣 50,000 元

琉球久米村人

閩人三十六姓的民族史

呂青華　著

作者簡介

呂青華，1963 年出生。東吳大學日本文化研究所碩士，政治大學民族學博士。曾獲「琉球政府獎學金」在日本國立琉球大學法文學部社會人類學組學習兩年，現服務於東方設計學院觀光與休閒事業管理系。研究興趣有：琉球‧沖繩歷史文化、原住民族觀光、日語教學。

提　　要

本書探討的主題「琉球久米村人」，也就是自十四世紀末移住琉球那霸久米村的「閩人三十六姓」及其子孫。久米村人對琉球王國外交、文化、思想、信仰有深遠的影響。現有研究成果多偏重歷史研究，本書則以民族學的研究視角和方法，以文獻史料，配合田野調查，以時間為縱軸，以民族集團客觀特徵的姓名、語言、信仰、及主觀認同意識為橫軸，探討閩人三十六姓移住琉球那霸久米村後至今 600 年間，在琉球‧沖繩社會脈絡下改變的過程和因應機制，以及客觀文化特徵與主觀認同意識的相互關係。全書除「緒論」、「結論」外，分為六章討論久米村人的形成、職業、姓名、語言、宗教信仰、及認同的變化。

目次

緒　論

　　久米村（ku-me-mu-ra，琉球話 ku-nin-da），位於現今日本沖繩縣那霸市久米一帶，是 14〜15 世紀琉球地方向明國進貢初期移住那霸的福建人——也就是琉球・沖繩史上的「閩人三十六姓」——所形成的聚落。久米村人自稱「唐營」，後來衍爲「唐榮」〔註1〕。

　　琉球，亦即現今日本的沖繩縣，過去曾經存在著一個獨立的王國。明清以來，琉球王朝以東亞朝貢國的身分向中國派遣朝貢使節，王室仰賴閩人三十六姓及其後裔即久米村人的協助，方能順利進行朝貢及貿易事宜，直到 1879 年琉球王國被納入日本國家體制爲止。不僅如此，久米村人對琉球・沖繩的思想、民俗、信仰、文學等方面，影響至深。

　　在此，首先對琉球・沖繩史作一概觀，次以前人對久米村人的研究，點出久米村人在琉球・沖繩史的重要角色，以及本書的研究焦點，最後提出本書的研究取徑。

第一節　琉球・沖繩史的概觀

　　琉球，即現今的日本沖繩縣，位在日本的西南，由分布在九州島和台灣之間的 160 個島（其中 49 個是有人居住）所組成，總面積約有 2,275 平方公里，略大於台灣的宜蘭縣（宜蘭縣的面積有 2,143.6251 平方公里），僅佔日本國土總面積的 0.6%，排名日本 47 個都道府縣的第 44 位，人口約有 142 萬 6

─────────────────────

〔註 1〕　沖繩大百科事典刊行事務局編，1983，《沖繩大百科事典　上卷》，那霸：沖繩タイムス社，頁 980。

千人〔註2〕（略多於彰化縣 129 萬人〔註3〕）。

　　從日本的角度來看，沖繩不過是一個地處邊陲的離島小縣，但是從東亞或太平洋區域的國際視野來看，和日本本土、朝鮮半島、中國、台灣，自古便是東亞世界的重要成員（圖 0－1）。西端的與那國島距離台灣只有 100 公里，天氣晴朗時可以看到台灣，島上能清楚地收到台灣的廣播。也就因為這樣特殊的地理位置，深深影響歷史的發展，而且琉球的歷史和文化的發展和台灣一樣，兼具海洋性和國際性的雙重性格。

圖 0－1：琉球位置圖

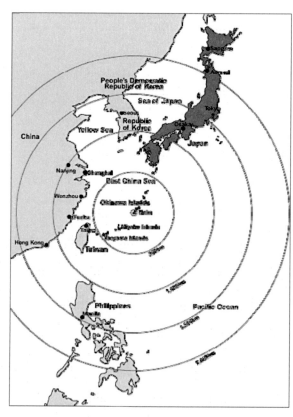

說明：紅色部份為琉球列島，由北而南分別是沖繩群島、
宮古群島、八重山群島。以那霸為中心畫圖，由此
可看出沖繩地理位置的重要性。

〔註 2〕 http://www.pref.okinawa.jp/，沖繩縣廳官網，擷取日期：2015 年 7 月 12 日。
〔註 3〕 2014 年彰化縣的人口數。http://www.moi.gov.tw/stat/city02.aspx，行政院內政部統計處，擷取日期：2015 年 7 月 12 日。

一、「琉球」「沖繩」二詞的空間定位

　　「琉球」，地理學上指的是從奄美大島到與那國島之間的島嶼群，範圍與「古琉球」時期成立的琉球王國版圖大致相彷。語言學的研究把這個區域的人所使用的語言命名為琉球方言，以便和日本本土方言（狹義的日本語）區隔；民俗學・人類學則稱此一區域為「琉球文化圈」。

　　南北綿延約 1000 公里，東西約寬 400 公里的琉球弧，把此一地區三分：依次為奄美大島為中心的「奄美地區」（薩南諸島），沖繩本島和周圍離島組成的「沖繩地區」，宮古島、石垣島為主的「先島地區」（參見圖 0－2）。1609 年因島津入侵事件，奄美地區被薩摩藩從琉球王國分割出來，劃為薩摩藩的直轄地。

圖 0－2：琉球列島分布圖

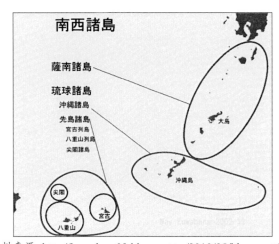

資料來源：http://kuwabara03.blogspot.tw/2010/05/blog-post.html

　　第二次世界大戰結束，美軍託管琉球初期設立的「琉球」民政府，轄區包含奄美大島，1953 年美國總統艾森豪將奄美大島歸還給日本政府，成為鹿兒島縣的一部分〔註4〕。而「沖繩」一詞，一般有兩種意涵，一是沖繩、先島兩區域的總稱，範圍大致上和沖繩縣的縣境重疊；二是單指沖繩地區。

　　歷史學界則以 1879 年「琉球處分」〔註5〕做為分界點，用「琉球」指稱

〔註 4〕 楊仲揆，1972，《中國・琉球・釣魚台》，香港：友聯出版社，頁 96。
〔註 5〕 琉球處分，指明治政府強行將琉球王國納入日本近代國家一連串的政治過程。以 1872 年設置琉球藩為始，經 1879 年廢藩置縣，到 1880 年分島事件為止的 9 年時間完成。明治政府的方針是以強權片面強迫他人就範的方式處理琉球問題，所以稱為「處分」。參見沖繩大百科事典刊行事務局編，1983，《沖繩大百科事典　下卷》，那霸：沖繩タイムス社，頁 882。

1879 年以前的琉球王國時代，「沖繩」則指近現代時期。

二、琉球‧沖繩歷史的分期

在琉球‧沖繩史的撰寫史〔註6〕論著中，有的採王統別的編年方式，有的依經濟發展階段來分期，有以政權的更替做爲依據來分期，目前以高良倉吉的時代分期〔註7〕成爲主流，將琉球依歷史分爲五個時期。茲整理其分期年代及各期政經環境的區隔如表0－1。

表0－1：琉球‧沖繩歷史簡表

		期　　間	政　　權	大　事　記
先史時代		數萬年前～12世紀左右	舊石器時代～貝塚時代	3 萬 2000 年前　山下洞人的時代 1 萬 8000 年　港川人的時代 約6500年前　沖繩奄美加入繩文文化圈 12 世紀左右　沖繩諸島政治逐漸統一
古琉球	琉球王國時代	12 世紀～1609年島津入侵	城堡時代 三山時代 第一尚氏王朝 第二尚氏王朝前期	1392 年閩人三十六姓來琉 1429 年琉球王國成立，與中國、東南亞交流頻繁 1609 年薩摩軍入侵琉球
近世琉球		1609 年～1879年「琉球處分」爲止	薩摩藩以武力迫使王國成爲「幕藩體制下的異國」	幕藩體制下繼續維持王國體制 琉球文化藝能興盛
近代沖繩	沖繩縣時代	1879 年～1945年的沖繩戰爲止	明治政府實施「琉球處分」王國正式解體成爲日本的沖繩縣	1879 年設置沖繩縣 大量移民海外 1945 年日美兩軍在沖激戰
戰後沖繩		1945 年～至今	美國統治時期（1945～1972）政權歸還日本（1972）至今	建設大型美國軍事基地 1972 年回歸日本

資料來源：高良倉吉，1989，《琉球王国史の課題》，那霸：ひるぎ社，頁 14～17。

〔註 6〕 在日本主要有東恩納寬惇，1957，《琉球の歷史》，東京：至文堂、宮城栄昌，1968，《沖繩の歷史》，東京：日本放送出版協会、新里惠二等，1972，《沖繩縣の歷史》，東京：山川出版社、外間守善，1986，《沖繩の歷史と文化》，東京：中央公論社、高良倉吉，1989，《琉球王国史の課題》，那霸：ひるぎ社。作者清一色都是在沖繩出生的在地人，後又有在地的報社琉球新報社集合數十位專家學者共同完成 4 冊的《新琉球史》；在美國有 Kerr, George H.，1958，*Okinawa: the history of an island*, Rutland, Vt.: C. E. Tuttle Co.；在台灣有楊仲揆，1972，《中國‧琉球‧釣魚台》，香港：友聯出版社。

〔註 7〕 高良倉吉，1989，《琉球王国史の課題》，那霸：ひるぎ社，頁 14～17。

扼要地說，琉球（沖繩）在數萬年前就有人類居住，數萬年的歷史大致可區分爲5個階段，第1階段稱爲「先史時代」，從數萬年前到12世紀爲止，屬於吸納周圍亞洲各地區的影響而逐漸成形的基礎期，第2階段「古琉球」期，以沖繩島爲中心，政治上逐漸趨於統一，1429年獨立的琉球王國誕生。1609年日本國薩摩藩以武力迫使琉球王國聽命於薩摩，進入了第3階段「近世琉球」。隨著日本國從封建國家轉變爲近代國家，琉球王國在1872年被廢國改爲琉球藩，繼之又在1879年改爲沖繩縣，進入「近代沖繩」的時代。第二次世界大戰期間，沖繩是日本國土上唯一的陸上戰場，死傷慘烈自不待言。日本戰敗，沖繩由美國直接統轄。1972年因主客觀環境及住民的要求，將之歸還日本，再度成爲沖繩縣。從美國統治時期起到今日的沖繩縣，統稱爲「戰後沖繩」。

三、琉球・沖繩歷史中的久米村人

久米村人自閩人三十六姓於1392年移住琉球那霸之後，隨著琉球與明國、東南亞交流貿易的興盛，久米村也因此而繁榮。16世紀後半，貿易衰退，久米村亦隨之衰微。1609年薩摩入侵之後，琉球也開始定期派遣使節向江戶幕府朝貢。薩摩爲維持並強化與明國的貿易關係，反而鼓勵琉球王國引進更廣泛的中國制度和事物，做爲媒介的久米村人也因而活躍起來。1879年「琉球處分」以降，琉球被納入日本國家體制，成爲日本的沖繩縣〔註8〕，明治政府對沖繩人採行日本本土同化政策，同時也意味琉球與中國的朝貢貿易關係中止，久米村人失去舞台，被迫選擇快速地融入當地社會。1945年二次大戰之後，美軍託管27年，1972年回歸日本。回歸日本之後，琉球的傳統文化得到復振的機會，在重新評價琉球傳統文化的活動中，對琉球歷史有卓越貢獻的久米村人也再度受到肯定。明治維新以後一向保持沉默的久米村人，終於勇於在公開場合承認自己具有閩人血統，以身爲閩人三十六姓後裔爲榮。

〔註8〕1872年明治政府先納琉球王國爲琉球藩，1879年再廢琉球藩改置沖繩縣，一直到現在。

第二節　久米村人在琉球·沖繩史的重要角色 〔註9〕

　　如前所述，久米村人在明、清兩朝封貢體制中扮演外交官角色，影響力遍及王朝的政治、庶民的風俗習慣、信仰、親屬制度、文學等各層面。因此沖繩、日本本土、台灣、中國四地的學者、以及久米村人本身對久米村人研究多有涉及，但由於學門不同、立場相異，立論分歧，各有側重。

一、琉球·沖繩史論著中的久米村人

　　首先是日本歷史學者眼中的久米村人。從所蒐集到的 6 冊「琉球·沖繩史」中〔註10〕，依久米村人出現的頁數／全書頁數、對久米村人的稱呼和定義、久米村人的居住地、久米村人的職務、對久米村人的評價項目，整理如表0−2。

表0−2：琉球·沖繩史論著中久米村人的比較

作　者 出版年 書　名	久米村人出現的頁數／全書頁數	對久米村人的稱呼和定義	久米村人的居住地	久米村人的職務	對久米村人的評價
高良倉吉 （1993） 《琉球王国》	4頁（頁90～92，頁106）／190頁	久米村－技術先進國來的人居住的區域 閩人三十六姓－福建省來的中國人	那霸	造船、船舶修理、航海術、通譯、製作外交文書、交易方法、海外情報	實際操縱琉球海外貿易的靈魂人物
田名眞之 （1991） 《新琉球史－古琉球編－》	6頁（頁221～256）／340頁	閩人三十六姓－明初渡海來琉的的中國人 久米村人－閩人三十六姓的後裔	那霸 久米村	通事、火長、長史、商人、製作公文、操舟、執行進貢禮儀	維持進貢體制的支柱

〔註9〕　呂青華，〈久米村人的研究史〉，收於政治大學民族學系編，2006，《政大民族學報》25：263～291。

〔註10〕　高良倉吉，《琉球王国》，1993，東京：岩波書店、田名眞之，1991，《新琉球史——古琉球編——》，那霸：琉球新報社、田名眞之，1989，《新琉球史——近世編（上）——》，那霸：琉球新報社、外間守善，1986，《沖繩の歷史と文化》，東京：中央公論社：新里惠二、田港朝昭、金城正篤，1972，《沖繩縣の歷史》，東京：山川出版社；宮城栄昌，1968，《沖繩の歷史》，東京：日本放送出版協會。

田名眞之（1989）《新琉球史－近世編（上）－》	24頁（頁207～230）／343頁	久米三十六姓－從福建移住沖繩的中國人	那霸市久米一帶	王國外交使者、近世以後從事教育、傳授學問、傳播中國文化	近世的久米村是從事王府進貢、教授學問的技術集團；對王國的文化、思想、信仰體系的影響延續至今
外間守善（1986）《沖繩の歷史と文化》	3頁（頁56、64、71）／248頁	唐榮－歸化者居住的久米村閩人三十六姓－福建歸化琉球的人		造園、助理國政、指導政治外交	傳入儒教、道教，影響沖繩社會的思想、習俗、文化
新里惠二・田港朝昭・金城正篤（1972）《沖繩県の歷史》	2頁（頁44～45）／244頁	閩人三十六姓－福建來的移民	那霸	領航員、舟工、政治顧問	
宮城栄昌（1968）《沖繩の歷史》	2頁（頁51～52）／233頁	閩人三十六姓－從中國福建來，1392年歸化琉球的人	那霸久米村	製作與外國往來文書、通譯、舟匠、領航員	影響沖繩的思想、文化、海外貿易

資料來源：筆者整理。

　　由表0－2可以知道，雖然所有的日本歷史學者都給予久米村人很高的評價，認為久米村人不論是對琉球王國的政治、經濟、文化、思想、信仰都有很大的貢獻和影響，然而從1968年到1993年的史著觀察，久米村所佔的篇幅，除了1989年的《新琉球史——近世編（上）》之外，在其他五部以「琉球」或「沖繩」為書名的琉球・沖繩史中，所佔的份量實在微乎其微。

　　六部書共同的問題點是，不論是用「閩人三十六姓」或「久米村人」或「久米三十六姓」來稱呼這些在明初由中國福建移住琉球的這群人及其後代，都不夠精確。因為，閩人不同於以北京為中心的漢人，彼此語言不同，風俗有異。而閩人的內部也分為閩東（福州）與閩南（泉州與漳州），將中國（明國及清國）視為一個多民族的國家〔註11〕，更可以看出「閩人」在中國與琉球之間文化關係的複雜性。

〔註11〕　林修澈，〈中國的民族語言政策〉，收於施正鋒編，1996，《語言政治與政策》，台北：前衛，頁295。

二、沖繩研究中的久米村人

　　除上述史論外，日本本土及沖繩當地人士對琉球・沖繩的研究可說是汗牛充棟，成果豐碩，甚至發展出一門獨特的「沖繩學」〔註12〕。然在研究成果豐碩的沖繩學裏，又有多少學者專家把關注點放在琉球史上扮演重要角色的久米村人身上呢？台灣及中國方面又是如何看待這一群在朝貢體系下扮演舉足輕重角色的久米村人呢？謹就歷年來收集所及，將久米村人相關的研究，依研究者的出身別，以沖繩觀點、大和觀點、台灣觀點、中國觀點、久米村人的觀點五項分項敘述。

（一）沖繩觀點：從技能集團到「華僑」集團

　　沖繩的歷史學者和人類學者都注意到久米村人的存在，也都把久米村人視爲外來移民。因此，早期的歷史學者把久米村人定位爲應朝貢體制而產生的「技能集團」，後期的主流學者傾向把久米村人歸類爲與近代中國因貧而外出謀生的「華僑」集團，因而衍生出學者與久米村人後裔子孫的「下賜閩人」之爭。人類學者則側重久米村人與沖繩人在社會組織上的差異。

（二）大和觀點：在日華人（中國系）知識人

　　在日本本土，沖繩出身的語言學家外間守善〔註13〕於 1972 年在法政大學創立的「沖繩文化研究所」，可以說是日本研究沖繩的重鎮所在，在近兩百位的日本國內研究員中，沖繩出身的研究者約佔 14%，其餘 86%則爲大和人（ヤマトゥンチュー、ya-ma-tun-chyu）。大和人幾乎都把研究重點放在沖繩、沖繩離島的民俗上。高良倉吉在「從琉球史研究看沖繩・琉球民俗研究的課題」〔註14〕中就批評日本本土的民俗學和人類學學者的研究偏重農村和沖繩本島以外的離島，忽略了「都市的民俗」，久米村即是一最典型的例子。

　　原因何在？是否大和人不認爲這是一個值得研究的課題？還是因爲的農

〔註12〕呂青華，〈台灣的沖繩學──戰後的研究動向〉，收於靜宜大學日本語文學系編，《靜宜大學 2006 年『日本學與台灣學』國際學術研討會　會議論文集》，2006 年 5 月 20 日，頁 C2－1～13。

〔註13〕外間守善（1924～2012），出生於沖繩縣，國學院大學文學部畢業，文學博士，專攻國語學、沖繩文學。

〔註14〕高良倉吉，1996，〈琉球史研究からみた沖繩・琉球民俗研究の課題〉，《民族學研究》，頁 465。

村、離島規模相對較小，方便研究？合理的解讀是：大和人將沖繩看成外族、非我族類在研究，沖繩本島的都市已是「熟蕃」，而農村、沖繩以外的離島尙處「生蕃」階段，更符合民族（人類）學異文化研究的研究旨趣。

（三）台灣觀點：從血緣論到開化・貢獻論

台灣觀點的論述，最明顯的特徵在於隨時代的政治氣氛而改變，由早期的血緣論逐漸轉向開化・貢獻論。血緣論的代表人物有宋漱石、陳紀瀅，開化・貢獻論的代表人物則有楊仲揆、吳靄華。90 年代以後則利用沖繩政府在家譜的整理與建置成果，而轉向以家譜爲素材，進行不具政治味的中琉歷史關係、文化研究。

（四）中國觀點：賜閩人爭議論

中國方面有關久米村人的論述清一色是由歷史學者提出的，除了米慶餘是持開化・影響論外，其餘學者在 1990 年代開始加入「賜閩人」之爭，謝必震闡述明賜琉球閩人的原因之一乃是大明中國「用夏變夷」觀所致，方寶川持自然形成論，另兼及家譜的利用，孫薇則是政策論者。

（五）久米村人：民族學・民俗的參與

見諸文字的久米村人後代子孫的撰述，內容多止於介紹或回憶。1972 年 12 月號的《青い海》發行了「特集　中国と沖繩をつなぐ」（連結中國與沖繩特集），其中小渡有得回憶耆老談論過去在久米村處處可聞中國話的朗讀聲，在廢藩置縣後朗讀聲成了哀嘆聲；此外久米村金氏後裔具志堅以德以「沖繩に帰化した中国人」（歸化沖繩的中國人）爲題，將金氏家譜作爲素材，述說久米三十六姓的功績和哀歡〔註15〕。

茲將 1954 年至 2004 年的 50 年間，沖繩、日本本土、台灣、中國和久米村人五方對久米村人論述的觀點所發表及出版的論文或著作篇數整理如表 0－3。

由表 0－3 可以看出 50 年來沖繩、日本本土、台灣、中國四地對久米村人和久米村人對自身的關注程度。從空間的角度來看（如圖 0－3），沖繩人關心在地的歷史與文化，以久米村人爲特色來凸顯自己與日本本土不同，所以篇數最多，其用心自可理解；但是中國是久米村的祖國，對久米村的研究

〔註15〕沖繩の郷土月刊誌，1972 年 12 月，《青い海》第 3 卷第 1 號。

表0－3：
久米村相關論述數量一覽表

	沖繩觀點	大和觀點	台灣觀點	中國觀點	久米村人觀點
1954			1		
1957	1				
1959	1				
1967			1		
1972			1		1
1979	3	1			
1980	1				
1982	2				1
1983	2				
1985			1		
1986	1				
1987	2				
1989	1				1
1990	1	1	1	1	
1991	1	1	2	1	
1992	2				
1993		1	1		1
1995		1		1	
1998				1	
1999		1			
2000				2	
2001			1		1
2004		1			
合計	18	7	9	6	5

圖0－3：
久米村位置與周邊的空間關係圖

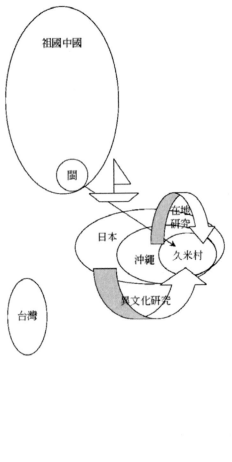

卻遠遠落在台灣之後，原因何在？又久米村人自身的研究為何最弱？我們必須回到時代背景的脈絡，才能回答這些問題。以下將時間與空間疊合，就研究內容及時代背景歸納說明如下：

　　1、台灣方面最早注意到久米村人的存在，早期的作品分布在1972年——沖繩回歸日本的那一年——之前的，把久米村人作為中琉關係淵源深厚的立場明顯，認為琉球應歸屬中國，政治意圖強烈，嚴格來說算不上真正的學術研究，而是政治利用；琉球歸屬成定論後的1972～1985

之間十餘年則是空白。1985 年以後的學者偏重史料文獻分析（包含家譜）方法，強調久米村人在冊封體系下對琉球王國歷史的貢獻。

2、中國方面對久米村的研究則遲至 1990 年才開始，究其原因，無非是政治因素。介入中琉關係研究圈的，以福建出身的學者爲主。由於起步晚，論點和題材都還侷限在久米村人是否是明太祖下賜的問題上，沒有新意。

3、沖繩方面雖然論文數量最多，關注焦點卻始終停留在久米村人是否是明太祖下賜的名分上，同時也未能給久米村人完整適切的歷史定位。1993 之後沖繩學界轉移了焦點，對久米村人不再投以關愛的眼神。原因在於沖繩方面積極地與福建（福建師範大學、廈門大學）、北京（第一檔案館）的研究單位建立緊密關係，另一方面也是因爲琉球檔案新史料出現的關係。

4、日本本土也是遲至 1990 年才有較多的學者對久米村人產生研究興趣，而且都是「文化人類學」背景出身的學者，不過還停留在現況調查、耆老訪談等建立基礎資料的階段，或把久米村人當成素材來建立理論系統。他們稱久米村人爲「中國系移民」、「在日華人知識人」，很明顯的是以「非我族類」的眼光在看待久米村人，與歷史學者的「技能集團」、「華僑」，對久米村人的認知有很大的不同。

5、今日的久米村人有少數熱衷自己門中（宗親會）事務的，熱心收集整理家譜，然而在久米村研究裏則淪爲被研究者，提供研究素材的報導人。雖有 60、70 歲的年長者認爲本族歷史文化應由本族人自己來研究、發聲，因此積極組織青年團，打算訓練年輕一輩來寫「久米村史」，然而宥於研究人才的培養尚未完成，也就遲遲無法展開。

　　沖繩研究的脈絡與沖繩的定位變遷息息相關，久米村人研究自然也受到制約。以下借用高良倉吉和浜下武志對沖繩研究的分期〔註 16〕（參照表 0－4），來說明自明治維新以來久米村研究的變化情形。

〔註16〕沖繩大百科事典刊行事務局編，《沖繩大百科事典　上卷》，頁 436～437；浜下武志，2000，《沖繩入門——アジアをつなぐ海域構想》，東京：筑摩書房，頁 19～27。

表0-4：沖繩研究與久米村論述內容一覽表

高良倉吉			浜下武志		筆			者		
分期	期間	主要研究者特色	分期	主要研究者與特徵	出版年	研究者與研究課題				
第1期	1879｜1900年代初期	主流有二，一是官方為施政需要所做的調查；一是沖繩納入日本國體系後，成為學術研究的處女地。								
第2期	1900年代初期｜1920年代中期	沖繩出身的研究者輩出，代表人物有伊波普猷、東恩納寬惇。此時期正是努力尋求沖繩完整面貌、自我認同的階段。	第1代	伊波普猷，以國學角度看沖繩研究，沖繩如何成為明治國家的一部分，歷史的沖繩社會無法在國學架構中處理的特色部分如何解釋。提倡以「海人」作為沖繩人的認同本質						
第3期	1920年代中期｜1945	由於柳田國男、折口信夫等日本本土學者的參與，引起更多人對沖繩的關注，研究者增多，個案研究數量也增加。	第1代	柳田國男、柳宗悅，以民俗學或社會民族文化論處理國學無法解釋的部分。		沖繩觀點	大和觀點	台灣觀點	中國觀點	久米村人觀點
第4期	1945｜1960年代中期	美國統治時期，主要研究焦點放在「沖繩問題」上，比嘉春潮和仲原善忠是代表人物。	第2代	金城正篤、西里喜行，1879年琉球王府轉變為日本的沖繩縣。以沖繩本土化研究明治日本，側重「琉球處分」。	1954 1957 1959	原國政朝／技能集團 東恩納寬惇／技能集團		宋漱石／血緣		
第5期	1960年代中期｜1970年代中期	延續第4期的「沖繩問題」研究，年輕的研究者輩出，研究的質與量並進，大學、研究機構等成為主要的研究舞台。	第3代	我部政明美國戰後的統治	1967 1972			陳紀瀅／血緣論 楊仲揆／教化論		具志堅以德、小渡有得／民俗

期	年代	時代特徵	代	代特徵	年	主題1	主題2	主題3	主題4
第6期	1970年代中期｜1983	將會是一個研究者人數、研究成果的質與量快速成長、研究朝向個別化、分散化發展、自然科學抬頭的時代。	第4代	高良倉吉，以琉球王朝研究為主，強調沖繩琉球的網絡特性。豐見山和行，強調沖繩的網絡特性、海域特性的同時，探究沖繩內部世界的社會結構。	1979	比嘉政夫/婚姻制度 那霸市史編集室/家譜 那霸市史編集室/民俗	戶谷修/文化接觸		
					1980	比嘉政夫/婚姻制度			
					1982	富島壯英/移民 比嘉景宗/僑商	戶谷修/東南亞區域研究		
					1983	眞榮平房昭/華僑 比嘉政夫/婚姻制度			國慶有吉、具志堅以德、仲井眞元楷/民俗
			第5代	富山一郎，人的移動，沖繩人的認同問題、移民網絡、以後近代的視角，批判沖繩的近代化。以日本本土的沖繩移民為研究對象。	1985		吳靄華/教化論		
					1986	高瀨恭子/政策論			
					1987	富島壯英/興衰			
					1989	田名真之/文化影響 與世山茂/官派移民		方寶川/晹閭人考證	
					1990	具志堅以德/民俗	楊仲揆/貢獻論	謝必震/用夏變夷論	
					1991	田名真之/形成 高良倉吉·/華僑	吳靄華/貢獻論 陳捷先/家譜		
					1992	田名真之/技能集團 田名真之			小渡清孝/祖源
					1993	田名真之 高木桂藏/客家	吳靄華/貢獻論	方寶川/自然形成 米慶余/開化論	
					1995	緒方修/客家			
					1998				
					1999	小熊誠/婚姻民俗		方寶川/家譜	

				2000	浜下武志／海域構想		孫薇／政策論	
				2001		陳龍貴／職業轉變		國吉美繪子／形成
				2004	重松伸司／異文化			

資料來源：沖繩大百科事典刊行事務局編，1983，《沖繩大百科事典　上卷》，那霸：タイムス社，頁436～437；浜下武志，2000，《沖繩入門──アジアをつなぐ海域構想》，東京：筑摩書坊，頁19～27；筆者的整理。

　　琉球王國自 1879 年被納入日本國家體系到二次大戰之間的 65 年間，初期官方因應施政需要進行了多項調查，沖繩社會本身也成爲學術研究的處女地，對沖繩人來說這個時期正是努力尋求沖繩完整面貌、自我認同的階段，有「沖繩學之父」之稱的伊波普猷爲代表人物，他從日本國學的角度出發研究沖繩，課題有二，一是沖繩如何成爲明治國家的一部分，一是歷史的沖繩社會無法在國學架構中處理的特色部分，該如何解釋。柳田國男、折口信夫、柳宗悅等日本本土的學者則從民俗學或社會民族文化論的角度，致力處理國學無法解釋的部分。

　　後期有金城正篤、西里喜行針對沖繩的本土化特別是「琉球處分」問題有深入的探討。在這環境底下，具有中國血緣的久米村人自然不會是學者關心的對象，唯一可以找到相關論述的，是東恩寬納惇研究南洋的副產品《黎明期の海外交通史》中有一章「三十六姓移民的渡來」〔註 17〕，文中點出久米村人的來源、生活、姓氏、宗教信仰、生業與琉球人的不同，這些相異點其實都是區辨民族邊界的重要元素，爲後人開啓了重要的研究課題。

　　戰後到沖繩回歸日本期間，主要有我部政明的美軍統治研究，久米村人僅點綴式地出現在原國政朝、東恩寬納惇的琉球史著當中。同時期的台灣因琉球的歸屬爭議，而有宋漱石、楊仲揆的血緣論者，力主沖繩人與久米村人通婚，不僅具有中國血統，文化思想面也因久米村人的媒介而富中國色彩，所以不應歸還日本。

　　沖繩回歸日本之後，繼之而起的是以琉球王朝時代爲研究課題的高良倉吉，他強調以沖繩‧琉球過去因朝貢中國 500 年所造就出來跨海、遍及東南亞的網絡特性，企圖藉此突顯與日本本土不同，建立沖繩人的主體性。久米

〔註17〕　東恩納寬惇，1941，《黎明期の海外交通史》，東京：帝國教育出版部，頁354～399。

村人在琉球史上的貢獻雖然再度被提及，再度受到重視，但是也因此被歷史學者貼上與東南亞華僑無異的標籤，繼而引起與久米村後裔的「賜閩人」（官派移民）論戰。於此同時，沖繩興起一股復興傳統琉球文化的風潮，田名眞之等歷史學者藉由編集那霸市史的機會建立家譜資料，比嘉政夫、小熊誠等民族（人類）學者則採集民俗，並利用久米村的民俗和家譜資料研究沖繩的門中、婚姻制度，這些研究其實不脫 1920 年代日本本土學者民俗學範疇。台灣方面雖然有歷史學者吳靄華以久米村人爲主體的幾篇精彩論著，可惜論點仍不脫過往的教化貢獻角度。

　　1990 年代以後即現代的沖繩研究，以富山一郎爲代表，他將沖繩放在「人的移動」這樣一個大於東亞區域的框架底下去論述沖繩人的認同問題、移民網絡，以日本本土的沖繩移民爲研究對象，從後近代的視角，批判沖繩的近代化。其實從 1979 年戶谷修的「文化摩擦」調查，比嘉政夫、小熊誠婚姻制度的比較，到 2000 年浜下武志「海域構想」的提出，都屬於「區域研究」的範疇，換句話說，區域研究是當時學術界的主流。與此同時，由於北京第一檔案館的開放，沖繩歷史學者陸續轉移研究方向，中國福建師範大學、廈門大學取而代之加入「賜閩人」的論戰，另有極少數的久米村人後裔開始研究自己族人的歷史，日本本土的學者高木桂藏、緒方修則注意到久米村人內部祖籍的差異，但僅止於問題的提出，台灣則是一片空白。

　　從量的方面來說，沖繩研究以沖繩出身的ウチナーチュー（u-chi-na-chyu，沖繩人）爲主體；從質的方面來說，依學門又可分歷史學與民族（人類）學兩大主流，兩者有共通的研究假設：久米村人與琉球（沖繩）人不同，前者可能宥於學科本質、史料缺少的限制，傾向把相異點描述出來，卻無法解釋差異的原因；民族（人類）學者則已著手從民俗的角度去解釋其差異點，但還不夠全面。日本本土的ヤマトゥンチュー（ya-ma-tun-chyu，大和人），則普遍以沖繩一般民俗作爲研究面向〔註 18〕，而無特別針對久米村人的研究，換句話說，日本本土的研究重在面的研究，力圖將沖繩的多樣性一般化，有意或無意的忽略了久米村人這種點的研究。

　　除了日本之外，與沖繩關係密切的尚有美國、台灣、中國，美國關心的

〔註 18〕　1964～1983 年的 20 年之間，就有 250 部以上與沖繩社會有關的知名研究著書、論文。渡辺欣雄，2004，《民俗知識論の課題——沖繩の知識人類学——》，東京：凱風社，頁 67。

是戰後在沖繩的基地，以及基地所衍生出來的問題〔註 19〕；台灣方面雖早在
1954 年就注意到久米村人的存在，卻未能將久米村人主體性的全貌展現出
來；中國方面對久米村人的研究則仍停留在文獻分析的階段；沖繩方面針對
「賜閩人」問題，可以很清楚地分出學者和久米村本族人兩種完全對立的觀
點，前者傾向把久米村人看成等同東南亞的「華僑」，將之歸於商人階級，而
後者則堅持自己的祖先是具有明國官派身分的「士族」、知識階級分子。祖源
身分論爭牽涉到自我認同問題，是歷史學無法處理的部分，正是民族（人類）
學者所擅長的項目，也是本研究所關注的焦點。

因此，本研究企圖在歷史學方法所建立的基礎上，從民族學的視角，針
對久米村人的祖先「閩人三十六姓」，從 1392 年移居琉球之後，歷經琉球王
國時期（古琉球時期），1609 年島津氏攻琉納入幕藩體制時代（近世琉球時
期），1879 年日本行「琉球處分」，設置沖繩縣，1945 年美軍託管時期，1972
年歸還日本（近現代沖繩時期）至今，前後約 600 餘年的變遷中，認同如何
變化，作一全面性的深入探究。

久米村人在歷史洪流中錯綜複雜的身分，他們在時代劇烈變動、政權更
迭中，如何因應變化，如何維持其民族邊界，具體地的用姓氏、職業、語言
使用、宗教信仰、社會組織、及其後代子孫對自我身份的定位〔註 20〕等項
目作為觀察指標，探究其變與不變的原因與過程，研析其面對衝擊時的反響
與因應，當可提供經歷類似歷史過程與異文化多有接觸的我們一個新的思考
面向。

第三節　久米村人是一個民族集團

祖籍福建福州、漳州、泉州的閩人三十六姓，說福州話、閩南話、或漢
語官話，穿戴明國的服飾，信仰天妃、龍王、天尊、關聖帝君、土地公，在
14 世紀末移住琉球時，和說琉球話，穿著琉球服裝，信仰泛靈、崇拜祖靈的

〔註 19〕 詳細參照：仲地清，1993，〈アメリカ、カナダにおける沖繩研究の歷史と課
題〉，《沖繩文化研究》20，頁 309～335、Koji TAIRA（平恒次），1994，"*Ryukyuan
Studies in North America: The State of the Field*"（アメリカにおける琉球研究の
現狀），《南島文化》16：1～22。

〔註 20〕 日本人如何看待久米村人、琉球人如何看待久米村人，都會影響久米村人如
何看待自己；也會影響久米村人如何處理與中國的關係。

琉球人不同，是一個民族集團〔註21〕。時至今日，久米村人——閩人三十六姓的後代子孫，長相和日本人沒什麼兩樣，穿著和日本本土人相同，說日語，但仍在某些特定場合宣稱自己是久米村人的後代，組織宗親會，在名片上印著「久米三十六姓　阮氏我華会」、「久米国鼎会」、「梁氏呉江会」等字樣，編纂族譜；在清明節時，集合一家大小在墳墓前祭拜祖先；組織崇聖會，舉行祭孔大典，推廣儒學；組織中國訪問團回福建故鄉謁祖。然而，這 600 年之間的變化過程，不論是日本的歷史學者或民族學者，鮮有人論及。我們認為此乃肇因於對久米村人的認識不夠全面，已於前所述。

一、日本歷史學者眼中的久米村人

以下摘要羅列日本歷史學者對久米村人的定義：

東恩納寬惇：三十六姓移民の渡来（三十六姓移民的渡來）

宮城栄昌：中国人の帰化（中國人的「歸化」）

新里恵二：閩人の渡来／福建からの移植民（從福建來的「移植民」）

外間守善：福建からの閩人三十六姓が帰化したこと（從福建來的閩人三十六姓歸化一事）

高良倉吉：從福建省移住琉球的中國人

田名眞之：渡来中国人の集団（「渡來」的中國人集團）

沖繩縣教育委員會：華人集團

日本《広辞苑》對於「渡来」、「帰化」、「移民」的解釋如下〔註22〕：

渡来：從外國渡海而來。

帰化：從其他地方遷來該地後定居下來；自願取得他國國籍成為該國國民。

移民：移住他鄉，尤指以從事勞動工作為目的而移住海外。

〔註21〕　王明珂在探討族群理論時，以「民族」對應 ethnos，以「族群」對應一般社會人類學家所稱的 ethnic group。「族群」指一個族群體系中所有層次的族群單位，如漢族、客家人、華裔美人；「民族」則指族群體系中主要的或是最大範疇的單位，如漢族、大和民族、蒙古族、或羌族。王明珂，1997，《華夏邊緣：歷史記憶與族群認同》，台北：允晨文化，頁 24～25。基本上，我們贊同王明珂對於「族群」的指涉，但有鑑於族群一詞在國內有被濫用的傾向，因此在本文將 ethnic group 直譯為「民族集團」，來定義久米村人。至於王對「民族」的定義，則嫌不夠具體與精準，關於「民族」的民族學定義，請參見林修澈，2001，《原住民的民族認定》，台北：行政院原住民委員會，頁 5。

〔註22〕　新村出編，1955，《広辞苑》，東京：岩波書店，頁 1126、541、151。

此種解釋對我們了解「什麼是久米村人」沒有太大的幫助，只能說日本歷史學者對古琉球時代的久米村人定義模糊，一方面強調久米村人的祖先是來自福建的中國人，另一方面則似乎忽略了久米村人已經是日本人了，誠如《帰化人》一書的作者關晃所要強調的：「帰化人」不是爲日本人做的，而是「日本人」做的；不是日本人的祖先同化了帰化人，而是帰化人其實就是日本人的祖先〔註23〕。

強調事件的重要性而忽略對特定群體定義的用心是可以理解的。其次，再看日本的民族學者如何界定久米村人。

二、日本民族學者眼中的久米村人

比嘉政夫：琉球王朝時代的職業技能集團：華人社會

小熊誠：中國系琉球人

戶谷修：中國系住民

由以上的描述可以發現，日本的民族學者對久米村人的界定不夠嚴謹，除詞彙的選用不同外，內涵跟歷史學者的看法沒有太大差異。在戶谷修的口訪記錄裏，他也坦誠用「中國系住民」來定義已經定居在琉球 500 年的久米村人不夠嚴謹〔註24〕。理由在於日本的民族學者對「民族」的研究多集中在「種族‧部族‧民族集團」的研究，幾乎佔了總數的三分之一，而一般都不是在西方 ethnicity 的概念下所做的研究。

換句話說，日本民族學界對西方 ethnicity 的研究歷史還很短，此一概念通常只用來研究日本以外的民族，對日本國內民族的研究則長期在「日本是單一民族國家」的政策下少有發揮的空間。面對日本國內民族問題時，日本民族學者則刻意強調愛努人、沖繩人和本土日本人的文化習俗差異，而不把他們視爲界線分明的「民族」〔註25〕，即使有部分學者開始利用西方 ethnicity 概念來研究日本國內民族，重點通常也都放在「愛努民族（アイヌ民族，ainu-minzoku）」、「在日韓國人」，而忽略華人‧華僑移住民的集團〔註26〕。

〔註23〕關晃，1956，《帰化人》，東京：至文堂，頁1。

〔註24〕戶谷修、重松伸司，1979，《インタビュー記録　在沖縄‧中国系住民の生活意識──文化接触の視点から──》，私家版，頁4。

〔註25〕馬戎，2001，〈關於民族研究的幾個問題〉，收於喬健、李沛良、馬戎編，《21世紀的中國社會學與人類學》，高雄：麗文文化，頁551。

〔註26〕石毛直道，1996，〈總括　国家と民族──世界と日本〉，《民族に関する基礎研究 II──民族政策を中心に──》，東京：總合研究開發機構，頁225。

　　以比嘉政夫和小熊誠的研究爲例，他們把久米村人視爲曾經出現在琉球歷史上的一個集團，把久米村人當成案例來解釋沖繩社會脈絡裏士族的婚姻結構與日本本土的差異。問題是，久米村人目前仍然是實際存在於眞實世界的集團，用如此簡單的界定，無法對久米村人根據什麼來宣稱自己是久米村人的現象提供合理的解釋。

三、民族學研究視角與田調簡述

（一）民族學視角

1、「民族」的定義

　　用台灣民族學者林修澈對「民族」的定義，應能對琉球的「民族」問題作更清晰的辨識，亦即本論文所採用的研究視角。林修澈認爲民族由「民族的表體」、「第三體」、「民族的載體」三部分組合而成，包含語言、宗教、民俗的表體與包含社會、政治、經濟的載體，靠第三體的「血緣」連結在一起。載體在未能獨自建立國家而被納入大社會時，表體仍然成爲民族辨認的標幟[註27]。

　　在日本的國家範疇裏，有大和民族、愛努民族、在日韓國人、華人‧華僑等幾個民族集團，很明顯的，血緣在日本國的脈絡裏扮演一個具有區別意義的元素。那麼，以這些客觀的文化特徵等同於表體的各項作爲指標，來界定一向被日本學者視爲華人的一個集團的久米村人的民族性，自應正確無誤。久米村人長相和日本人沒什麼兩樣，穿著和日本本土人也相同，也說日本話，但自認爲祖先來自福建。換言之，久米村人是一個民族集團，只是作爲分辨民族邊界的要項之一的語言已全然消失，「血緣」是唯一較明顯的特徵。

2、客觀特徵與主觀我群意識的關係——工具論／根基論／制約論

　　一個民族的成立要項，除客觀的文化特徵外，還有主觀的我群意識。對於主觀的「我群意識」是如何產生的，學者有不同的看法。持「根基論」的學者認爲主要是來自於根基性的情感連繫，這種根基性的情感來自親屬傳承的「既定資賦」，要注意的是，此一「既定資賦」是主觀認知的既定資賦，包括血緣、語言、宗教、風俗習慣等；工具論者則認爲體質與文化特徵

並不是定義一個人群的客觀條件，而是人群用來表現主觀族群認同的工具〔註28〕。不論「根基論」或工具論都無法解釋為什麼主觀的「我群意識」的產生無法脫離客觀的體質、文化特徵的範疇。於是，有主張主觀「我群意識」的產生，是受客觀的體質、文化特徵制約的學者出現，我們稱之為「制約論」者。

我們認為，久米村人，這群在日本國大社會裏的人群，其體質、語言、宗教等文化特徵已經模糊，甚至消失泯滅，只能選擇天生具來的「血緣」做為邊界，以組織宗親會的方式，與外界互動。

我們關心久米村人如何維持民族邊界，久米村人為什麼要維持民族邊界。以下各章分別從久米村人的形成、職業、姓名、語言、宗教信仰等客觀文化特徵＝民族表體的各項，重繪久米村人的圖像，檢視久米村人的民族生命力。

（二）田野調查期間

1988 年 4 月～1990 年 3 月在國立琉球大學求學的兩年期間，為筆者奠定琉球・沖繩研究的基礎，爾後在 2003～2007 年陸續有幾次重回故地進行田野調查的機會，本論文所依據的田調資料主要來自 2003 年 1～2 月為期 8 週，和 2005 年 9 月 6～19 日為期兩週，累計訪談學者 20 餘位、久米村耆老 10 餘人、以及若干相關政府單位人員所得的記錄。

〔註28〕 王明珂，《華夏邊緣：歷史記憶與族群認同》，頁 35。

第一章　久米村人的形成

　　1372（洪武 5）年正月，明太祖遣行人楊載到琉球招諭〔註1〕，當時琉球
處於中山、山南、山北三王鼎立的局面。同年 12 月中山王察度首先回應，派
遣王弟泰期入貢〔註2〕，從此琉球與明國有了正式往來，為中琉持續近五百年
的藩屬朝貢關係揭開序幕。為了方便貢使往來〔註3〕，明太祖曾賜船隻給中山
王和山南王〔註4〕，同時允許駕馭船隻的篙師、舵工，掌理封貢外交文書，及
擔任使者翻譯事務的人員隨船出海。這些人員當中選擇在琉球定居下來的，
便是久米村人的始祖。

第一節　久米村人的來源：閩人三十六姓

　　閩人三十六姓一詞初見於史籍是在西元 1502 年〔註5〕，有的史書記載為

〔註1〕　《明實錄》洪武五年正月條「甲子，遣楊載持詔諭琉球國」。
〔註2〕　《明實錄》洪武十二月條「壬寅，楊載使琉球國。中山王察度，遣弟泰期等
　　　　奉表貢方物。詔賜察度大統曆及織金文綺紗羅各五匹；泰期等文綺紗羅襲衣，
　　　　有差。」
〔註3〕　有關明洪武帝優遇琉球入貢撥賜人員海舟以利往來的原因，曹永和有不同於
　　　　日本和琉球學界的精闢見解，他認為是明太祖建國初期需馬孔急所致。參見
　　　　曹永和，〈明洪武朝的中琉關係〉，收於張炎憲編，1988，《中國海洋發展史論
　　　　文集》第三輯，台北：中研院三民主義研究所，頁 283～312。
〔註4〕　《明實錄》洪武十八年春正月條「丁卯，……又賜中山王察度、山南王承察
　　　　度海舟各一」。
〔註5〕　「（洪武）二十五年……賜閩人三十六姓善操舟者……」。明李東陽等撰，《大
　　　　明會典》（三），台北：新文豐出版公司版，頁 1587。

三十六戶〔註6〕。近人則認爲解釋爲三十六家或三十六家族比較合理〔註7〕。
閩人三十六姓渡琉的年代，只有《大明會典》記載：「（洪武）二十五年
（1392）……賜閩人三十六姓善操舟者……」。現代的歷史學家認爲琉人所修
國史《中山世鑑》（1650）、《中山世譜》（蔡鐸本，1701）、《球陽》〔註8〕
（1745），皆承自《大明會典》。

　　三十六姓到了琉球，在那霸西北一隅落腳，逐漸形成一個聚落，明國
人稱此聚落爲「唐營」，三十六姓自稱「唐榮」，琉球人稱爲「久米村」，音
「クニンダ／ku-nin-da」，應該是「クミムラ／ku-mi-mu-ra」的訛音。久米村
一詞究竟始自何時，出典何處，無從考查。朝鮮史料《海東諸國紀》（1471）
所附「琉球國之圖」中載有「久面里」，東恩納寬惇推測應該是從「クミムラ
／ku-mi-mu-ra」轉變成「クミンダ／ku-min-da」，再轉成「クニンダ／ku-nin-
da」〔註9〕。

　　原籍福建福州、漳州的久米村人，在很多方面都顯得與琉球人很不一樣。
首先是聚落、住屋、髮型、衣著等容易觀察到的表層文化，再就是職業、語
言、姓氏、宗教，可說涇渭分明，民族邊界清楚。

一、聚落
　　14 世紀的琉球處在山南、中山、山北三個小王國分立狀態下，每一個小
王國由若干個名爲「按司（あんじ／an-ji）」的地方豪族所組成〔註10〕，這些

〔註6〕《明史・外國列傳・琉球》卷三百二十三　列傳第二百十一　外國四「又嘉
　　　　其修職勤，賜閩中舟工三十六戶，以便貢使往來」。《殊域周咨錄》（1574）「上
　　　　賜王閩人之善操舟者三十六戶，以使貢使、行人往來」和《閩書》亦作三十
　　　　六「戶」，謂三十六「姓」者有徐葆光《中山傳信錄》（1721）卷四「賜閩人
　　　　善操舟者三十姓以便往來」。
〔註7〕東恩納寬惇，《黎明期の海外交通史》，頁 361。
〔註8〕《中山世鑑》：「洪武二十五年　洪永間大明皇帝賜閩人三十六姓……」，《中
　　　　山世譜》：「洪武二十五年壬申爲綱紀　太祖皇帝遣閩人三十六姓」，《球陽》：
　　　　「太祖賜閩人三十六姓」。
〔註9〕東恩納寬惇，《黎明期の海外交通史》，頁 79。根據韓國友人首爾大學人類學
　　　　系博士陳泌秀發音「クミョンリ／kumyonri」，琉球大學法文學部專研韓國文
　　　　化教授津波高志認爲「久面里」的「里」是「村／mura」的意思，經筆者查
　　　　閱《広辞苑》，頁 894，「里，音さと／sato，有人家的地方。村邑。」所以「里」
　　　　應該是「村／mura」的借字。
〔註10〕徐葆光，《中山傳信錄》（1721）的附圖「琉球地圖」中山有 16 處城寨，南山
　　　　擁有 12 城，山北有 9 處。

按司居住在石塊砌築的城塞裏，庶民的村落分布在城外，過著以麥、粟旱作為主，水稻養牛為輔的複合型農業生活〔註11〕。久米村人則是自成一聚落，以土築城〔註12〕，主要從事明琉之間的朝貢事務，部分從商〔註13〕。琉球人建築城塞定居，和他們的農業活動有關，有如12世紀在中國興起的女眞人〔註14〕；久米村人築土城而居，則和防範海寇的掠奪有關〔註15〕，但不論石城或土城，都意味著已經處於一種定居的狀況，透過城牆的建築，保護生命財產，固守基業〔註16〕。

二、住屋

《李朝實錄》卷一百五成宗十年（1479）六月乙未條，載有漂流民金非衣的口供：「唐人商販來，有因居者。其家皆盖瓦，制度宏麗，內施丹臒，堂中皆設交椅」。琉球的家屋一般以草或板為頂，屋內一般是木質原色，屋內無椅，家人席地而坐，久米村人的瓦頂、丹臒、交椅等顯得特立突出，與眾不同。

三、髮型與衣著

琉球的風俗，男子抓髻在頭頂稍偏右處，稱爲「カタカシラ／ka-ta-ka-si-ra」，漢文名詞爲「倚髻」或「片髻」，此種習俗一直維持到近代日本明治政府廢琉球藩置沖繩縣的時候；久米村人初時結髻在頭中央，入清以後「首里與久米人、皆無異」〔註17〕，也就是說，久米村人因明國的滅亡成了明國遺民，選擇隨琉球習俗來對抗清國，自此髮型已不再是區別琉球人、久米村人的要素了。衣著同理，「其人（朝鮮人眼中的中原之人）皆著甘套〔註18〕衣，見俺

〔註11〕 安里進，〈古琉球世界の形成〉，收於琉球大学公開講座委員会編，《沖繩文化研究の新しい展開》，1992，沖繩：琉球大学学生部学生科，頁26～32。

〔註12〕 《李朝實錄》卷二十七世祖八年（1463）二月辛巳條載有梁成漂流記「初，丙子年……二月初二日，漂到琉球國北面仇彌島。……留島一月，載貢船到國，住水邊公館。館距王都五里餘。館傍土城，有百餘家。皆我國及中原人居之。令每家輪日餉成等。」

〔註13〕 《李朝實錄》卷一百五成宗十年（1479）六月乙未條，載有漂流民金非衣的口供「唐人商販來，有因居者」。

〔註14〕 陶晉生，1981，《女眞史論》，台北：食貨出版社，頁12。

〔註15〕 李獻璋，1979，《媽祖信仰研究》，東京：泰山文物社，頁466。

〔註16〕 謝劍，2004，《民族學論文集》（下），宜蘭：佛光人文社會學院，頁167。

〔註17〕 東恩納寬惇，《黎明期の海外交通史》，頁368～369。

〔註18〕 甘套，即紗帽、烏紗帽。http://140.111.1.40/fulu/fu5/kor/kor022.htm，擷取日

等無笠，贈甘套衣」〔註19〕，久米村人因襲明國的服制，頭戴紗帽不戴笠，因明國之亡而改著琉服。

四、職業

　　久米村人最初是洪武永樂年間明國派遣的閩河口舟工，至琉球指導航行，即所謂的「善操舟者」，主要工作在掌羅盤、操縱船舶、或修理建造利於遠洋的船隻。根據程順則的《指南廣義》〔註20〕（1708）序所言，康熙22（1683）年跟著冊封使汪楫一行來琉的的舵工擁有鄭和航海針法一本，洪武25（1392）年來琉的閩人三十六姓亦傳有針本〔註21〕。

　　三十六姓的子孫，漸漸因為教育或環境的緣故，部分轉向政治、文教方面發展，但主要從事的還是對明國乃至清國的朝貢相關事務，尤其是在1609年日本薩摩藩控制琉球王國，實施士農分離的身分制之後，對外朝貢所需的通事、撰寫漢文公文成為久米村人的固定職業。程順則的《指南廣義》序中提到，「余忝從大夫之後，職在修貢典勤使命，區區梡柮木節非吾所務」，可見其轉變的過程。

五、語言

　　琉球進貢使初在泉州出入，上陸後北上到京都謁見皇帝時，需要諳北方官話和通曉官場情事之人，此等人選通常由寧波人擔任〔註22〕。琉球與閩江河口人發生較密切關係是在1469（成化5）年琉球船市舶司改設在福州之後。

　　朝貢初期擔任通事的主要是明國的琉球語通譯，如程復、葉希尹等身兼明國、琉球雙方的通譯，並且是進貢使節的一員。至於閩人三十六姓的子孫（即久米村人），從進貢的程序中，合理推測他們至少通曉琉球語與漢語（官

　　　　期：2015年7月16日，中華民國教育部國語推行委員會編，教育部異體字字
　　　　典。
〔註19〕《李朝實錄》卷一百五成宗十年（1479）六月乙未條。
〔註20〕《指南廣義》，程順則著，1708年在柔遠驛付梓。專供往來那霸——福州之間
　　　　貢船的指南之用，除了1683年封舟主掌羅盤針的舵工所傳授的航海針法外，
　　　　另參照三十六姓留傳下來的針法所編著。沖繩大百科事典刊行事務局，1983，
　　　　《沖繩大百科事典　中卷》，那霸：タイムス社，頁317。
〔註21〕東恩納寬惇，《黎明期的海外交通史》，頁236。
〔註22〕李獻璋，《媽祖信仰研究》，頁465。

話）。母語的閩南話或福州話可能只在家中溝通，或與南海諸國交易的時候使用。執行對明國、清國朝貢業務時必須具備琉球語與漢語能力，1879 年被日本納編之後又必須再學日本語。

六、姓氏

琉球人原本只有「童名」〔註 23〕，繼有「唐名」，後有「和名」；而閩人三十六姓本有「唐名」，繼有「童名」，後有「和名」。琉球人的童名在 14 世紀末時，爲了方便與明國交往，開始以漢字來表記童名，1689 年設立「系圖座」（家譜管理中心）時，士族一律取漢式「唐名」，1879 年日本併吞琉球王國後，廢唐名改和名。

七、宗教信仰

琉球人相信萬物有靈，有自己一套完整的信仰系統，神職人員一律由女性擔任；而閩人三十六姓移居琉球時，沒有直接證據顯示當初帶著什麼樣的神明前來，所以只能從閩人三十六姓的祖籍（福州、泉州、漳州）推測，隨同三十六姓到琉球的，有媽祖（在琉球稱做天妃）、天尊、和龍王。

綜上所述，可以斷定久米村人的髮型、衣著在 1645 明亡國時就已經改變，而漢語（官話）可能在 1879 年琉球藩被納入日本體制之後才逐漸流失，與此同時唐名被和名完全覆蓋，語言、姓氏、職業在琉球王國瓦解之後，失去邊界維持的效用，宗教信仰也可能改變（如圖 1-1）。本書針對改變的機制和過程以及對久米村人的認同所發生的作用，就職業、語言、姓氏、宗教、認同，各立一章加以探討。

第二節　久米村的地理位置

福州到那霸直線距離 750 公里，在只有船隻航行的 15、16 世紀時代，航程少則需 11 日，多則需 18 日。久米村的位置在今那霸市西區海邊附近，今日偶有中、台兩地旅遊團前往參觀。久米村是琉球·沖繩史的一座重要舞臺

〔註 23〕　童名，出生時所取的名字，在家或朋友之間相稱時用，與戶籍上的名字不同。
　　　　　沖繩、宮古、八重山都有的共同習俗，昭和初期之後，逐漸式微。沖繩大百
　　　　　科事典刊行事務局，1983，《沖繩大百科事典　下卷》，那霸：タイムス社，
　　　　　頁 1004。

圖1－1：久米村人民族特徵變遷推移

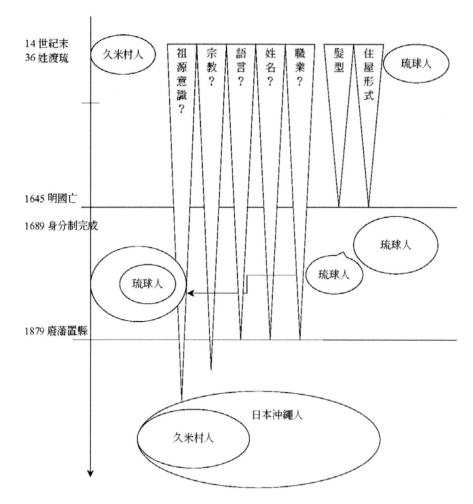

台，許多人物事件在此牽連、搬演。最早可以追溯到14世紀末，即中國明朝洪武年間。它在歷史上所享的盛名，遠超過琉球的其他地方。由於第二次世界大戰無情的戰火，及後來的都市計劃，古老的建築早已蕩然無存，只有一些斷垣殘壁還依稀有幾分昔日的風華供人憑弔。

　　人類在物理空間中繁聚、擴散與遷徙，加之與自然環境互動，因此形成了每個聚落獨特的區域特性，在歷史的縱深中更銘刻著聚落演進的腳印，久米村自不例外。「久米村」一詞即寓含著與琉球・沖繩這塊土地依存關係的淵遠流長，久米村人本身也在不斷熔融與演變。

　　史籍文獻裏的久米村地圖，最早可追溯到1471年朝鮮人申叔舟所撰《海

東諸國紀》所附的「琉球國之圖」﹝註24﹞，圖中載有「久面里」，位在「那婆」
（那霸）旁，有石橋與琉球國都所在的島嶼相連，距離國都「五里餘（約 4
公里）﹝註25﹞」﹝註26﹞。久米村當時的人口有「三千餘家」﹝註27﹞，而且「築
一城以居之」，據此可以推測久米村人口密集，自成一個聚落。灣口處記有「江
南南蠻日本商舶所泊」，表示當時與明國、東南亞諸國、日本已有商業往來（參
照圖 1－2）。

圖 1－2：琉球國之圖

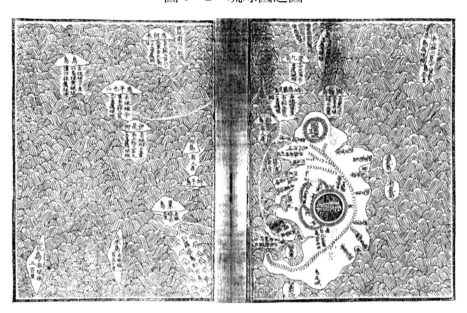

資料來源：申叔舟著、田中健夫譯註，1991，《海東諸國紀》，東京：岩波書店，頁 390。

　　1696 年呈給太宰府天滿宮的「琉球國圖」裏載有「九面里」，並註記有
「江南人家在此」，除此之外，有「那波皆津、日本人本嶋人家有此」、「那波

﹝註24﹞ 申叔舟著‧田中健夫譯註，1991，《海東諸国紀》，東京：岩波書店，頁 390
　　　　～391。
﹝註25﹞ 根據新井白石的解釋，凡六尺為間，六十間為町，三十六町為里，X＝30cm
　　　　×6 尺×60 町×36 里＝388,800cm≒4km。陳捷先，1997，《東亞古方志學探
　　　　討》，台北：聯經，頁 157。
﹝註26﹞ 「住水邊公館，館距王都五里餘，館旁土城有百餘家，皆我國人與中原人居
　　　　之」，轉引自吳靄華，〈十四至十九世紀琉球久米村人與琉球對外關係之研
　　　　究〉，《國立台灣師範大學歷史學報》第 19 期，頁 4。
﹝註27﹞ 一說「三百餘家」。

皆津口／江南南蠻日本之／舶入此浦」〔註28〕，可知琉球在 15、16 世紀時候
與其他國家的往來密切，那霸已是一個多民族雜居的港都，久米村人則是與
其他民族分別聚居的。

　　1721 年徐葆光《中山傳信錄》〔註29〕所附的「琉球地圖」（圖 1－3），繪
製得清晰明確，圖中列出分屬於三王的城池，計中山王 16 處、南山王 12 處、
山北王 9 處，並標註那霸港、迎接冊封使的迎恩亭、連接那霸與首里王城的
長虹橋（1451 年完成）。首里王城位在高處，可收俯視之効，若有外來侵略，
攻城應該不易，而久米村就位在那霸，距離那霸港不遠處，由地名推測此圖
應是集歷來琉球使錄之大成，不僅包含琉球統一前三山分據的資訊，還有當
代的地名。

圖 1－3：琉球地圖

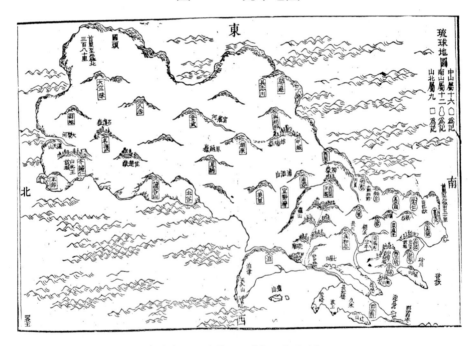

資料來源：徐葆光，《中山傳信錄》。

〔註28〕　上里隆史、深瀬公一郎、渡辺美季，2005，〈沖縄県立博物館所蔵『琉球國圖』
　　　　　——その史料的価値と『海東諸国紀』との関連性について——〉，日本古文
　　　　　書学会，《古文書研究》第 60 号，頁 32～36。
〔註29〕　徐葆光，1972，《中山傳信錄》，臺灣銀行經濟研究室版，台北：臺灣銀行，
　　　　　頁 23。

　　1737～50 之間元文檢地時所繪製的「琉球国惣絵図」（間切集成図）中，
左側中間用黃色表示的部份是爲久米村（參照圖 1－4、1－5）。當時久米村與
若狹町、泉崎町、那霸町同屬眞志和間切〔註30〕（藍色），面積較小但卻有比
其他地方更爲密集的道路網（白色），可以對比久米村和週邊地區的人口密集
與交通繁盛的程度。17 世紀時的眞志和間切號稱是以稻作爲主的農村，但實
際旱田耕作面積是水田的 10 倍，實際能生產稻作的水田，只佔可更耕地的十
分之一，以生產甘藷爲大宗，米、甘蔗、麥類、豆類爲輔〔註31〕。土地貧瘠，
註定琉球必須要向外發展，利用海洋來獲取利益，維持生計。

圖 1－4：
間切集成圖〔註32〕（1781～98 年）

圖 1－5：
久米村放大圖

資料來源：http://rca.open.ed.jp/city-2002/road/history/his2_041_p.html，琉球文化アーカイブ。

　　1877 年舊鹿兒島藩士伊地知貞馨編撰《沖繩志》，其中的「那霸與久米村
圖」（圖 1－6）清楚描繪出由道路所形成的村界，東與久茂地村爲鄰，西接若
狹村、辻村，孔廟、久米村大門、上天妃宮、下天妃宮、天使館等均歷歷可

〔註30〕　間切（まぎり／magiri），古琉球至 1907 年期間琉球所施行的行政區劃單位，
　　　　　相當於日本現行的市町村區劃制，近世漢文記錄則以「郡」「縣」來表記。沖
　　　　　繩大百科事典刊行事務局，《沖繩大百科事典　下卷》，頁 508。
〔註31〕　同上註，頁 540。
〔註32〕　間切集成圖，原稱「琉球国惣絵図」，1781～98 之間作成。左側中間黃色部分
　　　　　即是久米村。

見，與首里王都所在的島嶼分別有新橋、古板橋、新板橋、泉崎橋相連，原《中山傳信錄》附圖中的長虹橋已不復見。在後序中，重野安繹將前人對明、清國人的「唐人」指稱，改爲「異族漢人」，書中對久米村特別註記：「久米村接那霸，明洪武永樂二次明主所賜閩人三十六姓子孫居住，別成一村落」，可知久米村在明治初期仍然維持聚居形態。

圖1－6：那霸與久米村圖

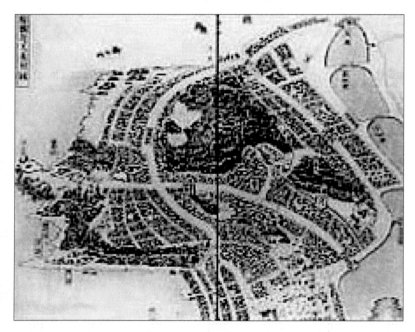

久米村人後裔的具志堅以德於1988年在對舊久米村在今那霸市中的範圍做了以下敘述〔註33〕：

> 舊藩時代的久米村大門在現今那霸市內巴士「大門前」站牌附近，大門向北面對「久米通り」（久米大道），向右走是「久茂地通り」，向左是「門前通り」，「久茂地通り」通チンマーサー（chin-maa-saa，伊辺嘉麻），向右彎是十貫地道（長虹堤），接崇元寺橋；チンマーサー這頭接「若狭通り」，「門前通り」是那霸非常熱鬧的一條街，從那霸郵局到那霸市役所前的消防署稱爲久米，往前接東町、西本町進入那霸市中樞區域，沿著市役所旁善興寺的坡往上走，接上之

〔註33〕具志堅以德，1988，《久米村の民俗》，那霸：久米崇聖会，頁1。

藏，出西武門就是若狹町，再向東若狹町前進，接「久茂地通り」，
這一區域範圍大致上就是以前的久米村。相當於現在的久米、天
妃、松下、久茂地、美榮橋、松山、若狹等行政區域。

1903（明治 36）年土地重劃，久米通把久米村一分爲二，東爲久米町，
西爲天妃町，今日以「久米」爲地名的區域只剩下「久米一、二丁目」（參照
圖 1－7）。過去聚居在久米村的久米村人，在 1879 年明治政府「廢琉球藩置
沖繩縣」之後，被迫由當時的都會區向農村或離島遷移，今日的久米一、二
丁目僅有極少部分久米村人的後代，由田野調查實際觀察所得，此區居民絕
大部分是外來的人口。

圖 1－7：現行那霸行政區域圖

資料來源：http://map.yahoo.co.jp/，雅虎地圖。

為從圖跡的實際比較中一窺歷史滄海桑田的變化，謹將現行使用的行政
區域圖，依比例調整，與「那霸地域舊跡‧歷史的地名地圖」（該圖為那霸市
文化局歷史資料室綜合了具志堅以德的記載作成）套疊（如圖 1－8）。從圖中
可以清楚看出久米此一地名的範圍比過去的久米村縮小很多。而過去的久米

村實際的面積根據高橋誠一〔註34〕的推測，應該大於 1,558,000 平方米（參照圖 1-9，用-----圈出的部份，約 48,400 坪），減去道路、林地、水域、寺院，居住面積約有 83,000 平方米，以圖 1-9 的 132 區塊來除以前述《海東諸國記》裏提到的「三千余」人，久米村人口密度約為每平方公里 3,600 人，也就是說，在這麼一塊區區見方之地上，「三千余」人，解釋為人口很多是妥為適當的。

　　高橋誠一同時概算出久米村幾戶大姓宗家的住宅面積約在 1,500～1,800 平方米（450～540 坪）之間，與當時琉球統治階層的官員相較，約 40%的按司階級的住宅面積與此相當或較此為小，由此可以看出久米村人是受到琉球王府相當的禮遇的〔註35〕。

　　閩人三十六姓之所以選擇在那霸定居，典籍記載中有三種說法，一是風水說，二是遠慮說，三是方便說。

圖 1-8：久米村區域範圍古今對照圖

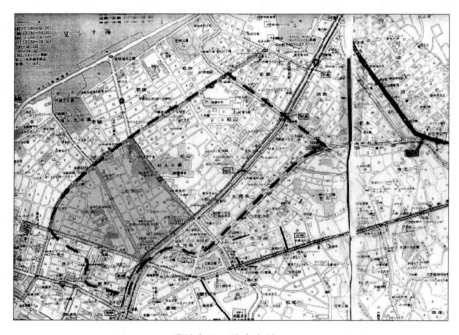

資料來源：筆者自製。

〔註34〕 高橋誠一，〈琉球唐栄久米村の景観とその構造〉，関西大学東西学術研究所，《東西学術研究所紀要》第 35 輯（2002 年 3 月），拔刷，頁 28。
〔註35〕 高橋誠一，〈琉球唐栄久米村の景観とその構造〉，頁 33。

圖1－9：昭和（1926～）初期久米及其週邊景觀推定圖

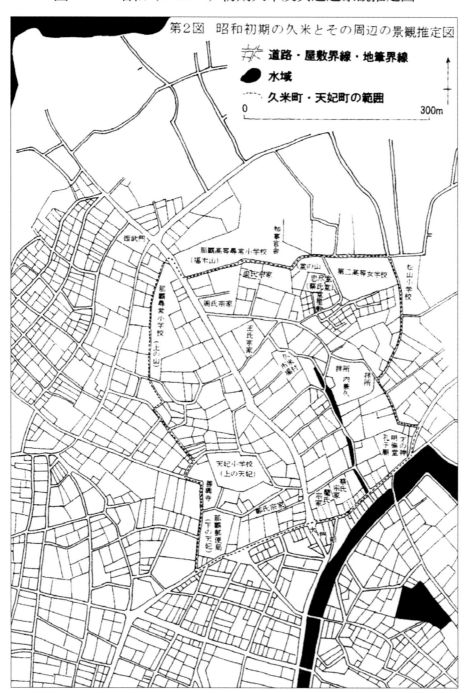

資料來源：高橋誠一，〈琉球唐栄久米村の景観とその構造〉。

一、風水說

《琉球國由來記》（1713）卷九〈唐榮舊記全集〉〔註36〕中有「國王察度深喜，令卜宅于久米村而居」，並且具體的描述久米村的風水地景，「自南門，直望之，則中島之西，有一塊大石，峙對南門，以爲龍珠。南門以南爲龍首，雙樹爲角，雙石爲眼。中街蜿蟺，以爲龍身，西門爲尾。而邑中有一條小港，潮水往來，以佐其威焉。且，于泉崎橋之西，有一大石，從江中起，能鑽急流之氣，而太有情矣」。今人有研究風水者，把這段敘述套在明治初期的那霸地圖上，作成圖1－10，隱隱然可以看出「龍」的輪廓。

圖1－10：久米村古地圖

資料來源：《風水都市‧琉球王國》。

二、遠慮說

汪楫《使琉球雜錄》（1684）中有「那霸距王宮十五里，中隔海港二里許，洪武中，嘗賜以閩人三十六戶，不令居內地，悉置此。若有深慮焉。後相襲

〔註36〕伊波普猷、東恩納寬惇、橫山重編，1940，《琉球國由來記》，那霸：風土記社，頁180。

既久，始跨海築堤，以通出入；所謂長虹堤是也」〔註37〕。此處的「若有深慮」指的是琉球王府對外來歸化人心存防備。

三、方便說

　　李獻璋認為閩人三十六姓會選擇港口作為居住地，是當初從事朝貢貿易者執行業務方便的關係。他的根據是《蔡氏家譜》總考「察度王……即令……自撰土宅以居之」〔註38〕。三十六姓主要從事明琉的交通往來工作，男子隨貢船出航，長時間不在家，三十六姓在沖繩又是屬於富裕階級，容易成為海寇掠奪的對象，因此有必要築土牆作為防衛之用。

　　比較三說，各有所據，遠慮說雖不無可能，但李獻璋的方便說更近情理。理由如下：第一、汪楫乃清國官員，清國是一個滿族統治漢族的國家，汪楫對民族之間的問題會比較敏感。第二、《使琉球雜錄》的成書年代在 1684，當時琉球王國已經在薩摩藩的勢力控制之下，為了要琉球繼續向清國朝貢，要求琉人不得棄唐俗從大和風，汪楫滯琉期間很可能已經意識到琉球王府對久米村人職務的蓄意安排。第三、今人邊土名朝有就提出如下的看法：1454 年尚泰久取消國相制，改置正議大夫、長史職位，讓唐榮人專司朝貢業務，目的就是要唐榮人遠離政治中樞〔註39〕。邊土名的原意在稱頌尚泰久有政治家的深謀遠慮，但是其中不也包含了琉球王府對外來歸化人心存防備？而方便說的可能性高，是因為琉球自 14 世紀末與明國交通以來靠的是船運，琉球國內雖然有牧港、泊港，卻無法容納大型船隻安全入港，而且牧港、泊港容易泥沙淤積〔註40〕，只有那霸港最合適。

　　把焦距拉回現在，久米距離那霸國際機場只有 40 分的車程，舊那霸港就在三條街外，搭乘單軌電車到首里城只要 13 分鐘，久米的方便性依舊，只是昔日風華已不再現。

〔註37〕　李獻璋，《媽祖信仰の研究》，頁 466。
〔註38〕　李獻璋，《媽祖信仰の研究》，頁 466。
〔註39〕　邊土名朝有，〈對明国入貢と琉球国の成立〉，收於球陽論叢——島尻勝太郎・嘉手納宗德・渡口眞清三先生古稀記念論集刊行委員会編，1986，《球陽論叢——島尻勝太郎・嘉手納宗德・渡口眞清三先生古稀記念論集》，那霸：ひるぎ社，頁 68。
〔註40〕　「沖縄の土木遺産」編集委員会，2005，《沖縄の土木遺産——先人の知恵と技術に学ぶ——》，沖縄：沖縄建設弘済会，頁 17～19。

第三節　久米村人的社會組織

　　漢人的社會組織主要有四個特徵：姓氏制度、宗族制度、同姓不婚、異姓不養。琉球王國在 17 世紀末期設置身分階層制度時，採用了中國式姓氏、家譜的製作、以及類似宗族組織的門中制度，前列四個漢人社會組織特徵帶給琉球社會的影響，應是僅止於士族階層，「百姓門中」則要遲至廢藩置縣之後〔註 41〕。久米村人被編入士族之列，後來又由於人口的減少，導致只能在形式上維持漢人式的社會結構，實質內容已經做了若干順應當地狀況的改變，例如容許異姓養子的混入。

一、門中制度

　　「門中」，乃父系血緣集團。小川徹將門中依出身分爲「士族門中」、「百姓（農民）門中」，百姓門中出現的較晚，是模仿士族門中而來。小川徹把「士族門中」定義爲「1689 年系圖座（家譜管理中心）創設以後，琉球國重建近世封建制過程的一環，是制度化的士族共同體，兼有自身特有觀念的複合體」，隨之而來的制度和觀念有家譜、門中墓、墓所、牌位、祖先祭祀（清明祭）、父系嫡男繼承制、養子同門制、他系混入·兄弟重合禁忌、門中稱呼。無庸置疑地，這些觀念中大部份是受了漢人的影響。以下就門中制度中最具凝聚力的家譜和祖先祭祀說明其運作。

（一）家譜

　　1689 年琉球王府創設系圖座，要求居住在首里、那霸、久米、泊的士族編纂家譜，一部存系圖座，一部蓋上王府官印後各家自行保管。家譜的重要性在於它是士族身分的保證，同時也具有凝聚門中團結的作用。系圖座氏姓集所收的久米村諸姓含宗家、支派共有 24 姓，去除重覆者後剩下程、蔡、鄭、紅、王、金、曾、鄭、陳、孫、楊、梁、毛、林、周、阮、李 17 姓（參見附錄 1－1）。

　　首里、那霸、泊和久米村家譜的最大的不同有二。一是兩者一字姓的唐名上，前者有名乘，後者無名乘。名乘是和名的頭一字相同，用以作爲代代相承的象徵，表示直系親屬關係。不同處之二是編輯形式。家譜記載項目有

〔註41〕比嘉政夫，1983，〈沖縄の中国系社会における婚姻と社会構造——歴史と現状——〉，《わが国華人社会の宗教文化に関する調査研究報告書》，頁 73。

個人位階、職稱、業績、褒賞等，首里、那霸、泊村採王代編年體，而久米村採項目編年體。

（二）祖先祭祀＝清明祭

清明祭是子孫集合在開琉祖墳前，以供品祭祀祖先，全族團聚共歡的祭典。參加者不限於門中會員，也招待彼此合得來的同志好友。清明墓前祭雖然是 18 世紀初由中國系歸化人（即久米村人）傳入琉球，但已經呈現上述若干變化。久米村內對清明祭的作法也有若干不同處，如梁氏門中仍然維持男性成員才能參加清明祭的古例，而毛氏門中則男女皆可參加。

二、同姓不婚原則

閩人三十六姓最初是否攜家帶眷到琉球，無史料可徵。根據當時明國的海禁政策及船隻搭乘人員的配置來看，攜家眷同來的可能性不大。小熊誠認為三十六姓定居那霸久米村之後，不斷與琉球女性通婚，血緣稀釋的結果，越來越向琉球人靠近，最後多半被當地人同化〔註 42〕。情形就像台灣俗語「有唐山公，無唐山媽」一樣，單身的第一代或第二代以後的久米村人，為繁衍子孫而與琉球女姓通婚。久米村人屬於外婚制，維持嚴格的同姓不婚的原則〔註 43〕。

小熊誠以 1607 年編入久米村籍的毛姓門中家譜 5 冊為文本，統計 110 例婚姻關係，其中只有一例是同姓婚，細查乃是久米村的毛氏和首里的毛姓門中結的親，不屬同一父系血緣關係。換句話說，久米村人嚴格遵守同姓不婚的原則。

同姓不婚的觀念來自於中國的儒教思想，《四本堂家禮》〔註 44〕（1736）揭示了同姓不婚的規範。「婚禮、男子緣組之事」條：「同姓娶不申儀ハ人倫を重んじ淫を防ク事ニ而是人之禽獸ニ異る謂ニ候由云々」。同姓不娶即在重人倫，防淫亂，此乃人與禽獸相異之處。反過來說，同姓通婚等於是近親相

〔註 42〕 小熊誠，1999，〈沖縄の民俗文化における中国的影響の受容と変容および同化に関する比較民俗学的研究〉，《平成 5 年度～平成 7 年度科学研究費補助金研究成果報告書》，頁 19。

〔註 43〕 同上註，頁 23。

〔註 44〕 《四本堂家禮》，蔡文溥著，撰於 1736 年，蔡氏的家訓，一名《蔡氏家憲》。內容根據《朱子家禮》編撰，分為通禮、冠禮、葬禮、喪禮、祭禮、雜錄 7 部門，是研究當時久米村禮儀習俗與中國關係的重要資料。沖繩大百科事典刊行事務局，《沖繩大百科事典 下卷》，頁 325。

姦的禽獸行為。

　　相對的，琉球人在 1689 年「系圖座」設置前是沒有姓的，即便在 1689
年之後，首里王府賜給久米村以外士族的漢姓乃是恣意性的，所以即使是
同姓也不表示一定是具有同一父系血緣，因而同姓通婚的例子並不罕見。
以首里毛姓門中為例，8 冊家譜共有 264 例婚姻關係，同姓婚 36 例當中，非
同父系血緣 21 例，佔約 6 成，其餘的四成屬同一父系血緣婚的可能性很高
〔註 45〕。

三、允許異姓養子

　　《四本堂家禮》「猶子之事」條：「家督仕侯嫡子無嗣子者跡目立侯砌ハ
昭穆相亂レ不申樣ニ直甥より可立候若直甥〔註 46〕於無之者弟可より相立侯
云々……」。意思是說，基本上以嫡子繼承家業，無子嗣時，為不亂昭穆，
可立姪為養子，若無姪則弟繼承。可知久米村人規範上仍尊重父系血緣的系
統，但實際上迫於人口的減少，不得不容許以異姓養子繼承家統，維持宗族
命脈。

　　久米村原是由閩人三十六姓及其子孫發展而成，但子孫並非一直繁衍綿
延，1686（康熙 25）年只剩下蔡、鄭、林、梁、金五姓，紅、陳二姓漂流民，
萬曆年間賜姓的阮、王二姓，以及萬曆以後編入的鄭、毛二氏。細究家譜，
發現異姓養子例不少。紅氏原姓紫，應是被紅氏收為養子。紅氏有子孫給梁
氏當養子，而梁氏又有給蔡氏、和陳氏當養子的例子〔註 47〕。

第四節　久米村人的現況

　　1879 年（明治 12）3 月 27 日，日本明治政府內務大書記官松田道之在首
里城正殿向琉球王府遞交「廢藩置縣」的通達書，史稱「琉球處分」〔註 48〕。
琉球王國正式走入歷史，成為日本的一個縣──沖繩縣，天皇制進入沖繩，

〔註 45〕　小熊誠，《平成 5 年度～平成 7 年度科學研究費補助金研究成果報告書》，頁
　　　　　 24。
〔註 46〕　「甥／おい（o-i）」，在日文可指姪子和外甥，在此文脈中意指父系血緣的姪
　　　　　 子，故中文譯為「姪」。
〔註 47〕　比嘉政夫，《わが国華人社会の宗教文化に関する調査研究報告書》，頁 73。
〔註 48〕　沖縄県公文書館編，2002，《日本復帰 30 周年記念特別展　資料に見る沖縄
　　　　　 の歴史》，沖縄県，頁 39。

明治政府對內實施近代化的教育制度，禁止說琉球語，普及標準日本語，對外禁止向清國朝貢。沖繩和清國完全中止了朝貢貿易關係，久米村人也就失去了發揮的舞台；排斥新式小學教育的結果，在明倫堂習授漢字的久米村人〔註49〕對外形同文盲，找不到工作，只能從事勞力工作，或者利用過去習得的漢方知識，捕鯽養鯉來維生，或是離開都市搬遷到鄉下從事伐木、土地開墾，轉業當農民〔註50〕。

　　此外，被貼上反日派標籤的「脫清人」（脫琉渡清），也讓久米村人的社會地位急轉直下。明治政府廢藩置縣的第二年（1880 年）開始，陸續有亡命到清，向清國政府求救的琉球人，稱爲脫清人，其中出身久米村的不在少數〔註51〕，曾在北京國子監留過學的林世功就是一個重要的代表。林世功爲抗議日清之間將琉球一分爲二的「琉球條約案」，直接赴北京求見李鴻章。當時清國國力衰弱，無法回應他的陳情，於是林世功在北京憂憤自決，時年僅 38 歲。這種與明治政府敵對的行爲，讓久米村人陷入艱難的處境，「秩祿處分」〔註52〕時受到差別待遇，就是最好的例證。

　　秩祿處分的對象分爲有祿士族和無祿士族兩類，有祿士族包含尙家王族和一般有祿士族，無祿士族包括心附役（內政公務員）、渡清役（外交公務員）。久米村士族當中擔任過大夫（朝貢副使）以上階級的人屬於一般有祿士族，可以獲得較優惠的資遣補償金，但原本擔任福州大通事、北京大通事、存留脇通事、脇通事、總官等職務的大部分久米村人則被歸類在渡清役，不僅失業，所能獲得的微薄補償金還要分 54 年付給，比起心附役分 18 年給付還要差〔註53〕，生活困苦的程度無以復加。在這樣的環境底下，久米村人不得不和其他的琉球人一樣，逐漸接受日本本土化的命運。

〔註49〕企画部市史編集室編，1974，《那霸市史　通史篇第 2 卷近代史》，那霸：那霸市役所，頁 242。

〔註50〕戶谷修‧重松伸司，《在沖繩中国系住民の生活意識——文化接触の視点から——》，頁 16。

〔註51〕根據沖繩縣令西村捨三向政府提出的「脫清人明細表」統計，截至 1884 年脫清人人數達 124 名，士族佔 102 名，其中久米村出身的有 34 人。赤嶺守，〈琉球処分と久米村〉，收於池宮正治‧小渡清孝‧田名眞之，1993，《久米村——歷史と人物》，那霸：ひるぎ社，頁 80。

〔註52〕秩祿處分，1910（明治 43）年 4 月 28 日以國債一次給付方式，撤除因封建身分制而來的華士族家祿、社寺祿、僧侶飯米。沖繩大百科事典刊行事務局，《沖繩大百科事典　中卷》，頁 758～759。

〔註53〕企画部市史編集室編，《那霸市史　通史篇第 2 卷近代史》，頁 145～171。

　　1945 年第二次世界大戰結束，日本戰敗，沖繩縣一直由美軍託管到 1972 年，這 27 年的時間裏，以美金為市場貨幣，美國音樂和（以牛奶、麵包為主的）美國食物普及，可以說是沖繩脫離日本文化的時期。日本和沖繩宛如兩個國家，沖繩人得以留學生身分到日本本土求學。1972 年沖繩重回日本國家體制，此時復興琉球傳統文化、振興鄉土語言風潮日起。在重新認識琉球傳統文化價值的運動中，久米村人對琉球歷史的貢獻再度受到重視和肯定。明治維新以後一貫保持沉默的久米村人後裔〔註 54〕，也開始敢在公開的場合承認自己的祖先來自中國福建，以身為久米三十六姓之後為傲。

　　目前久米村人的活動主要由久米崇聖會和門中會兩種組織在運作。久米崇聖會是久米村後裔所組成的孔廟管理委員會，而門中會類似台灣的宗親會。以下就久米崇聖會、現存的久米門中會、聯誼性質的久米同進會、「屋取聚落」的久米村人、久米崇聖會青年部來了解久米村人的現況。

一、久米崇聖會

　　1610 年久米村總役（久米村最高長官）紫金大夫蔡堅（喜友名親方念亭）從中國山東曲阜購得孔子、顏子、曾子、子思、孟子的畫像攜回琉球，之後有志人士陸續出資，輪流在各士大夫家舉行祭孔儀式。1671 年興建孔子廟，於是有了固定祭孔的地點。後因孔廟年久失修，1912 年久米村人乃發起修繕至聖廟募金運動，同時成立社團法人久米崇聖會，以維護管理至聖廟（孔子廟）、明倫堂，並負責執行祭典，普及儒教〔註 55〕。1944 年 10 月 10 日第二次世界大戰那霸大空襲，至聖廟、明倫堂、聖像、藏書一切化為灰燼，1962 年久米崇聖會重新完成社團法人的登記，積極推行重建計劃，1975 年至聖廟（孔子廟）、明倫堂、天尊廟、天妃宮在那霸市若狹落成，後於 2013 年在久米 2-30-1 新建至聖廟，從此儒、道正式分家〔註 56〕。

　　1975 年 1 月 25 日落成儀式當天，有孔子 77 世孫孔德成、中華民國孔孟

〔註 54〕重松伸司代表，2004，《在日華人系知識人の生活意識調查──沖繩久米崇聖会孔子の儀礼慣行調查および沖繩久米崇聖会生活慣行の聞き取り調查──》，追手門学院大学共同研究成果報告書，頁 62～63。

〔註 55〕具志堅以德，1975，《久米至聖廟沿革概要》，那霸：久米崇聖会。

〔註 56〕2007 年田野調查時，即聽聞久米崇聖會討論覓地另建孔廟，儒道應分家一事。2013 年 9 月初再度拜訪沖繩時，新廟已建成，並於 2014 年盛大舉行久米崇聖會設立 100 週年紀念會。http://www.kumesouseikai.or.jp，久米崇聖會官網，2015/7/16。

學會會長陳立夫、台北孔廟管理委員會主任楊寶發、台北崇聖會代表辜偉甫等多位台灣重量級代表出席，台北市政府寄贈的大成至聖先師孔子銅像（國立台灣師範大學教授劉獅所塑）立在舊至聖廟址，也在同一天舉行揭幕儀式。由此不難看出當時台灣方面的積極態度、台琉關係的友好與密切程度。

　　因為有自 1610 年的淵源，久米崇聖會的會員幾乎都是久米村系出身的人，2007 年當時由阮氏後代擔任理事長〔註57〕，平常有事務局局長 1 名，助手 1 名上班。由於保護個人隱私權的理由，筆者在當地作田野調查時無法取得會員名單，據了解會員人數約在 100 人左右。崇聖會積極的以各種活動傳遞儒教思想，除了每年的西曆 9 月 28 日舉行盛大的祭孔典禮之外，並且收集、出版儒教〔註58〕及鄉土相關的刊物與兒童讀物約一萬冊存放於明倫堂；臨近的天妃小學校、上ノ山中學校每遇校外教學來訪時，都為之舉辦演講會或做解說；又在事務所設置久米村研究室，鼓勵有志者讀書，全年無休，同時免費開放參觀。

　　二次大戰後重建孔子廟時，天妃宮和天尊廟都蓋在孔子廟的基地內，所以久米崇聖會除了祭孔之外，又分別在舊曆的 1 月 4 日舉行天尊、天妃的下天祭，2 月 28 日春季例祭，8 月 18 日秋季例祭，12 月 24 日舉行上天祭。饒有趣味的是，據前任事務局長上原說，平常前來祭拜天尊和天妃的多是沖繩地區的靈媒ユタ〔註59〕。

　　特別值得一提的，每年聯考季節（1月）之前會有許多家長和考生前來祭拜孔子，祈求上榜。相較於日本本土的人到神社祭拜，然後在「繪馬」木牌上寫上祈求的話，以及台灣的家長帶著考生，備香燭向文昌帝君祈求，甚至偷走文昌帝君的毛筆，則孔子在沖繩儼然成為主掌「功名」的「神明」。

二、門中會

　　久米系統〔註60〕的門中會中設有事務所的，有阮氏我華會、毛氏國鼎會、

〔註57〕　2015 年現任理事長大田捷夫，應屬王氏門中，http://www.kumesouseikai.or.jp，2015/7/16。

〔註58〕　例如：《六諭衍義大意　翻譯本》、《蔡溫具志頭親方文若頌德碑　程順則名護親方寵文頌德碑》、《久米村的民俗》，供免費索取。

〔註59〕　ユタ／yu-ta，呪術、宗教職能者。以神附身的狀態，直接與神靈或死靈等接觸、溝通，在此過程中獲得靈力來宣達神的旨意、占卜或為人治療疾病。沖繩大百科事典刊行事務局，《沖繩大百科事典　下卷》，頁779。

〔註60〕　門中有首里、那霸、久米三系，久米系下分 25 子系統，17 姓，參照附錄久

梁氏吳江會，地址依次爲那霸市泉崎 1-14-6、那霸市字安里 45 番地、那霸市壺屋 1-34。此外王氏和金氏門中，在那霸市內雖無正式的事務所，但仍有熱心的族人將聚會中心設在自宅，負責連絡，或編纂家譜、出版品。例如：王氏小渡清孝收集出版了《久米村王氏門中槐王會資料（一）（二）（三）（四）》，金氏門中的具志堅以德編著《唐榮＝久米村金氏年代記 1366～1879》。蔡氏、鄭氏設有網站，積極運作門中事務〔註61〕。

基本上，門中會成立的宗旨在管理、維持及營運共同財產，聯絡宗親的情感，以求子孫繁榮昌盛。具體會務內容有祭祀、敬老、提供獎助學金、編印家譜、與海外宗親會交流。門中會藉以上各種活動來加強宗親的凝聚力，尤其是清明掃墓，特別慎重；藉家譜編印重振家族聲威；並與中國原鄉、香港、台灣的宗親會交流，重新認識自我。

（一）阮氏我華會

會員 317 戶〔註62〕，每戶平均以 4 人計（小家庭制下的每戶平均人口和以往已不能同日而語），則約有 1300 人左右〔註63〕，「宗家／sou-kei」神村，支派有 10，包括與古田、与古田、橫田、宜保、我謝、我喜屋、吉元、眞栄田、眞玉橋、小渡、山田，住在沖繩縣以外地區的有 10 戶，其餘的 307 戶分布在沖繩縣內的那霸市（其中有 14 戶住在那霸久米）、具志川市、西原町、嘉手納町、豊見城村、宜野湾市、東村、読谷村、沖繩市、南風原町、浦添市、北谷町、石川市、大里村〔註64〕。

（二）毛氏國鼎會

會員約 370 戶〔註65〕，1480 人左右，「宗家」與世山，支派有 20，仲嶺、安富祖、田里、普久嶺、南風原、許田、喜友名、奧間、喜瀬、与儀、垣花、吉川、桑江、伊佐、安仁屋、阿嘉嶺、喜久山、宇久村、奧村、安富，分布

米村人姓氏一覽表。

〔註61〕 蔡氏門中會：www.ok.au-hikari.ne.jp/saiuji/；鄭氏會：www.teiuji.ti-da.net.2015/7/17。

〔註62〕 阮氏記念誌編集委員会，1998，《始祖阮国公来琉四百年記念　阮氏我華会創立十周年記念　阮氏記念誌》，沖繩：阮氏我華会。

〔註63〕 沖繩縣人口 2014 年的統計約有 142 萬人，http://www.pref.okinawa.jp/toukeika。

〔註64〕 沖繩縣有那霸市等 11 市、24 村、16 町，參照 http://www.pref.okinawa.jp/toukeika/estimates/2004/200404.xls。

〔註65〕 2003/2 口訪資料。

情形不詳。

（三）梁氏吳江會

會員 308 戶，1429 人〔註66〕，「宗家」亀島，支派有 14，分別是国吉、古謝、安仁屋、饒波、崎山、上江洲、當間、瀬名波、吉浜、仲地、仲石、上津、山本、儀保，除亀島家有 69 人、国吉家有 58 人居住在沖繩縣以外的地方，其他分布在沖繩本島的那霸市、嘉手納町、読谷町、本部町、具志川市、石川市、与那城村、系滿市、以及離島的久米島。

（四）王氏槐王會

會員人數不詳，「宗家」国場，支系有 11，知名、大田、上運天、小渡、新崎、仲宗根、名嘉眞、久高、山田、伊計、宮城，分布在那霸市、嘉手納町、系滿市、首里市、豊見城村、沖繩市、具志川市、石川市、与那城村、宜野湾市、西原町、金武町、宜野座村、及離島、日本本土的兵庫縣神戶市。

由表 1-1 可以知道，絕大部分的久米村人都留在沖繩縣內發展。由於門中會乃採自由加入性質，又王氏門中的會員人數不詳，再加上其他沒有組織

表 1-1：現有久米系門中會人數分布一覽表

門中名稱	戶數	人數	分　布　區　域
阮氏	317	1300	那霸市、具志川市、西原町、嘉手納町、豊見城村、宜野湾市、東村、読谷村、沖繩市、南風原町、浦添市、北谷町、石川市、大里村、沖繩縣以外的地區
毛氏	370	1480	N／A
梁氏	308	1429	那霸市、嘉手納町、読谷町、本部町、具志川市、石川市、与那城村、系滿市、離島的久米島、沖繩縣以外的地區
王氏	N／A	N／A	那霸市、嘉手納町、系滿市、首里市、豊見城村、沖繩市、具志川市、石川市、与那城村、宜野湾市、西原町、金武町、宜野座村、及離島、日本本土的兵庫縣神戶市
合計	995	4209＋	

資料來源：筆者自製。

〔註66〕十周年記念事業実行委員会，1991，《呉江会の永遠の発展を祈念して》，那霸：梁氏呉江会会長国吉順質。

表 1－2：歷年琉球都會人口對照一覽表〔註67〕

年代	總人口	都會人口	首里	那霸	久米	泊
1654	N／A	13,689	8,455	3,442	995	797
1690	128,567	24,032	16,210	5,280	1,632	910
1729	173,969	32,823	20,861	7,819	2,838	1,305
1815	N／A	56,616	38,613	9,649	5,513	2,841
1873	166,782	75,231	44,984	14,610	9,800	5,837
1879	286,787	46,638	22,542	14,905	5,542	3,649
1880	356,979	48,586	24,922	13,358	6,038	4,286
2004	1,346,781				6000＋	

資料來源：田名眞之，1992，《沖繩近世史の諸相》，那霸：ひるぎ社。

門中會的久米村人，總人數應該高於表中所估算的 4200 人，合理估計應在
6000 人以上，和「廢藩置縣」後第二年的 1880 年相較（參照表 1－2），久米
村的人口應該有若干的成長。

　　必須特別說明的是，迄至目前爲止對久米村人口變遷的研究少之又少，
可能是因爲 1903（明治 36）年土地重劃以後，找不到或根本未做舊籍的人口
統計，所以 1880 年「廢藩置縣」後到 2004 年的人口變遷數據出現了斷層。
表 1－1 中筆者所做的是跨地緣性、因血緣關係而自我認同爲「久米」後代，
屬於主觀認同的人口數。此與田名眞之在表 1－2 中列述的客觀性的行政村人
口數有別。

三、久米同進會──貧民區的久米村人

　　如前所述，門中會是以父系血緣爲基礎所成立的組織，此外，還有一個
由一群住在「救濟屋敷」的人所組織而成的團體──久米同進會。「救濟屋敷」
設在久米村的一角，是琉球王國時代用來接濟仕途不順或家道中衰而又不離
開久米村下鄉去的久米士族，以及因海難而失去依靠的家族。住在救濟屋敷
的人可以受到保護，得到基本的生活救助。

　　久米村共有堂屋敷、堂小屋敷、ウチ（u-chi）屋敷、深川屋敷、ヌブン

〔註67〕　田名眞之，1992，《沖繩近世史の諸相》，那霸：ひるぎ社，頁 262～263；2004
　　　　年部分爲筆者的估計數字。

ジャー（bu-nun-jya:）屋敷、ハル（ha-ru）屋敷、クンパー（kun-baa）屋敷 7
處「救濟屋敷」，其中堂屋敷是蔡氏門中專屬，其他 6 處則只要是久米村人不
論門中都可以入住。1944 年 10 月 10 日那霸大空襲之前，堂小屋敷住有上運
天、安次嶺、新垣、東恩納、宜保、奧間、又吉、屋宜、手登根、松長、目
取眞、砂辺、我喜屋、国場、瀨名波、福地、山城、吉川，18 姓 42 戶 180 人，
2000 年時還有上運天、宜保、屋宜、松長、我喜屋、砂辺、福地，7 姓 22 戶
的人住在裏面〔註68〕。

　　相較於門中會，久米同進會等同是住在貧民區的久米村人組織，甚至還
留傳一首童謠「堂小屋敷のタンメー（tan-mee）〔註69〕（堂小屋的老爺爺）」，
來調侃過去長於讀漢書寫漢字的久米村人當中，無法順應時代潮流，落得最
後只能靠賣鯛、蛙來維持生計的人。歌詞如下：

　　　堂小屋敷（ドウグヮーヤシチ）の爺前（タンメー）さい
　　　　　　　　　　　　　　　　　　（堂小屋的老爺爺）
　　　蛙（アタビー）といがめんそーらに　（讓我們抓青蛙去）
　　　待（マ）っちょーけー　　　　　　（等一下）
　　　芋練（ンムニー）かでからいちゅさ　（吃完芋頭再去吧）

　　後來，由出身堂小屋敷的人及他的子孫出資組織「久米俱樂部」，此一聯
誼會性質的團體，1970 年代改名久米同進會，利用以前堂小屋敷基地的一角
搭建會館，除了設有事務所供會員聚會活動（每星期四有下棋聚會）之用外，
還把會館裏的辦公室和停車場出租給附近的企業或久米自治會使用。

　　原本救助貧弱宗親的功能，隨著時代的變動也轉換成聯誼性質，因此雖
設有理事長、會長、副會長、職員，但組織運作不如門中會嚴謹，會員性別
不限，每年的 3 月召開會員大會，決定預算，每年的舊曆 10 月 10 日在福州
園附近的ウガン所（拜所）祭拜ヤシチウガミ（屋敷御神）。

四、「屋取聚落」——下鄉的久米村人

　　因爲經濟原因，18 世紀初和廢藩置縣之後發生兩次琉球的士族人口移
動，由政、經、文化中心的首里、那霸移動到沖繩本島的中、北部農村地
區。第一次是 1725（尚敬王 13）年王府發出貧士轉業許可，鼓勵士族歸農，

〔註68〕筆者田野調查時內間貴士提供的書面資料。
〔註69〕沖繩大百科事典刊行事務局，《沖繩大百科事典　中卷》，頁 888。

這些歸農的士族被稱爲「居住人」，以便與原來的在地農民區別，居住人所形成的聚落稱爲「屋取（ヤードゥイ／yaa-du-i）集落」〔註70〕。第二次是1879年明治政府貸款給失業的無祿士族，要他們參加生產活動，以緩和經濟的窘迫〔註71〕。

　　位在沖繩本島中部的石川市前原區就是一個典型的屋取集落，1897（明治30）年前後只有宜野湾屋、平川、運天、仲本、佐渡山、稻福、古謝7戶，都屬於久米三十六姓系統的人，後來又有当眞、平田、名護、町田等姓的加入，形成一士族聚落。具志川市的西原也有很多久米系的人口，兩地的長老一直到戰後都還保持著緊密的連繫〔註72〕。

　　一般來說，下鄉的士族生活都不太如意，但是仍擺高姿態，和農民接觸時仍強調自己的士族身分，士族與平民之間的嫁娶幾乎不可能發生，明治年代（1868～1912）出生的年長者尤其保有這種思想〔註73〕。有俳句一首道盡士族爲生活拋頭露面，以及一般農民對士族所抱持憐憫嘲戲態度〔註74〕。

あわれつれなさや	可憐又無奈啊
廃藩（ハイバン）の士族（シゾク）	廢藩的士族
笠（カサ）に顔（チラ）かくち	斗笠遮臉龐啊
馬小（ンマグヮー）曳ちゅさ	拖著小馬車

　　住在具志川市西原的翁長維行（1926年出生）屬蔡氏門中，他聽祖父說，自他上推四代的祖先從久米村遷來具志川西原。戰前都還持續參加久米宗家（長房）的各種聚會活動，現在在西原的久米後人中，只有翁長一家單獨舉行清明祭，不參加宗家的門中墓祭祀。根據久米崇聖會的說法，蔡氏門中曾因財產紛爭而決裂，這或許是翁長家不參加門中墓祭典的部分理由。

　　地方人士對久米村人印象方面，翁長的看法是，當地人認爲久米村人仍然保有一貫的自傲，他本身也以身爲久米村人而自豪。翁長認爲重視儒家教化、學習儒學的人才能算是具有久米村的意識強烈，但也不可否認地，這種意識在久米村人當中有逐漸淡薄的傾向〔註75〕。

〔註70〕沖繩大百科事典刊行事務局，《沖繩大百科事典　下卷》，頁730。
〔註71〕沖繩大百科事典刊行事務局，《沖繩大百科事典　中卷》，頁298。
〔註72〕伊波信光，1988，《石川市史》，石川：石川市役所，頁249。
〔註73〕同上註，頁259。
〔註74〕沖繩大百科事典刊行事務局，《沖繩大百科事典　中卷》，頁299。
〔註75〕内間貴士，2001，《現代沖繩における久米村人——久米崇聖会を事例とし

五、久米崇聖會青年部

近年久米崇聖會面臨會員高齡化的危機，急需新血的注入，因此 2001 年 10 月在明倫堂內成立久米崇聖會青年部。年滿 20 至 60 歲的崇聖會會員都可以加入青年部。青年部發起人（也是首任部長）的國吉克也的看法〔註76〕，成立青年部最初的動機是「身為當今社會的一分子，應該在強化社會性知識和社會地位之後，採取實際行動」，亦即克盡社會責任。根據該部所策劃的具體活動內容，以及筆者和幾位久米長老訪談的結果來看，「搶救文化」是久米村長老的焦慮，「傳承文化」更是他們期望年輕一代處理的迫切課題。過去久米村人一直是被研究的對象，現在應該自己來書寫自己的歷史。

青年部的活動內容有五項，分列如下：

（一）各種宣傳工具的整備，包括「釋奠祭禮實施要領」、「孔廟簡介」、「久米村導覽小冊」、「久米村歷史地圖」。

（二）學習孔廟祭典的歷史與文化，提出忠於史實且順應現代社會的祭典方案並且實施，記錄的保管與傳承。

（三）久米「解說」人員的訓練。

（四）啓蒙活動。

（五）積極參與崇聖會相關活動。

其中第（一）項的平面宣傳資料都已完成，第（三）項的久米「解說」人員的訓練則最受重視，目前訓練的方法有設立讀書會，學習內容包括久米村長老的口傳、儒教道德、久米村的歷史。久米崇聖會當中仍然有為數不少的會員不知道何謂久米村，更不知曉久米村走過的歷史，因此有必要為這一群人舉辦久米的歷史、三十六姓的渡琉等演講。此類同時向外延伸，主動到附近學校（利用課外時間）演講，此即第（四）項啓蒙活動的內容。目的在擴大行銷久米崇聖會、至聖廟，讓更多人認識久米村人。

2007 年時候的青年部有女性會員 2 人，會員總數 36 人，並繼續爭取更多的現代久米人參與。青年部的成立與發展讓久米崇聖會年輕化，積極吸收更多的現代青年人參與，是當前的首要工作。

て》，琉球大学法文学部国際言語文化学科東洋史專攻，學士論文，頁 14。
〔註76〕 同上註。

附錄 1－1：久米村人姓氏一覽表

元　祖	出　身　地	渡來年／入籍年	大宗家	家　　名
蔡　崇	福建省泉州府南安縣	洪武 25 年（1392）	儀　間	神山、上原、志多伯、具志、武嶋、安次嶺、宮城、小渡、天願、宇栄原、大田
林　喜	福建省福州府閩縣	洪武永樂年間	名嘉山	
金　瑛	福建省福州府閩縣	洪武 25 年（1392）	具志堅	多嘉良、渡久知、阿波連、目取眞、松長、安次嶺、豐里、與座
鄭義才	福建省福州府長樂縣	洪武 25 年（1392）	湖　城	池宮城、村田、志堅原、上原、渡久村、登川、宮城、屋宜、宜保、屋富祖、仲嶺、古波蔵、糸数、与那霸、宇地原、城田、伊礼、屋部、八木、池宮
梁　嵩	福建省福州府長樂縣	永樂年間	亀　島	古謝、安仁屋、饒波、崎山、上江洲、國吉、當間、瀨名波、吉浜
紅　英	福建省福州府閩縣	洪武永樂年間	和宇慶	東恩納
陳　康	福建省福州府閩縣	永樂年間	仲　本	宮里
阮　國	福建省漳州府龍溪縣	萬曆 35 年（1607）	神　村	許田、與古田、眞栄城、吉元、眞栄田、宜保、我謝、小渡、我喜屋、眞玉橋、山田
毛國鼎	福建省漳州府龍溪縣	萬曆 35 年（1607）	與世山	仲嶺、安富祖、田里、普久嶺、南風原、許田、喜友名、奥間、喜瀨、与儀、垣花、吉川、桑江、伊佐、安仁屋、阿嘉嶺、喜久山、宇久村、奥村、安富
鄭肇祚	福建省福州府長樂縣	嘉靖年間	與　座	眞栄里、高志保、伊差川、高良、屋部、外間
蔡宗貴	福建省福州府	嘉靖年間	平　川	
王立思	福建省漳州府龍溪縣	萬曆 19 年（1591）	國　場	知名、大田、上運天、小渡、新崎、仲宗根、名嘉眞、久高、山田、伊計、翠宮城
阮　明	福建省漳州府龍溪縣	萬曆 19 年（1591）	浜比嘉	
陳　華	福建省漳州府	萬曆 45 年（1617）	幸　喜	賀数、眞栄平
楊明州	浙江省台州府	順治 5 年（1648）	古　堅	名嘉地、村山、山口、平田

林世重	琉球	萬曆 3 年（1575）	上　原	
蔡　鏖	琉球	萬曆 38 年（1610）	伊　計	宇良、湖城
梁守德	琉球	萬曆年間	富　山	我喜屋、又吉、兼コ段、阿嘉、安慶名、外間、源河
周文郁	琉球	崇禎年間	阿嘉嶺	
孫良秀	琉球	順治 2 年（1645）	安座間	大嶺、石橋
曾志美	琉球	順治 13 年（1656）	仲宗根	
程泰祚	琉球	順治 13 年（1656）	名　護	
魏瑞麟	琉球	康熙 8 年（1669）	高　嶺	慶佐次、大湾、多嘉嶺、楚南、志喜屋、喜瀨
林胤苐	琉球	康熙 9 年（1670）	平安座	神山、眞栄田、新垣、渡久地、松本
李榮生	琉球	康熙初年	久　里	

資料來源：那霸市企畫部市史編集室，1978，《家譜目錄》，那霸：那霸市企畫部市史編集室。

第二章　久米村人的職業

　　在筆者的田野調查和蒐集所及的資料中，有幾位在「職業」項下值得一書的人物。金氏門中的具志堅以德（照片 2−1）高齡 94（2007 年），曾任久米崇聖會理事長，著有《久米村人的民俗》，孫子喜名朝飛（本名るみ子）是有名的漫畫家。梁氏門中的國吉順吉熱心編輯鄉土史。具志堅、國吉兩位是少數瞭解戰前孔廟歷史的久米村耆老。年過 70 的宜保成幸曾任浦添市長（照片 2−2），建築士宜保隆是鄭氏的後代，我喜屋汝揖是書法名家，第一屆民選知事（縣長）屋良朝苗的當選證書即出於其手筆。久米村人於 1879 年琉球王國被納入日本國家體制之後，由琉球王國人變成日本國民，隨著士農工商身分的廢除，四民平等，久米村人與其他琉球人、日本本土人無異，可以自由選擇職業。

　　久米村人花了至少半個世紀的時間去適應「職業生而固定」轉變為「自由選擇職業」。變成日本人之前的久米村人，生下來生活就有保障，只要學好漢語、漢文、朝貢禮儀，等待未來專職朝貢事務即可。然而，這些技能隨著王國的瓦解而變得一無用處，生活陷入窘境，如同牛羊習慣被圈養而一旦改成放牧，謀生能力薄弱。池宮城積寶的短篇小說〈奧間巡查〉對大正年間（1912～1926）久米村人生活有很生動而真實的描述：

　　　琉球那霸市的街旁有一特種部落，人稱△△屋敷。此處的住民是支那人的子孫，他們大部分，應該說全體或許比較恰當，都非常貧窮而且從事賤業。他們到田圃捕了蛙、剝了皮、再帶到市場賣。蛙可以算是那霸、首里人的美味副食品之一。之外他們從事（捕鮒）（製

草鞋）（編帽子）……等職業〔註1〕。

「部落」一詞在日本原是用來指稱「穢民」〔註2〕，此處表示久米村人乃是「琉球」的下等人。在琉球王國時代高高在上的士族，進入近代，反成了賤民，沒有社會地位。「屋敷」原是久米村家族出錢建造的屋子，用來接濟因進貢而失去丈夫或兒子、生活無依的族人用的，如今是所有子孫的聚居區。男人以捕蛙爲業，女人拋頭露面把處理好的蛙拿到市場兜售，或編帽子、做草鞋等。

把年代拉回到 17 世紀末的近世琉球時期，當時實施士農分離的身分制度，對兩種階層分子的衣著、住居、職業都有清楚的規定。在職業方面，支配階層的士擔任中央官員或儲備公務人員，被支配階級的百姓平民則以務農爲主或從事工商業〔註3〕。久米村人被授予士族身分，但限於擔任與進貢或教育相關的某些職位，職業在此一時期是久米村人和其他琉球人之間一道清楚的人爲民族邊界。

更往前溯，在身份制形成之前，古琉球時期就有位階制，但被支配階級可以因功晉升至支配階級，兩者都可以自由遷徙，也可以選擇職業。大部分的久米村人承襲祖先所擔任的與進貢有關的職務，包括航海技術職、通譯、和文書等，部分人則從事商販，久米村人的職業傳承，是此一時期所形成的和其他琉球人之間一道自然性民族邊界。

本章的目的在闡明職業作爲民族邊界的詳細內涵，以及邊界區隔效用消失的過程。久米村人乃因冊封朝貢體制而存在，朝貢外交相關職務是體制內的本業，內政、教育及其他技能職務則爲體制外的職業。

第一節　久米村人在冊封體制的定位

「冊」是記載皇帝對其臣下封土、授爵或任免時話語的簡冊，「封」是皇

〔註1〕池宮城積寶，〈奧間巡查〉，沖繩文學全集刊行委員会編，1993，《沖繩文學全集6 小説1》，東京：国書刊行会，頁51～62。

〔註2〕穢民（エタ／eta），即賤民，日本江戶時代的身分制度分成士、農、工、商四大階級，士是支配階層，其他三者爲被支配層，而賤民更在被支配階層之下，屬於「非人」階級，不能從事一般商業，不能自由遷徙，不能和四民通婚，否則會被處以紋身的刑罰。大島建彥等，1971，《日本を知る事典》，東京：社会思想社，頁189～190。

〔註3〕琉球新報社編，1991，《新琉球史　近世編（下）》，沖繩：琉球新報社，頁51。

帝將爵位或土地賜給臣下，或授予某人以某種爵位，簡單地說，「冊封」就是造冊授封〔註4〕。「冊封體制」，原是形容中國王朝國內秩序的詞彙，是以皇帝為頂點，皇帝與其貴族、官僚之間所形成的君臣關係秩序體系。把「冊封」施於中國與周邊諸國所形成的網絡則是國內秩序的延伸〔註5〕。

　　具體地說，冊封體制乃建立在雙向交往、雙向溝通的基礎上，包括朝貢一方的稱臣納貢，和宗主一方的冊封賞賜，所以也稱「朝貢──封賞制度」，與「朝貢制度」同義。中國的冊封體制古已有之，明代之後更加完備，來朝的國家數量之多，規模之大，手續之縝密，組織管理之完善，皆為歷代所不及〔註6〕。

　　琉球是對明 148 個朝貢國之一〔註7〕，被授與「鍍金銀印」，在冊封網絡（如圖 2－1）中屬「勅封」，等同六品以下官吏所接受的任命，而日本、朝鮮被授與相當於一品官的「金印」，屬於中階的「誥封」〔註8〕，換句話說，明國眼中的琉球乃是遙遠的邊陲小國，但是成為冊封體制的一員，對琉球來說卻是意義非凡，可說是琉球進入第一個重要階段的轉換期。

　　14 世紀末的琉球社會，經濟上已進入以鐵器從事農業生產的階段，政治上是三山豪族爭霸的局面；對外則是寨官〔註9〕各自和中國、日本、朝鮮、東南亞國家互有交往。明國的招諭，為琉球政治和經濟型態的轉變帶來契機。加入對明朝貢冊封行列，使得豪族割據的琉球社會快速邁向國家的雛形，包括以君王為唯一窗口的朝貢貿易代替過去商人的自由貿易，大量來自明國的商品快速在琉球流通，為強勢王權奠定經濟基石；明朝的冠服制度促進琉球社會身份秩序的完備；明國所派遣的閩人三十六姓則演化成為國家體制的外

〔註4〕孫薇，〈關於冊封朝貢──圍繞中琉的冊封朝貢關係〉，收於琉球中國關係国際学術会議，1993，《第四回琉中歷史關係国際学術会議　琉中歷史關係論文集》，沖繩：琉球中國關係国際学術会議，頁 199～218。

〔註5〕沖繩大百科事典刊行事務局編，《沖繩大百科事典　中卷》，頁 212。

〔註6〕李雲泉，2004，《朝貢制度史論──中國古代對外關係体制研究》，北京：新華出版社，頁 61。

〔註7〕同上註，頁 68。

〔註8〕孫薇，〈關於冊封朝貢──圍繞中琉的冊封朝貢關係〉，頁 199～218。

〔註9〕寨官與按司同，《明實錄》有「寨官之子」、「各寨官合兵」等用法；《李朝實錄》有「各寨連年致不和」，由此推測「寨」相當於「間切」（古琉球的行政區劃單位，幾個村合為一間切），「寨官」應是寨的領主「按司」。沖繩大百科事典刊行事務局，《沖繩大百科事典　中卷》，頁 170。

交工作團隊〔註10〕。

圖 2－1：冊封網結構

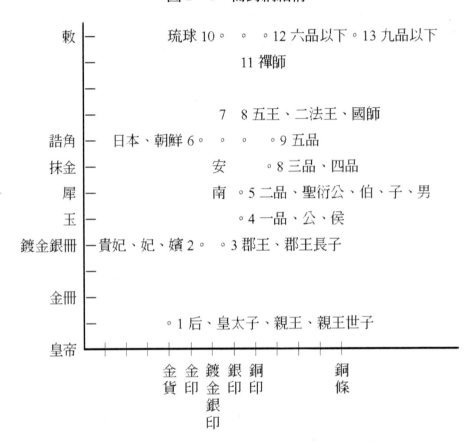

資料來源：孫薇，〈關於冊封朝貢──圍繞中琉的冊封朝貢關係〉，收於琉球中国
關係国際學術会議，1993，《第四回琉中歷史關係国際学術会議 琉中
歷史關係論文集》，沖繩：琉球中国關係国際学術会議，頁 205。
說明：縱軸為任命文書等級，橫軸為器物種類。

　　琉球接受明國、清國勅封自 1396 始，1866 年止，歷時 470 年〔註11〕，期
程涵蓋琉球‧沖繩史的二分之一。朝貢開始於敕封前的 1372 年，到 1874 年
最後一次朝貢爲止，共計 500 年。在冊封體制下擔任實際工作的久米村人，
對琉球的外交貢獻既深且鉅，深獲歷史學者的一致認同，但給予的歷史定位

〔註10〕安里進等，《沖繩県の歷史》，頁 54～55。
〔註11〕孫薇，2002，〈中国（明朝廷）の琉球に對する勅封の歷史〉，《史料編集室紀
　　　要》27：47。

則有相當出入。吳靄華將其比喻成孔子及其門人，是中國歷史文化思想的核心〔註12〕，他認為久米村人對琉球做出的「奉獻」，是來自文化上國的久米村人對琉王禮遇的回應，琉球王對久米村人的禮遇內容，包括令其擔任官職、授以免稅土地、對全體移民給以俸米等。

高良倉吉的認定則在另一個角度，他一方面肯定久米村人對琉球王國的重要性，但更強調附屬在冊封體系之下的海外貿易是琉球王國的國營事業，主體是琉球人，久米村人只是輔佐、支援而已。久米村人的參與是因為可以經由這份支援工作獲得莫大的利益〔註13〕。

奉獻說或是利益說，乃是出於民族身分不同，論述目的的不同，以及側重點不同，似乎都言之成理，然而，兩者都忽略了一個重要的因素，那就是久米村人在不同時空背景下的選擇，原本從事與朝貢相關工作是當時的國際環境使然，可以是「舟工」，可以是海商，或是通事；後來卻是在國內政治環境下不得不選擇成為通事或陸上教育者。

經由文獻研析及田野調查的印象，筆者認為琉球王府與久米村人之間，所形成的乃是共生体系。久米村人擁有琉球朝貢所需的特別技能，而琉球則提供給久米村人安身立命的場域。這裡所謂的特別技能指的是說漢語、讀寫漢文外交文書、進行外交交涉、通中國禮儀、擅長航海，所以田名眞之將久米村人定義為從事進貢的職能集團〔註14〕。「職能」，根據《広辞苑》的解釋是：職業、職務方面的能力，因職業而生的固有功能〔註15〕。用現在的話來說，久米村人做的就是外交官的工作。

第二節　冊封體制下的外交官

久米村因冊封體制而生、發展，也因冊封體制之遭廢棄而趨於衰微。久米村人的職業與朝貢緊密相連。他們所從事的職業，可大分為三類：一、進貢關係，二、漢字公文書關係，三、學校關係。必須強調的是，負責進貢事

〔註12〕 吳靄華，1991，〈十四至十九世紀琉球久米村人與琉球對外關係之研究〉，《國立台灣師範大學歷史學報》19：1。

〔註13〕 高良倉吉，1998，《アジアのなかの琉球王国》，東京：吉川弘文館，頁82。

〔註14〕 琉球新報社編，1989，《新琉球史　近世編（上）》，沖繩：琉球新報社，頁210；池宮正治・小渡清孝・田名眞之編，1993，《久米村──歷史と人物──》，那霸：ひるぎ社，頁1。

〔註15〕 新村出編，《広辞苑》，頁1118。

務是久米村人的本業，學校教育、漢字公文書則為平時兼職，一旦有朝貢任
務時，就必須歸建。例如，梁成楫在 1692（康熙 31）年奉命擔任久米村的講
解師兼讀書師，1694（康熙 33）年奉命出使進貢，返回本職〔註16〕。茲依當
時官職、任用資格、員額列如表 2－1。

表 2－1：久米村人相關職務一覽

	官　職　名	任　用　資　格	員額
一、進貢關係	紫金大夫	正議大夫陞任	不定
	正議大夫	中議大夫陞任	不定
	中議大夫	都通事陞任	不定
	都通事	通事陞任	不定
	通事	秀才陞任	不定
進貢時臨時職務	總管		2
	火長		2
	通書主取	考試任用	1
	通書相附	考試任用	1
	通書加勢	考試任用	1
	漏刻番		3
二、漢字公文書關係	著作文章總師	官生或考試任用	1
	著作文章使	考試任用	2
	著作文章副使	考試任用	1
	漢字主取		1
	漢字筆者	漢字筆者	1
	漢字筆者相附	考試任用	1
	漢字加勢筆者	考試任用	1

〔註16〕那霸市企画部市史編集室，1980，《那霸市史　資料編第 1 卷 6　家譜資料二
　　　（上)》，那霸：那霸市企画部市史編集室，頁 790。

三、學校關係	講解師	明倫堂－官生或考試任用 國學、平等學－總役推薦或官生	1 2
	訓詁師	同上	
	副訓詁師	同上	

資料來源：球陽研究會，1974，《球陽　原文編》，東京：角川書店。

一、進貢關係

明、清兩代朝貢團各階種官吏出身的地域分佈詳如表 2－2。總的來說，首里人擔任琉王代表，位在最上層，久米村人擔任貢使團的其他各種職務，包括火長、通事、長史、使者，執行實際外交任務，位在中間層，那霸及泊村人則主要為朝貢團提供勞力，位在下層。首里人從脇筆者、大筆者、官舍、才府、耳目官的正使順序往上昇，久米村人從讀書習禮、火長開始歷練，成為在船通事或存留通事，再昇任赴北京的朝京都通事，最高達到正議大夫的副使職〔註17〕。

表2－2：明、清兩代朝貢團各階種官吏出身的地域分佈

時代系列	明　國　時　期				清國時期 1644～1874
	第一期 （洪武～天順） 1372～1464	第二期 （成化～正德） 1465～1521	第三期 （嘉靖・隆慶） 1522～1572	第四期 （萬曆～崇禎） 1573～1643	
首里系	王弟 王舅 使者 官生	王舅 使者	王舅 使者 在船使者 大筆者 脇筆者	王舅 使者 在船使者 大筆者 脇筆者	王舅 紫巾官 耳目官 使者（勢頭） 在船使者（才府・官舍） 司養贍大使 大筆者 脇筆者 儀者 与力 官生

〔註17〕吳靄華，〈論明清時代琉球朝貢團之組織〉，收於第五屆中琉歷史關係學術研討會籌備會編，1996，《第五屆中琉歷史關係學術研討會文集》，福州：福建教育出版社，頁 531～552。

久米村系	長史 通事 使者	正議大夫 長史 赴京都通事 存留通事 火長 官生	正議大夫 長史 赴京都通事 存留通事 火長 官生	紫金大夫 正議大夫 長史 赴京都通事 都通事 存留通事 火長 官生	紫金大夫 正議大夫 朝京都通事 在船都通事 護送都通事 存留通事 在船通事 火長（總官） 官生 讀書習礼（勤學） 水梢
那霸、泊系	使者	使者 直庫	使者 在船使者 直庫 大筆者 脇筆者 作事 五主 水梢	使者 在船使者 火長 直庫 大筆者 脇筆者 作事 五主 水梢	直庫（船頭） 大筆者（初期） 脇筆者（初期） 大五主 協五主 時投 南風文子 四方目 三方目 与力 作事 水梢

資料來源：吳靄華，〈論明清時代琉球朝貢團之組織〉，第五屆中琉歷史關係學術研討會籌備
會編，1996，《第五屆中琉歷史關係學術研討會文集》，福州：福建教育出版社，
頁 531～552。

（一）火長 V.S 直庫＝久米村人 V.S 那霸、泊人

1、火長

1467 年設「火長」職，由久米村人專任，火長亦作「夥長」（音ホイテウ
／ hoi-teu），即船長，主司按羅針以察天文地理。下統有舵工、頭椗、亞班、
財附、總管、杉板工、工社、香工。魏鑑為第一任火長，至明末為止任火長
者有 166 人次，吳靄華認為其中除兒玉（1468）、加里（1626）、福多（1630）、
二郎（1634）四人有待考證外，其餘皆為久米村人。赤嶺誠紀則認為金松
（1584）是第一位琉球人的火長。從姓名來判斷的話，會發現琉球人火長應
該還有單加寧（1586）、毛勢（1595）、覃加尼（1601），表示在閩人三十六姓
來琉之後 200 年才有能力培養出航海的人才。

2、直庫

1467 年設置，由琉球人專任，推測應該是擔任祭祀天妃、早晚焚香的工

作〔註18〕。到了清代，火長與直庫的執掌互相更易，火長祭祀海神天妃，由久米村人專任，直庫掌羅盤，由那霸、泊人專任。見《球陽》尚敬十六年（1728）「始定貢船直庫褒美以勸」條〔註19〕（底線＿＿＿為筆者所加，原文無標點符號，以下同）：

> 進貢船往返大海，專依作事、船頭，以得平安，則船頭、作事係乎緊要。然水程熟諳者至今甚少，由是攝政法司等，僉議水梢、作事情願船頭以為前程，而今楮基瀨名波親雲上軌里始擢水梢，歷履<u>直庫</u>航海數十次，自始至終，平安告老，以終天年矣。隨將楮基給與新參家譜，以登仕籍，自此以來，百姓航海往來績功甚多，即照此例，新參之士有積功於船者，登譜代之家以為褒獎，則水梢要擢作事，作事要擢船頭，船頭要登仕籍，必也皆有克竭心力，自積功勳等因
>
> 茲朝議恭具疏文以備　聖聽

由上文可以知道，直庫就是船頭，要擔任船頭，必須從水梢、作事，循序漸進。而通事則必須從火長（總管）開始磨練。見《球陽》尚益三（1712）年「總管擢為通事」條〔註20〕：

> 自往昔時，進貢船隻奉安天后菩薩，以便往還，即<u>設立總管職，令他朝夕焚香</u>，以祈神庇，且總理作事、水梢，以駛船隻，由是或筑登之，或生員以任此役職，至於是年拜授此職者，必也擢為通事，永著為例

前述的金松（1584）、加里（1626）、福多（1630）、二郎（1634）等琉球人火長集中出現在島津入侵後的內政改革期，亦即身分、住居、職業陸續被限制的過渡期，這些火長改任直庫，擔任過去火長掌羅盤的工作。換句話說，1467 年同時設立的火長職和直庫職，在士農分離的身分制實施時，被固定成久米村人專任火長，琉球人（那霸、泊籍）專任直庫，也可以說職業從此成為久米村人和琉球人的一道民族邊界。如此才能解釋清代至 1874 年最後一次進貢為止（魏興宗為最後一位火長），擔任火長的 260 人次，全都是久米村人。

〔註18〕　赤嶺誠紀，1988，《大航海時代の琉球》，那霸：沖繩タイムス社。
〔註19〕　球陽研究會，1974，《沖繩文化史料集成5　球陽　原文編》，東京：角川書店，頁 288。
〔註20〕　同上註，頁 259。

由那霸入籍久米村的魏氏門中，自 1670 到 1874 的兩百年間參與進貢者共有 32 人，其中 15 人擔任過火長，可謂火長家族。魏士哲、魏鸞、魏鳳、魏鵬、魏開業、魏獻芝是典型的從火長升任通事的例子，經歷的時間少則 12 年（魏獻芝），多則 28 年（魏士哲）。鄭氏門中自 1416～1874 的 458 年當中，參與進貢者有 143 人，擔任過火長職者 45 人，比較特別的是鄭文生（1473、1477、1479）、鄭規（1489、1491、1493、1495）、鄭準（1499、1506）等人終其一生只擔任火長，顯示初期琉球向明國進貢頻率高（每隔兩年進貢一次），同時航海人才仍須依賴久米村人。鄭氏門中有 32 人僅擔任火長職一次就退出進貢團。程氏門中人丁不旺，自 1439～1856 的 417 年中，只有 15 人參與朝貢事物，有 3 人擔任過火長。同是閩人三十六姓的林氏門中在 1410～1866 的 456 年當中，有 70 人成為朝貢團成員，39 人任火長，其中林華 17 次。

（二）通事

「通事」並非俗稱的「買辦（comprador）」，買辦和通事的性質有部分重疊，即兩者皆是中外各種交往形式（含貿易）之間的媒介，所以一般人很容易把「買辦」和「通事」混為一談。蕭新煌明確指出〔註 21〕：買辦、通事、銀師都是近代行商制度下的產物，通事乃舌人，擔任翻譯之職；買辦為採買人、交易之媒介人，銀師為買辦之下的使用人，負責鑑定銀之成色。通事之雇用由行商保證，買辦之雇用則由通事保證，而買辦又須保證銀師。由此可知買辦和通事的不同，而且三者是有上下關係的。

陳龍貴〈琉球久米村系家譜與中琉文化關係——以「通事」為中心的考察〉，透過「通事」一職，論久米村人在中琉文化交流中角色的演變〔註 22〕。他以金氏、陳氏、蔡氏四部家譜為材料，就職務一項做統計，發現久米村人擔任通事的比例很高（如表 2－3），所以導出結論是，久米村人在中琉交流史扮演的角色從「舟工」轉變成「通事」。陳龍貴的統計，所看出的只是現象，並不能成為久米系家譜與中琉文化關係的結論。茲就久米村通事的形成與演變說明如下。

〔註21〕蕭新煌，1972，〈近代中國社會買辦的形成與演變〉，《現代學苑》第 9 卷第 7 期，頁 280～281。

〔註22〕陳龍貴，〈琉球久米村系家譜與中琉文化關係——以「通事」為中心的考察〉，收入琉球・中國關係國際學術會議編，2001，《第 8 回琉中歷史關係國際學術會議論文集》，台北：琉球・中國關係國際學術會議，頁 277～294。

表2-3：久米系家譜中通事比例一覽

	年　　　代	有記錄者	年幼夭殤	通　事	未當通事
金氏家譜一	明洪武～清嘉道	43	17	23（88.5%）	3
金氏家譜二	清康熙～光緒	44	16	26（92.9%）	2
陳氏家譜	明宣德～清光緒	186	83	87（85.5%）	16
蔡氏家譜	清康熙20～咸豐	8	3	5（100%）	0

資料來源：陳龍貴，〈琉球久米村系家譜與中琉文化關係——以「通事」爲中心的考察〉。

1、久米村通事的形成與演變

　　《広辞苑》對通事的釋義是：通譯，江戶時代（1603～1867）在長崎設置唐通事、和蘭通事〔註23〕。而《沖繩大百科事典》有不同的釋義：通事，口譯官，唐榮府（久米村）的位階稱號及職務名。首里王府的口譯官稱爲首里通事，八重山、與那國的則稱唐通事，都是由久米村人以外的人擔任〔註24〕。

　　由以上的兩個釋義可以說明：(1)通事在不同的時代、不同地點，有不同的指涉，其服務對象不同，但工作性質一樣，即居於兩不同語言國之間擔任口頭翻譯及事務交涉。(2)和蘭通事全由日本人擔任，而唐通事乃具有中國人血統的通事。(3)通事在琉球是官職，等同現在的外交官；(4)琉球久米村唐通事比長崎唐通事出現的年代要早許多。

　　琉球自14世紀中葉以來，在明國朝貢冊封體制之下，一直持續著連結中國、日本、朝鮮、東南亞的中繼貿易活動。到了16世紀中葉，隨著明國勢力的衰退、歐洲進出東南亞等東亞國際環境的變動，琉球的中繼貿易逐漸衰微。日本薩摩藩便在這個時候趁虛而入，於1609年以武力入侵琉球，統治了琉球，薩摩藩表面上容許琉球保持王國的國體，實際上則控制了琉球的內政與外交。外交方面，繼續接受明國的冊封，而且推出一連串的對明貿易推進方案。當明清改朝換代，馬上接受清國的冊封，使進貢貿易呈現一片榮景。內政方面實施士、農分離的身分制，士族又依區域分爲首里、那霸、久米村、泊村四個系統。

〔註23〕 新村出編，《広辞苑》，頁1473。
〔註24〕 沖繩大百科事典刊行事務局編，《沖繩大百科事典　中卷》，頁810。

14 世紀中葉以降的中繼貿易，擔任航海、通譯的是從福建渡琉後，居住在久米村的閩人三十六姓及其子孫。隨著中繼貿易的凋落，久米村逐漸衰微。在 17 世紀以後的新體制之下，久米村設置唐榮籍，周邊的中國人、諳漢語的琉球人也被編入唐榮籍，形成一個全新的久米村。唐榮人不僅定位為專司進貢貿易，也被期待為傳播中國文化的的媒介，在琉球王府內的地位也隨之提高。

大略的劃分，薩摩入侵的 17 世紀，是琉球諸般事情的重要轉換期，歷史學者一般以 1609 年為界，之前稱古琉球，之後稱近世琉球〔註 25〕。

（1）古琉球期的通事（？～1609）

古琉球期的初期，通事一職主要由諳琉球語的明國人擔任，這些人兼任明國、琉球雙方的通譯，同時也是琉球進貢使者的代表之一。琉球的正史《球陽》察度王 43（1392）年條：

> 太祖賜閩人三十六姓，王遣使入貢時附疏言，通事程復、葉希尹二
> 人，以寨官兼通事，往來進貢，服勞居多，乞賜職加冠帶，使本
> 國臣民有所仰止，以變番俗，太祖從之，更賜閩人三十六姓，始節
> 音樂，制禮法，改變番俗，而致文教同風之盛，太祖稱為禮義之邦
>
> 〔註 26〕

1392 年的琉球仍然處在中山、山南、山北三王分立的局面，政治上的不統一，文化上的後進性，使得琉球無法與同向明國朝貢國的朝鮮一樣，自己設立專門機構「司譯院」來培養口譯人才〔註 27〕，因此將寨官〔註 28〕的高位給予先進國明國人程復、葉希尹，以便居中溝通協調，方便往來進貢。太祖更賜「閩人三十六姓」給琉球，無非是要確保琉球進貢時不可或缺的通事和航海人才不致中絕。

當時也有琉球人擔任通事，如屋芝結即是琉球對明國進貢的第一任通事

〔註 25〕 高良倉吉，《琉球王国史の課題》，頁 14～17。
〔註 26〕 球陽研究會，《球陽　原文編》，頁 162。
〔註 27〕 楊秀芝，〈朝鮮時代的漢語譯官〉，收於孔慧怡、楊承淑編，2000，《亞洲翻譯傳統与現代動向》，北京：北京大學出版社，頁 38～53。
〔註 28〕 寨官與按司同，《明實錄》有「寨官之子」「各寨官合兵」等用法，《李朝實錄》有「各寨連年致不和」，由此推測「寨」相當於「間切」（古琉球的行政區劃單位，幾個村合為一間切），「寨官」應是寨的領主「按司」。沖繩大百科事典刊行事務局，《沖繩大百科事典　中卷》，頁 170。

（1390），但以後再也沒有琉球人出任通事〔註 29〕。原因之一可能是中國皇帝不信任外國通事，明太祖就曾經對自高昌畏兀兒移居高麗的高麗使者偰長壽說：「先番（高麗）幾個通事小廝每（們）來，那裏說得明白！你卻是故家子孫，不比別個來的宰相每（們），你的言語我知道，我的言語你知道……」〔註 30〕。

在明國人的眼中，通事的地位不高，甚或可以說卑賤，會有這樣的看法乃時代因素使然。清人趙翼在其所著《廿二史箚記》中有一節「海外諸番多內地人爲通事」〔註 31〕，提到的通事都是負面的記載，不是「內地人民擅入外番」，就是「奸民引外番爲內地害」，例如，1478（成化 14）年，禮部奏言「琉球所遣使多閩中逋逃罪人，專貿中國之貨，以擅外番之利」。「擅入」表示是不合法，「諸番」表示文化落後，以不合法的方式擅出國境到落後地方擔任通事，官吏對他們自然沒有好印象。

但對文化程度落後、尚無能力培養通事人才的琉球來說，爲朝貢、爲貿易，都仰賴來自文明國家的人才扮演重要角色，所以授予寨官、長史的高官職位，甚至提供經濟上的終身保障。

通事的分化

> 洪永二次，各遣十八姓爲其紀綱之役，多閩河口之人，合之凡三十六姓，並居彼國之營中，子孫之秀者，得讀書南廳，俟文理稍通，即遣歸爲通事，得累陞長史大夫，今所存者僅七姓，緣所居地狹，族類不能蕃故也。每科司出使，必以河口土著人充通事，謂之土通事，七姓充者謂之夷通事。土通事能夷語，夷通事能華語，七姓言語，衣服與夷無別。七姓男雖賢不爲國婿，女雖美不爲王妃，蓋其祖訓然……大夫長史則專主封貢，不與其政事〔註 32〕

從以上 1579（萬曆 7）年冊封副使謝杰的記載可知：

〔註 29〕 赤嶺誠紀，《大航海時代の琉球》，頁 4。
〔註 30〕 陳尚勝，〈"夷官"與"逃民"：明朝對海外國家華人使節的反應〉，收於世界海外華人研究會、中研院中山人文社會科學研究所編，2001，《第 4 屆世界海外華人國際學術研討會論文 II》，頁 459。
〔註 31〕 趙翼《廿二史箚記》卷三四「海外諸番多內地人爲通事」條，國學導航，http://www.guoxue123.com/biji/qing/ees/034.htm，擷取日期：2015 年 7 月 13 日。
〔註 32〕 謝杰，〈琉球錄撮要補遺〉，夏子陽《使琉球錄》下，台北：台灣學生書局，頁 39。

① 閩人三十六姓的子孫在 16 世紀末已經擔任進貢使節團的通事，明國視他們爲琉球人的漢語通譯，稱爲「夷通事」，以與在閩處理冊封使節團事務的閩人琉球語通譯做區別〔註33〕。

② 通事在 16 世紀末逐漸制度化、專責化，制度化是指有正常的晉升管道，通事→長史→大夫，專責化指的是久米村人主要負責封貢事務，不參與內政。

表 2-4 爲久米村人專任進貢使節團職務相關始出年一覽。1463 年之前有長史或通事，也就是西里喜行所說的明國人琉球語口譯時期。1463 年增加存留通事。存留通事通常隨進貢使西渡到中國福州，然後滯留在福州辦理進貢、接貢相關公務及福州琉球館（柔遠驛〔註34〕）業務〔註35〕。第一任的存留通事爲梁應和李榮。梁應在 1463（天順 7）年爲謝恩事以存留通事身分隨長史梁賓等入閩赴京，之後在 1465（成化元）、1467（成化 3）、1470（成化 6）年以通事身分入閩赴京，1475（成化 11）、1477（成化 13）官任長史，1481（成化 17）爲正議大夫，是一個典型仕途平順的例子，存留通事→通事→長史→正議大夫依序升任。李榮則不見載於家譜。都通事，是隨進貢使上京的總通事〔註36〕，始見於 1465 年的金鏘、梁應。梁應已如前述。金鏘於 1465 年爲進貢並求錢事，以通事身分隨正議大夫程鵬赴閩學造曆法〔註37〕。正議大夫在進貢時擔任副使，始於 1465（尙德 5）年，明憲宗擢昇貢使程鵬爲正議大夫。在船通事、朝京都通事、紫金大夫都是在 1609 年以後的近世琉球時代才新設的職務。

〔註33〕 西里喜行，2002，〈土通事謝必震とその後裔たち——中琉交涉史の一側面——〉，《琉球大学教育学部紀要》60：26。

〔註34〕 柔遠驛，福州的琉球館，1469 年來遠驛改名柔遠驛。與進貢廠同是福建市舶提舉司的附屬機構，進貢廠爲保管貢物的臨時場所，而柔遠驛則爲琉球進貢使一行人泊宿的所在。沖繩大百科事典刊行事務局，《沖繩大百科事典　中卷》，頁 365。

〔註35〕 沖繩大百科事典刊行事務局，《沖繩大百科事典　中卷》，頁 638。

〔註36〕 都通事，久米村官位稱號，位在副通事之上，中議大夫之下，進貢時以進貢都通事之職渡閩。沖繩大百科事典刊行事務局，《沖繩大百科事典　中卷》，頁 950。

〔註37〕 那霸市企画部市史編集室，1980，《那霸市史　資料編第 1 卷 6　家譜資料二（上）》，沖繩：那霸市企画部市史編集室，頁 55。

表 2－4：通事相關職務始出年一覽

	紫金大夫	正議大夫	長史	朝京都通事	都通事	通事	存留通事	在船通事
～1463			○			○		
1463			○			○	◎	
1465		◎	○		◎	○		
1632		○				○		◎
1638	◎					○	○	
1648	○	○		◎	○		○	

資料來源：赤嶺誠紀，1988，《大航海時代の琉球》，那霸：沖繩タイムス社。

（2）近世琉球期的通事（1609～1879）

薩摩藩入主琉球之後，久米村人被固定在專為進貢貿易服務，其職務組織不同於首里、那霸、泊村士族的行政組織和位階（職級）。

①久米村的職務（如圖 2－2）

久米村的事務所稱唐榮司，設在明倫堂內，隸屬於申口方鎖之座（外交部）管轄。設有久米村總役（總理唐榮司）一人，以及輔佐職的長史一人來管理久米村人（唐榮籍人）。長史之下設有與進貢有關的都通事、副通事、通書役，與學校教育有關的講解師、訓詁師，以及與漢字公文書有關的文組役、漢字組寄役、漢字筆者、久米村大筆者。

要注意的是，負責進貢事務是通事的本業，學校教育、漢字公文書為兼職，一旦有朝貢任務時，就必須歸建。例如，梁成楫在 1692（康熙 31）年奉命擔任久米村的講解師兼讀書師，1694（康熙 33）年奉命出使進貢，返回本職〔註38〕。

久米村筆者一職，由那霸籍的士擔任。久米村筆者舊名久米村掟，住在久米村但不是唐榮籍，屬於親見世，俗稱島仲人。久米村人在明倫堂作特別的學習，而島仲人在另外設立的學校學習。久米村設有系正與那霸同，但系正由唐榮人擔任。

〔註38〕那霸市企畫部市史編集室，《那霸市史　資料編第 1 卷 6　家譜資料二（上）》，頁 790。

圖2-2：久米村職務組織圖

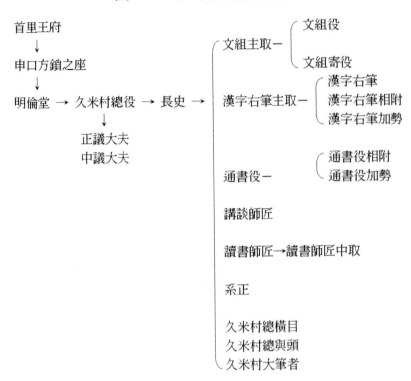

資料來源：沖繩大百科事典刊行事務局,《沖繩大百科事典　中卷》,頁810。

　　進貢時,紫金大夫最高可以擔任謝恩使、慶賀使,正議大夫擔任進貢使的副使,下位官僚有長史、上京都通事（簡稱都通事、北京大通事、大通事）、副通事、存留都通事、存留通事〔註39〕、通事、總官等〔註40〕。

　　茲以1672（康熙11）年的進貢使團為例（參見表2-5）說明之。耳目官為正使,由首里王族吳德美擔任；副使正議大夫蔡賓、朝京都通事程泰祚、都通事孫自昌、存留通事王可法、在船通事紅自彩,都是久米村人；直庫長可喜、內穆為非士族的那霸人。

〔註39〕　存留通事（ぞんりゅうつうじ／zonryutu:ji）,隨進貢使渡福州,滯留在福州
　　　　　辦理進貢、接貢公務及福州琉球館（柔遠驛）的業務。沖繩大百科事典刊行
　　　　　事務局,《沖繩大百科事典　中卷》,頁638。
〔註40〕　沖繩大百科事典刊行事務局,《沖繩大百科事典　中卷》,頁810。

表2-5：1672（康熙11）年的進貢使團成員構成一覽

職　　稱	人　員　姓　名	區　域　別
耳目官	吳德美	首　里
正議大夫	蔡賓	久米村
朝京都通事	程泰祚	久米村
都通事	孫自昌	久米村
在船使者	昌威、李切銘、胡士彥、馬立功	那　霸
存留通事	王可法	久米村
在船通事	紅自彩	久米村
火長	林茂豐、王可就	久米村
直庫	長可喜、內穆	那　霸
官役	14人	
人伴	56人	
水梢	130人	

資料來源：赤嶺誠紀，1988，《大航海時代の琉球》，那霸：沖繩タイムス社。

②久米村的位階

　　久米村的位階（職等）分爲譜代〔註41〕里之子（サトヌシ／sa-to-nu-si）家、筑登之（チクトン／chi-ku-ton）通事家兩個系統，晉升時里之子家較爲有利。里之子家的晉升次序：若秀才→秀才→若里之子→里之子親雲上→當作敷座敷→中議大夫→正議大夫→申口座→紫金大夫；而通事家則是：若秀才→秀才→筑登之座敷→通事親雲上→勢頭座敷→座敷→中議大夫→正議大夫→申口座→紫金大夫。

位　階 ┌ 譜代里之子家：若秀才 → 秀才 → 若里之子 → 里之子親雲上 → 當作敷座敷
　　　 │　　　　　　　 12~13歲　14~16歲　20歲前後　　　　　　　　30~40歲
　　　 │　　　　　　　 → 中議大夫 → 正議大夫 → 申口座 → 紫金大夫
　　　 └ 筑登之通事家：若秀才 → 秀才 → 筑登之座敷 → 通事親雲上 → 勢頭座敷
　　　　　　　　　　　 → 座敷 → 中議大夫 → 正議大夫 → 申口座 → 紫金大夫

〔註41〕 1392年移住琉球的「閩人三十六姓」及其子孫列爲「譜代」，後來編入唐榮籍的其他具有中國血統、或琉球人血統的，則列爲「筑登之」。

　　若秀才 12～13 歲，秀才 14～16 歲，20 歲前後若里之子，30 歲前半到 40 歲左右從座敷開始晉升到中議大夫，正議大夫到最高位的紫金大夫，需要有顯著的功績、或特別的晉升機會、或本人非常長壽才可能（參見表 2-6）。

表 2-6：琉球王國官職位階對照表

稱　　呼		品位	位階	久米村位階	資　　格	簪	冠與綬	
王子		無品	王子		國王之子（嫡子） 王叔及王弟 有功勳之按司（御位王子）	金簪	赤地金入五色浮織冠	青絹線
按司			按司		王子家按司家長男		赤、黃地五色浮織冠	
親方		正1品	紫地浮織三司官		親方家長男 有勳功之親雲上 一般親方止於正2品 筑登之家晉至親方可昇格至里之子家		青地紫地五色浮織冠 紫地浮織冠	黑絹線
		從1品	三司官					
		正2品	三司官座敷	三司官座敷	正1品由從1品晉陞 從1品由正從2品晉升（僅限總地頭）	花金莖銀簪	紫冠	
		從2品	紫官	紫金大夫	正2品由從2品升任 從2品由正從3品升任			
親雲上	親雲上（總地頭脇地頭） 里之子親雲上（里之子家） 親雲上 筑登之親雲上（筑登之家新參平民） 親雲上	正3品	申口		申口為官職退休後任紫官 由正4品陞任	士族銀簪 平民金俞石簪 元服前銀大簪	黃冠	
		從3品	申口座	申口座	由從4品晉陞 脇地頭到頂			
		正4品	那霸里主吟味役		由從4品晉陞			
		從4品	座敷	座敷	由正從5、6品晉陞 平士通常只能到此位 平民僅能到此			
		正5品	下庫里當		由正7品中有家格者晉陞			
		從5品	當座敷	當座敷	由正7品晉陞			
		正6品	下庫里勢頭		由從7品中具家格者晉陞			

	從 6 品	**勢頭座敷**	**勢頭座敷**	**由從 7 品晉陞**		
	正 7 品	里主親雲上	里主親雲上	由正從 8 品晉陞 **總地頭脇地頭稱親雲上**		
	從 7 品	筑登之親雲上	**筑登之親雲上 通事親雲上**	由正從 9 品晉陞 **脇地頭稱親雲上**		
里之子	正 8 品	下庫理里之子		由具家格的里之子家晉陞	赤冠	
	從 8 品	若里之子	**若里之子 通事**	里之子家 **繼承脇地頭即署名里主**		
筑登之	正 9 品	下庫里筑登之		有家格的筑登之家 繼承脇地頭即署名里主		
	從 9 品	筑登之座敷	**筑登之座敷 通事**	**筑登之家、新參、平民** **繼承脇地頭即署名里主**		
	品外		秀才	結髻（元服）時授予（15 歲）		
			若秀才	12 歲時授予	銀大簪	
子	無位			尚未晉至位階的譜代士	銀簪	
仁屋	無位			尚未晉至位階的新參 已就職但未晉至位階的平民	綠布冠	黑棉線

資料來源：又吉眞三，1973，《琉球歷史文化史總合年表》，沖繩：琉球文化社，頁 131。
說明：粗體字爲久米村相關官階。

③待遇

1662（康熙初）年「万治內檢」〔註42〕之後，王府因久米村人特殊的職務關係，採保護政策，給予比其他士族更優厚的待遇。10 歲爲若秀才，15、16 歲爲秀才，隨學力年齡爲通事、戴黃冠，依序給米 5 斗、1 石、1 石 5 斗、2 石的俸祿，予以生活保障，大夫年俸 4 石。但採總量管制，久米村一

〔註42〕　檢地（けんち／kenchi），爲實施石高制的土地調查。沖繩大百科事典刊行事務局編集，《沖繩大百科事典　中卷》，頁 37。

年 500 石。

唐榮的士之前不在首里王府擔任官職。1736 年（乾隆）以後設立曆日、刻漏、講解師、漢文組立役等，才開始在王府中任職。儘管王府中任職的士不佔久米村的配額，授有知行、或領地作得，也不算在 500 石之內〔註43〕但，因唐榮人口增加之故，原本的 500 石不夠分配，部分人最後只好遷離久米村到鄉村去。

二、漢字公文書關係

（一）漢字公文書的種類

進貢時需要攜帶奏表、咨文、符文、執照。「奏表」是琉王向明、清皇帝呈遞的報告，說明入貢的理由或請求的內容；「咨文」是琉王致禮部及布政使司的公文，說明遣使的目的及咨覆上次使臣帶回的禮部咨文；「符文」、「執照」是琉王頒給貢使的證件，前者是貢使在明清國境內的通行證，後者是航海證明。

	奏　　表	咨　　文	符　　文	執　照
對象	明清皇帝	禮部布政使司	貢使	貢使
內容	說明入貢的理由或請求的內容	說明遣使的目的及咨覆上次使臣帶回的禮部咨文	貢使在明清國境內的通行證	航海證明

不論奏表、咨文、符文、執照都有一定的用字、格式、規範，下列為尚巴志在洪熙元（1425）年呈遞給明仁宗祝賀即位的奏表，此表出於何人之手雖不得而知，但其艱澀難讀的程度實非今人可以輕易掌握（原文以直式書寫）〔註44〕。

　　　　琉球國中山王臣巴志誠懽誠□稽首

　　　頓首

　　上言，伏以

　天佑下民四時序而風雨時五穀熟而民人育

　　　恭惟

〔註43〕渡口眞清，1975，《近世の琉球》，東京：法政大學出版局。

〔註44〕《歷代寶案》第一集卷十二，沖繩歷史情報研究会，琉球關係文獻索系統 www.okinawa.oiu.ac.jp，擷取日期：2015 年 7 月 13 日。

皇帝陛下
　　　承
天受
命
　君師宇內
　相以奠之
　和以安之是以克享
天心永膺
　寶曆
　大一統
　文明之治
　開萬世太平之基臣尚巴志恭遇
聖君嗣登
天位遠處蕃維心馳遙
　賀仰
　紫宸而三祝祈
聖壽以齊
天無任瞻
天仰
聖激切屏營之至謹奉
　表稱
　賀以
聞
　洪熙元年閏□月拾□日　琉球國中山王臣尚巴志謹上表

（二）漢字公文書的重要性

製作合宜的外交文書的重要性可以從蔡溫《獨物語》的一段話中窺得全貌（原文爲直式，底線____爲筆者所加）。製作外交文書的工作，在蔡溫之前的年代乃是一脈相承，由久米村人專任，1742 年設置「漢字組立役」（著作漢字公文職）之後，著作奏表、咨文及其他漢文書成爲制度化。

　一　御当国は、題目和文相学諸用事相達候に付て永代和文の法式
　　　は相続可申候、漢文の儀は唐通融造の用事にて、前代より久

米村へ其職業被仰付置候得共、久米村も平時の用事は和文相
用得候に付て、漢文調得勝手の人数甚少く罷居、尤上夫に漢
文相調候方は、彌以出兼申候。然共平時進貢接貢の御状は例
年の勤に候故旧案見合作調可相済候得共、唐は大国にて其仕
合次第、如何様成六ヶ敷儀　致出来候半、其時の表奏咨文少
にても其文句不宜儀有之候はば、大粧成故障の儀に成立、萬
々後悔仕候共其詮無之積に候。右之計得を以平時久米村文学
隨分入精させ候儀專一に存候。表奏咨文さへ上夫に相調置候
はば縱令渡唐役々の方、於唐諸事相動候内不宜儀仕出候共其
人迄の罪科に候。若表奏咨文の内、不宜有之候はば国土の御
難題に相係、言語道断の仕合致出来候。此儀は能々入念不申
は不罷成積に候〔註45〕。

上述和文的意譯爲：「本國漢文和文兼學並用。諸事皆用和文，漢文僅限
於通交中國之時。通交中國之職由久米村人專任，然平時久米村人亦用和
文。故擅長漢文之人寥寥無幾。且將日漸稀少。平日進貢接貢公文憑長年經
驗，參照舊案即可完成，然中國大國也，政局變幻莫測，如遇風雲多變，其
表、奏、咨文出現不合時宜之辭，則將發生障礙，悔之瞑矣。故平時應令久
米村人專於治學。只要寫好表、奏、咨文，縱使前往中國的官員衙役在中國
有不禮之舉，其罪只及本人。若表、奏、咨文有誤，則涉及國家災難者，非
言語所能表達，對此切不可掉以輕心」〔註46〕。

（三）漢字公文書相關職務與人物

漢字公文書相關職務與人物，詳見表 2－7。有資料可徵者，依官階高低
排列如下，漢字有筆主取毛如德、毛元龍，漢字筆者毛國鼎，漢字筆者相附
林亦煥、毛鳳章。

俸祿方面，毛國鼎 1617（萬曆 45）掌表文主取兼漢字筆者年俸米一十
石。毛如德 1728（雍正 6）年任漢字御右筆主取隨職年俸米七石。毛如茂 1720
（康熙 59）年任漢字署筆者。

〔註45〕崎浜秀明，1980，《蔡溫全集》，東京：本邦書籍，頁 83。
〔註46〕引自豊見山和行，〈琉球における對中国關係文書について〉，沖縄県立図書
　　　館史料編集室，1993，《第一回琉球中国交渉史に関するシンポジウム論文
　　　集》，那霸：沖縄県立図書館，頁 174。

表 2-7：擔任漢字公文書相關職務的久米村人

職　稱	任用	執　掌	名額	代表人物	
著作文章總師	官生或考試任用		1		
著作文章使	考試任用		2		
著作文章副使	考試任用		1		
漢字主取			1		1728 設
漢字右筆主取			1	毛如德 毛元龍（1766）	1728 設
漢字筆者		擔任對中國書簡（表文、咨文、執照）的淨書	1	毛國鼎 （1617 表文主取）	
漢字筆者相附	考試任用		1	林亦煥（1828） 毛鳳章（1849）	
漢字加勢筆者	考試任用		1		

資料來源：由久米村家譜檢出。

三、學校關係

琉球公辦的最高學府有兩處，一是久米村子弟專屬的明倫堂，一是爲首里子弟開辦的國學。明倫堂之興建係由於程順則的建議，於 1718 年落成，位在久米村內，專門培養進貢要員；首里的國學則遲至 1798 年方始創建，比明倫堂晚了 80 年，主要在培訓首里王府官僚〔註47〕。明倫堂和首里國學的人員編制、任用資格及所司職掌如表 2-8。

表 2-8：明倫堂和首里國學人員編制、任用資格、職掌一覽

職　稱	任　用	執掌	名額	
講解師	明倫堂-官生或考試任用 國學、平等學-久米村總役推薦或官生	文理講解	1 2	1678 年設
訓詁師	同上	漢文句讀	1	1678 年設，亦稱讀書師匠
副訓詁師	同上		1	

〔註47〕 糸数兼治，〈琉球における孔子祭祀の受容と学校〉，比嘉政夫編，2003，《国立歴史民俗博物館研究報告　第 106 集》，千葉：国立歴史民俗博物館，頁 93〜101。

（一）明倫堂

明倫堂設有講解師、訓詁師各一，由官生擔任或經考試任用。1686 年的官生梁成楫於 1691 年返琉球，先在久米村任講解師兼讀書師兩年，後因進貢需要返回本職，1696 年再任久米村講解師 1 年〔註48〕，可知講解師的任期不定，視當時狀況而定。例如，毛應選（1809，嘉慶 14）任訓詁師。

（二）首里國學

國學的師資有講談師匠、官話師匠、按司師匠（專教門閥子弟），通常由留學國子監的官生擔任，任期 3 年。另外設訓點、調係兩名擔任助教工作，再學（研究生）兩名輔佐教學〔註49〕。林家槐爲首任（1798）國學講解師，年俸米五石雜石三石〔註50〕。六世林興基 1809（嘉慶 14）年起擔任國學講解師 3 年，年俸米四石雜石四石。八世林世爵 1862（同治 1）年亦奉命充任國學講解師，年俸與 64 年前的林家槐相同。毛克述 1856（咸豐 6）俸米八石。

（三）漢學到鄉學

久米村人以種種方法求得學問。旨在勝任進貢職務，漸漸地，漢學轉變爲久米村的鄉學，不僅與進貢有關的工作，與漢文相關的職務，也悉數由唐榮人專任。漢學原本是一門學問，逐漸轉變成久米村全鄉的人都在從事的工作，漢學成爲久米村人賴以爲生的技能。1797 年發生的「官生騷動」就是久米村人面臨失業問題的最好寫照。

（四）官生騷動護生計

始自 1392 年的官生派遣，在尚眞王時代（1477～1526）只派遣久米村子弟，從 1481 年到 1758 年共遣 14 回，合計 44 人。1794 年即位的尚溫王（時僅 12 歲），於 1797 年接受侍講高島親方蔡世昌的建議，進行改革。經由 50 人會議的決議，將派遣官生員額（4～6 名）一半給予首里人。決議於 1798 年

〔註48〕 沖繩大百科事典刊行事務局，《沖繩大百科事典　下卷》，頁 959；那霸市企畫部市史編集室，1980，《那霸市史　資料編第 1 卷 6　家譜資料二（下）》，沖繩：那霸市企畫部市史編集室，頁 790。

〔註49〕 塚田清策，1968，《文字から見た沖繩文化の史的研究》，東京：錦正社，頁 98；上里賢一著、陳瑋芬譯，2006，〈琉球對儒學的受容〉，《台灣東亞文明研究學刊》第 3 卷第 1 期，頁 3～25。

〔註50〕 那霸市企畫部市史編集室，《那霸市史　資料編第 1 卷 6　家譜資料二（下）》，頁 862。

1月8日公告久米村。對長久以來以朝貢相關職務爲業的久米村人而言，此一改變乃是生死存亡的問題。原本官生名額就少，現在要將一半的名額給久米村以外的人，等於保障的工作機會被剝奪，羣情大譁，久久未能平息。

第三節　海外貿易的商家與匠師

一、商家

三十六姓乃因便於貢使往來而派遣，其中也有設店鋪從事買賣的。貢船往來一年一回或二年一回，三十六姓的家族趁職業之便從事商業行爲也非意料之外，所以會有唐人商販來居等記載出現〔註51〕。1607（萬曆35）年的尙寧表文〔註52〕中有：

> 琉球舊自開國之初欽蒙
> 聖祖恩撥參拾陸姓入琉幹國稽查舊例原有興販朝鮮交趾暹羅柬埔寨
> 緣是卑國陸續得資藉迄今參拾陸姓世久人湮夷茜不諳指南車路是以
> 斷販各港計今陸拾多年毫無利入日鑠月銷貧而若洗況又地窄人希稅
> 賦所入略償所出……

意思是說，洪武年間三十六姓渡琉爲國公幹時，琉球國因與朝鮮、交趾等諸國興販，所以國資豐厚，待三十六姓人口漸少、乏人擔任航海指南，與各國的販路也自然斷絕，國庫六十年來無收入，又地窄人疏，賦稅僅夠國家開支。

該表文原是想援舊例乞請明國准許再賜阮、毛二姓的，因阮國、毛國鼎乃漳州人，通琉球航路，經常渡琉的關係。不料在輕商重農的明國官僚眼中卻不是這番解釋。太常寺少卿夏、光祿寺承王等在奏議中表示，聖祖國初所賜三十六姓是爲該國入貢航海風濤叵測，三十六姓習知操舟，以爲導引，不爲興販。儘管明、琉兩國對三十六姓的期待不同，但以上的事件說明了三十六姓及其子孫的確有從事商業之實。

事實上，在中國的朝貢体制之下，周邊亞洲諸國的朝貢使節以「進貢」的名目，攜帶該國的產物行個人貿易之實乃是慣例，甚至到了明中葉以後，

〔註51〕東恩納寬惇，《黎明期の海外交通史》，頁370。
〔註52〕《歷代寶案》第一集卷七，沖繩歷史情報研究会，琉球關係文獻索系統www.okinawa.oiu.ac.jp，擷取日期：2015年7月13日。

琉球的朝貢主要著重於挾帶品的私下貿易，而不是貢賜貿易〔註53〕。

（一）明國初期外國使節的的個人貿易是受正式認可的，方式是允許公開交易，但官方抽稅，但是到了1475（成化11）年，明國因財政困難的關係停止了朝貢使臣攜帶貨物，對琉球使節的買賣交易則遲至1501年才加以限制。

1、「正貢外、附來貨物、官抽五分、買五分」，《大明會典》對琉球國朝貢貿易制訂了百分之五十的稅率。

2、「附搭土夏布式百疋、除官抽一半、例不給価、其抽剩一半、每疋給鈔伍十貫」，《歷代寶案》萬曆30年五月福建布政使司給琉球國的咨文。土夏布一疋以五十貫計算，一百疋就有五千貫的收入。

3、「國王、王妃錢六分鈔四分、使臣人等錢四分鈔六分」，《大明會典》對使臣個人貨物所做的支付規定，銅錢四成、紙鈔六成的混合匯率計算。

朝貢時，琉球使節攜帶至明國的物品分三類，貢品、附載貨物和個人用品。附載貨物即是個人貿易的物品。有關抽稅制度，孫薇認為制度是存在的，但因明皇帝有懷柔遠人之意，並未施行〔註54〕。如此一來，個人貿易的利潤更高。個人貿易對以朝貢為主業的久米村人來說，是一項重大收入。

每一次朝貢任務，除了王府以銀、米支付渡唐津貼外，使節團的每一位成員都被允許持有稱為渡唐銀的私人資本，和攜帶一定份量的貨物，到明國（清國）進行個人貿易。個人貨物依職分高低在進貢船中可分配到不同比例的空間。表2－9及表2－10為久米村人的個人資本和可攜帶貨物量情況〔註55〕。

〔註53〕 徐曉望，〈明清中琉貿易與福建經濟〉，收於中國第一歷史檔案館、第六屆中琉歷史關係學術研討會籌備會編，2000，《第六屆中琉歷史關係學術研討會論文集》，北京：中國第一歷史檔案館、第六屆中琉歷史關係學術研討會籌備會，頁374～375。

〔註54〕 孫薇，〈市舶司の責務と琉球進貢使の受け入れ方〉，收於中琉文化經濟協會，1999《第七屆中琉歷史關係國際學術會議 中琉歷史關係論文集》，台北：中琉文化經濟協會，頁308～330。

〔註55〕 眞栄平房昭，〈近世琉球における個人貿易の構造〉，收於島尻勝太郎・嘉手納宗德・渡口眞清三先生古稀記念集刊行委員会編集，1986，《球陽論叢：島尻勝太郎・嘉手納宗德・渡口眞清三先生古稀記念集》，那霸：ひるぎ社，頁239～262。

表2-9：渡唐人員的貿易銀

渡　唐　職　稱	人　　　名	個人渡唐銀	構成比%
才府	外間筑登之親雲上	1貫500匁	11.363
大通事	大嶺親雲上	1貫200匁	9.090
脇筆者	湧川筑登之親雲上	800匁	6.060
總管	多嘉良筑登之親上	500匁	3.787
船頭	大嶺筑登之親雲上	500匁	3.787
五主、佐事、水主	39人	8貫800匁	66.666
計	44人	13貫300匁	約100

資料來源：眞栄平房昭，〈近世琉球における個人貿易の構造〉，《球陽論叢：島尻勝太郎・嘉
　　　　　手納宗德・渡口眞清三先生古稀記念集》，那霸：ひるぎ社，頁239～262。

表2-10：大唐船成員的空間分配

No.	職　　稱	出　身　別	貨物量（斤）	構成比%
1	勢頭	首里	12,879	5.81
2	大夫	久米村	9,570	4.32
3	才府	首里	22,686	10.24
4	北京大通事	久米村	6,485	2.93
5	大通事	久米村	5,404	2.44
6	官舍	首里	22,687	10.24
7	存留	久米村	5,404	2.44
8	北京大筆者	首里	3,242	1.46
9	大筆者	首里	20,525	9.27
10	脇筆者	首里	2,052	0.93
11	總官	久米村	2,161	0.98
12	勢頭与力	首里	2,161	0.98
13	大夫儀者	首里	1,080	0.49
14	船頭	那霸、泊村	20,486	9.25
15	北京宰領（2人）	?	5,284	2.38
16	五主（10人）	那霸、泊村	22,260	10.05
17	佐事（8人）	那霸、泊村	20,520	9.25
18	水主（32人）	那霸、泊村	36,640	16.54
合　　計			221,526	100.00

資料來源：眞栄平房昭，〈近世琉球における個人貿易の構造〉，《球陽論叢：島尻勝太郎・嘉
　　　　　手納宗德・渡口眞清三先生古稀記念集》，那霸：ひるぎ社，頁239～262。

　　由表2−9可以看出，個人可攜資本因職位高低而依次遞減，久米村人擔任的大通事，額度幾乎佔個人總貿易銀的十分之一，僅次於財務總管才府。而個人貨物數量則依貿易營運上的重要性而有區別。

　　在國家控制的官營貿易體制下，難免也有不遵守規定或官官勾結的情形出現。1436年（正統元年）「琉球國使臣漫泰來結制等言，初到福建時，止具國王進貢方物，以聞有各人附齎海螺殼九十，海巴五萬八千，一時失於自陳，有司以爲漏報之數悉送入官」〔註56〕。1470（成化6）年，琉球貢使程鵬與福州委官指揮劉玉秘通貨賄，明皇帝下詔逮捕劉玉，但卻未治免程鵬之罪〔註57〕。

二、匠師

　　從表2−11中勤學人所習技能來看，可以看出這些私費或半公費的留學生所習技能反應了時代的需求。久米村人多學曆法或地理風水，而首里、那霸人則多學醫。以下分別就久米村人的部分加以介紹。

表2−11：勤學人入唐習藝一覽表

中國朝代	入唐年	姓　名	所學技能	年齡	備　　註
明國	1465	金　鏘	曆法	33	
	1549	金　昇	曆法	39	
	1605	野　國	蕃薯栽種		
	1606	金應斗	曆法	39	
	1623	儀間村人	甘蔗製糖		
清國	1659	國吉黨	織緞		
	1663	陳得先	熬白糖冰糖製漆器		
	1663	蔡　彬	學文習禮	21	
	1663	周國俊	學文習禮	29	
	1667	周俊國	風水地理		
	1670	宿藍田	製瓷		

〔註56〕《明實錄》正統元年條，沖繩歷史情報研究会，琉球關係文獻索系統www.okinawa.oiu.ac.jp，擷取日期：2015年7月13日。

〔註57〕《明實錄》成化六年條，沖繩歷史情報研究会，琉球關係文獻索系統www.okinawa.oiu.ac.jp，擷取日期：2015年7月13日。

1678	蔡肇功	曆法	?	受王命前往
1679	鄭明良	相法	31	存留通事在閩受王命
1683	璩自謙 查康信	繪畫		
1685	魏士哲	兔唇縫合	32	受命福建汀州府黃會友
1693	金　溥	馴鷹法　鑒硯法	25 28	受命從閩人李爾燦學養鷹法 從閩人何彥開學鑑硯之法
1695	翁自道	蕃薯品種栽培		
1708	蔡　溫	風水地理	26	奉令學習地理師事劉先生
1709	大　嶺	造墨		
1726	吳師虔	繪畫製朱印色泥		
1727	勞爲達	製朱墨		
1730	泊邑屋比久	冶銅		
1734	向秀實	製茶		
1736	向得禮	織綢緞紗機		
1743	晏孟德	醫學口腔科		
1749	衡達勇	內外科醫法		
1755	紅秉毅	曆法		
1763	從安次嶺	內外科醫法		
1777	松開輝	醫學		
1785	梁　淵	音樂戲曲	40	請乞　憲令
1815	學　源	律法		
1817	陳有憲	儲米法	53	奉命
1824	呂鳳儀	醫學		
1828	松景林	醫學內科		
1848	鄭良佐 蔡呈禎 蔡大鼎	地理	32 33	
1814	使團人員			防疫（天行痘痂）

資料來源：謝必震，1996，《中國與琉球》，廈門大學出版社，頁247～248；那霸市企画部市
　　　　史編集室，1980，《那霸市史　資料編第1卷6　家譜資料二（上）、（下）》，沖繩：
　　　　那霸市企画部市史編集室。

（一）曆官

曆官是負責造曆的司曆官，也稱曆通事。久米村總役·長史方下屬通書方的主任，下設通書相附 1 人，通書加勢 7 人。第一任的曆官是 1465 年的金鏘，之後金姓出了不少曆官〔註58〕，如 1549 年的金昇，1606 年的金應斗。

琉球自 1372 年接受明太祖洪武帝招諭，察度王派弟泰期奉表朝貢，太祖下賜大統曆，奉明國正朔表示臣屬於大明帝國。1465 年金鏘在福建學習曆法，是為琉球造曆之始。1665 年楊春枝奉王命向司曆官金守約學曆法，1666 年更渡閩接受 4 年的造曆訓練，楊春枝於 1670 年被允許刻板印刷曆書，不幸尚未完成使命就過世了。原本跟著哥哥學習曆法的楊春榮繼承兄志，跟隨金守約學習，1673 年任司曆官後製曆書。據說自此曆書通行全國。不過清代「時憲書」傳入，一般都使用根據時憲書所製作的選日通書〔註59〕。

「時憲書」是清代的公曆。明末湯若望在南懷仁的輔佐下於欽天監（天文台）製成西洋曆；改朝換代之後，清國廢舊曆改採西洋曆，初稱為時憲曆，因避高宗弘曆之諱，改稱時憲書。琉球於 1678 年派遣蔡肇功赴閩學曆法，師事薛一白 4 年，歸國後造大清時憲曆，頒行全國。琉球的司曆官原本俗稱曆役，清代以後司曆官改稱司憲書官，俗稱通書役，年俸 6 石。1718 年因程順則的呈請，時憲書改稱選日通書。由於琉球的選日與清憲書的選日有差別，所以 1755 年再派紅秉毅以副通事身分赴閩學習新的選日法，歸國後依新法印造選日通書，通行全國〔註60〕。

（二）風水師（フンシミ／hun-si-mi）

周國俊於 1667 年 3 月以存留通事渡閩，至同年 8 月為止，學習地理歸國。1679 年蔡應瑞以進貢存留通事身分渡閩，國王賜銀 30 兩使學地理，1681 年歸國。蔡溫 1708 年任進貢存留官務，兼奉令學習地理渡閩，從福州府長樂縣劉霽精學地理，悉受秘書及大羅經一面。第二年公府發賜白銀 30 兩以備雜費之用，滯留至 1710 年 6 月。紅士顯於 1716 年奉王命從蔡溫學地理，1717 年以存留通事赴閩，從林姓地理師學地理至 1719 年 5 月。1737 年鄭鴻勳渡閩，隨閩縣地理師陳恆坤學地理，共停留 7 年，1757 年以王舅通事身分再渡閩學習，精得其法，以備國用。蔡任邦 1788 年為讀書習、地理渡閩，1789 年

〔註58〕 沖繩大百科事典刊行事務局，《沖繩大百科事典　下卷》，頁 977。
〔註59〕 沖繩大百科事典刊行事務局，《沖繩大百科事典　中卷》，頁 621。
〔註60〕 沖繩大百科事典刊行事務局，《沖繩大百科事典　中卷》，頁 290。

7 月回國。金常順 1823 年爲讀書習禮及學地理渡閩，1825 年 5 月歸國。鄭克恭 1827 年爲學書習禮及地理渡閩，直到 1833 年 5 月。1868 年鄭良佐、蔡呈禎、蔡大鼎奉王命，爲改遷世子宮，修葺玉陵渡閩學地理〔註61〕。

從以上久米村子弟參與地理學習的案例，我們可以窺知幾件事情，一、國王賜銀給蔡應瑞及蔡溫，表示琉球王府非常關心風水，鼓勵學習。二、王府派遣紅士顯從蔡溫學習，可知學習風水地理，除了赴閩師事地理師之外，久米村本身也在教授，或也可能有家族傳承。三、蔡溫發揮了最大的影響力。蔡溫自福州學習風水歸國數年後，首里城、國廟、玉陵等王府的事業備受重視與討論，蔡溫就任三司官之後，把風水理念用在村落移動、植林事業、及治水等諸政策上。

（三）樂師匠

中華歌樂不僅琉球宮廷中需要，也是前往江戶時必備的藝能。最有名的例子是梁國琬、梁淵。梁國琬生於 1716，卒於 1794，享年 79 歲。1751、1762 各在首里的廣德寺和安國寺對上江戶樂生教授中華歌樂及樂曲，1759 年任御書院歌樂師，1772 年赴薩州教授尚哲公的小姓歌樂〔註62〕。家譜中沒有記載梁國琬師事何人，推測可能是在久米村內習得，五度赴閩學習後技藝更加精進。梁淵於 1785 年（時已 40 歲）第二次渡唐讀書習禮，兼奉命學習中華歌樂、雜戲。值得一提的是，學習中華歌樂的樂童子都是首里的門閥子弟而不是久米村人，而久米村人則是傳承中華歌樂的背後功臣。

（四）兔唇縫合師

魏士哲生於 1653 年，10 歲的時候隨金正春（建議設立孔廟者）渡閩，滯留福州三年，1666 年回國。因諳漢語之故，王府賜魏姓編入久米村籍。1688 年是魏士哲一生的轉捩點，當時爲進貢事隨正使識名盛命、正議大夫蔡鐸志多伯親雲上以小唐船副通事的身分渡閩。在福州與 1686 年的進貢使魏應伯（越來親雲上朝盛）、正議大夫曾益從北京回來同宿在柔遠驛（琉球館）。他們聽說魏應伯底下有一水手与那嶺天生兔唇，在福州動了手術，手術極爲成功。於是四人出資 50 餘金，找到醫師黃會友，要他把補唇秘法傳給魏士哲。貢使們如此大費周章是因爲尚貞王的世孫尚益也是天生兔唇。魏士哲不負眾

〔註61〕 渡辺欣雄、三浦国雄編，1994，《風水論集》，東京：凱風社，頁 74～113。
〔註62〕 池宮正治等編，《久米村——歷史と人物——》，頁 205～206。

望，日夜苦學，不僅習得密法，還獲得秘書一卷，1689 年回國後爲尚益治療，手術成功。魏士哲因功進陞紫金大夫，但從此封刀。因爲久米村人的正職乃是從事進貢〔註63〕。

（五）畫師

吳師虔（1672～1743），和名山口宗季，1704 年渡唐學畫，並從中國引進朱泥的製法，歸國後在首里城教畫技，殷元良爲其弟子。

第四節　琉球王國官紳〔註64〕：程順則、蔡溫

本節的目的在闡明非官生〔註65〕系統出身的久米村人程順則，蔡溫，如何在琉球王國日中兩屬的艱難狀況下，跳出王府對久米村人所設定的進貢職框架，以更寬廣的規格、不同的方式造福百姓。先述時代背景與程、蔡二人生平關係，次論兩人在近世琉球所扮演的角色，以及官生與勤學士紳的內部衝突。最後再論述程、蔡與地方文人、士紳間所建立的交遊網絡，如何幫助執行公務，達到爲百姓謀福利的目的。

一、時勢造英雄

程順則，1663 年 10 月 28 日出生，長蔡溫（1682 年 5 月 25 日出生）20 歲，兩人皆非由官生途徑入仕，但成就非凡，名留青史，至今仍爲沖繩人所津津樂道，後人稱程順則爲「名護聖人」，蔡溫則被喻爲琉球近世史上最偉大的政治家。

時勢造英雄，兩人的傑出表現，家世固然是原因之一，時代的要求更是決定性的因素。兩人出生於琉球王國的近世琉球時期（1609～1879），也就是一般稱爲「日中兩屬」時期，琉球既是明國、清國的朝貢國，也是日本幕藩

〔註63〕 沖繩大百科事典刊行事務局，《沖繩大百科事典　上卷》，頁 832；池宮正治等編，《久米村——歷史と人物——》，頁 191～192。

〔註64〕 對於「士紳」概念的整理探討，參見李世眾，2006，《晚清士紳與地方政治——以溫州爲中心的考察》，上海：上海人民出版社，頁 9～16。「士紳」一般指的是，外在於國家行統系統的一個整體，無法完全涵蓋本文程順則和蔡溫的情況，因此以「官紳」稱之。

〔註65〕 1579～1687 之間琉球因爲種種原因未能派遣官生到明國、清國學習，程順則、蔡溫只能採取勤學自費方式前往。仲原善忠，1977，〈官生小史——中國派遣の琉球留學生の概觀——〉，《仲原善忠全集第 1 卷》，沖繩：沖繩タイムス社，頁 530～569。

體制的附屬國，改朝換代時，不僅要接受明、清國的冊封，同時還須派遣謝恩使到江戶，感謝讓其國王就任。幕府將軍更換時，也必須遣慶賀使前往祝賀，稱為「江戶上り」〔註66〕（えどのぼり／e-do-no-bo-ri）。

日中兩屬底下的琉球王國，國力屏弱，民生凋敝。政治上，面臨究竟要選擇脫去古琉球所確立的琉球傳統，完全接受幕藩體制，或固守琉球傳統，排斥幕藩體制，抑或對照琉球社會傳統和幕藩體制加以折衷取捨的政策〔註67〕三項選擇。經濟上，進貢貿易呈現大幅度的赤字，必須派使節向薩摩借貸才能繼續向中國進貢，士族自暴自棄，耽於酒色，農民貧困，無力納稅，王府財政收入陷於枯竭，社會秩序大亂〔註68〕。

因應這樣的苦難時代，出現了一些改革者，首先是羽地朝秀（向象賢），進入 1700 年代則有蔡溫和程順則。羽地是 1670 年代的攝政，屬於日本化改革派，他從語言的比較主張「日琉同祖論」；削弱傳統神女祭祀体系〔註69〕，在自家中祭祀大和御神；要求官員學習茶道、謠曲、花道、唐樂、算堪等。這樣的同化政策沒有改善琉球人的生活，反而導致琉球人的認知錯亂。

沖繩學之父伊波普猷就對這樣的改革感到反感，因為視琉球人為奴隸的薩摩人並不樂見與奴隸有同樣的宗教信仰，因此禁止琉球人取大和名，要求琉球人前往江戶時必須刻意打扮成中國風，結果使得琉球人不知道自己到底是當日本人還是當支那人好〔註70〕。蔡溫和程順則便是在這樣的狀況下為琉球王國找出一條自己的道路，前者戮力於內政的改革，而後者則功在教育與處理琉薩中關係。

二、程順則與蔡溫

（一）程順則

1、生平經歷

程順則生於 1663 年，卒於 1734 年，享年 72 歲。父親程泰祚原是那霸系

〔註66〕「江戸上り」，起於 1634 年，終於 1850 年，226 年之間共計 18 回。新崎盛編，2000，《沖縄の素顔　PROFILE OF OKINAWA: 100 Questions and Answers》，東京：テクノマーケティングセンター，頁 56。
〔註67〕高良倉吉，《琉球王国史の課題》，頁 313。
〔註68〕伊波普猷，1998，《沖縄歴史物語　日本の縮図》，東京：平凡社，頁 134。
〔註69〕安里進等，《沖縄県の歴史》，頁 151。
〔註70〕伊波普猷，《沖縄歴史物語　日本の縮図》，頁 135。

虞氏京阿波根家人，奉王命入籍久米村繼承程氏家族，祖母鄭氏（名眞金牛）為久米村之大阿母，正議大夫鄭子孝安次嶺親雲上的長女，所以程順則與久米村淵源深厚。程順則在久米村出生，14 歲結髮取得秀才資格，師事碩儒鄭弘良學習四書、五經。1683 年 21 歲以勤學人身分，前往福州從儒者陳元輔學習程朱學與詩文四年。1687 年學成回國，擔任的第一份工作是久米村的講解師。1689 年再度赴閩，以存留通事的身分在福州繼續受業於陳元輔門下，同時廣交當地碩學。

29 歲時學習生涯告一段落，1696 年起五次出使中國，回國後擔任漢文筆者、亦同時在御書院抄寫中國皇帝的字、製作碑文。1704 年奉王命整理編纂位階、官制、服制，1705 年任尙貞王的世子尙純、世孫尙益的侍講，朝講經書晚授詩文，尙純、尙益經常臨門拜望，賞賜重禮。

程順則 1706 年以進貢使身分渡唐，1714 年隨金武王子尙永泰（尙敬王繼統的謝恩使）、与那城王子尙盛（將軍德川家繼繼統的慶賀使）前往江戶。隨著外放經歷與功績的累積，1677 繼承父親的古波藏村地頭職，1715 年陞紫金大夫，任久米村的最高行政長官總役，知行高 60 石。1719 年陞三司官座敷（正二品官），知行 80 石，1728 年晉陞名護間切總地頭職。1734 年因病去世，享年 72 歲。

2、交遊網絡與互動方式

程順則常參與琉球王國之宗教信仰事務，26 歲時就在福州琉球館建土地祠、崇報祠，祭祀客死中國的琉球人；1715 年捐 20 金於那霸上天妃宮二門內立千里眼、順風耳石像。宗教事務之外，程順則更積極推廣學問方面，1691 年在閩自費購買《十七史》1592 卷獻給孔廟〔註71〕。1718 年購買《皇清詩選》數十部，一部呈獻王府，一部贈孔廟，一部獻贈給評定所，其餘贈師友。自費印刷《六諭衍義》、《指南廣義》攜帶回國。

田名眞之肯定程順則能以前瞻的眼光，順應時代的潮流，提振了久米村的形象與地位，久米村在王府有意的強化、振興過程中，程順則的努力不僅使久米村在進貢貿易、學問、教育、制度各方面佔有重要地位，更在各方面握有可觀的發言權，同時也使得久米村以全新的方式成長〔註72〕。筆者認為

〔註71〕 琉球孔廟位在久米村內，建於 1674 年。
〔註72〕 名護市教育委員會・名護市史編さん室編，2003，《名護親方程順則資料集一人物伝記編》，沖縄：名護市教育委員会　文化課市史編さん係，頁 22。

程順則的努力不僅幫助了久米村成長，更大的意義在於琉球王國國際地位的強化與穩固，對內則安定了社會民心。《六諭衍義》發揮了雙重作用，除了是學習漢文、漢語的最佳教材外，更是一本最好的修身道德書，教育一般民眾遵守禮法，作用就如同明太祖以四十一條教育庶民一般。《指南廣義》則在指導航海，遂行進貢任務，最終的目的仍為琉球王國的發展。

對清國的交往方面，程順則隨進貢使至清國四次，所至之處皆與當地碩學鴻儒交互論學，頗受尊重。《雪堂贈言》收錄了程順則的師友 256 人的作品〔註73〕；他的老師竺天植在重刻《六諭衍義》所做的序，則敘述了程順則的舉止言行與評價。

> 中山從遊諸子，雖多雋拔士，獨程子雪堂為尤異。客於閩，則惟日是就，惟月是將。返於國，則與臣言忠，與子言孝，嚬笑不苟，規矩周越。余知其為有用之器也，倍刮目之〔註74〕。

對薩摩、江戶的交遊方面，1714 年程順則（時年 52）以「掌翰使」身分隨謝恩使、慶賀使到江戶，他先將《六諭衍義》獻給薩州大守中將吉貴，並在江戶會見當時的儒學者新井白石、荻生徂徠，且與之議論文章。五年後（1719 年）吉貴將《六諭衍義》獻給幕府，德川吉宗大喜，命荻生徂徠作訓點、室鳩巢譯成和文，於 1722 年出版，讓兒童朝夕讀誦，並允許民間出版，廣為流傳。

與清國、薩摩江戶的應對時，程順則與清國、日本儒學大家平起平坐，作詩論文；受幕府將軍的青睞，為之提詩寫字，在在顯示琉球王國雖然是從屬國，但文化水準不遜於宗主國大清帝國及「お国元」（祖國）日本。

（二）蔡溫

1、生平事蹟

生於 1682 年，卒於 1761 年，享年 79。官至三司官（從 1 品官），為久米村出身二員三司官之一，另一人為鄭迥。祖先為 1392 年來琉三十六姓之一的蔡崇，9 世蔡錦無子嗣，納梁澤民次子鐸為繼。鐸側室有長子淵，正室生次子溫。1708 年 21 歲時，以存留通事身分到福州琉球館柔遠驛，師事陽明學之隱者，修得學問、政治的實用基礎。1710 年歸國，被選為向敬（時年 13 歲）的

〔註73〕伊波普猷・眞境名安興，1965，《琉球之五偉人》，沖繩：小澤書店，頁 286。
〔註74〕范鑛，1708，《六諭衍義》程氏本，沖繩縣立圖書館貴重資料電子書庫：archive.library.pref.okinawa.jp，擷取日期：2015 年 7 月 16 日。

國師，1712 年編《要務彙編》，1719 年冊封尙敬王時，冊封隨員要求貨物價值 2000 貫，蔡溫折衝之下以 500 貫達成協議成交，挽救王府的財政。1720 年因交涉有功，擢三司官座敷，1728 年任三司官。而尙敬王之長女眞鶴金下嫁蔡溫，對久米村人來說更是破格恩典。1735 年 8 月改修羽地大川，確保穀倉地帶的收穫。1736 秋－春、1746 秋－春視察中頭至國頭各間切的山林，編成林政根本法 7 書。王府評定蔡溫功績應是晉升「按司家」（諸侯），但因非王族出身，所以以他法表彰〔註75〕。

2、主要貢獻在內政

（1）農政

向象賢時代的農業政策，主要以擴大耕地來提高生產，導致土地過度開發，蔡溫因而採行禁止開發政策，明確區分山林、耕地的使用目的，加速農業技術的改良，轉型成密集農業。1734 年發佈的《農務帳》正是他的農政白皮書。

（2）林政

面對森林資源日趨枯竭，向象賢時代已經深感情況嚴重，因此頻繁發出伐採禁止令，蔡溫的政策除了屬行禁令之外，同時積極地擴大造林植林的範圍。1747 年頒佈《杣山方式帳》，就是因應人口暴增，木材的需求量大增所施行的措施。因爲光是禁令已經無法因應時代的需求了。

（3）民政

1732 年蔡溫等人的連署發佈《御教条》，揭示做人應遵循的「五倫」道理。此項措施的意義在確立儒教的教忠教孝理念。《御教条》的主要功能和程順則所倡導的《六諭衍義》相同，在教化人心，抑制向敬王治世前期因飢饉、王城祝融之災、疫病等所導致的社會動盪，以及靈媒橫行所引起的人心動搖。

3、與其他士族的衝突：「平敷屋・友寄事件」

蔡溫的改革並不是完全沒有阻力，1734 年首里士族同時也是和文學者的平敷屋朝敏〔註76〕、友寄安乘等人，因不滿王府當局的政策，越過琉球王府

〔註75〕 沖繩大百科事典刊行事務局，《沖繩大百科事典 中卷》，頁 169～170。
〔註76〕 平敷屋朝敏，和文學者，生於 1700.11.23，卒於 1734.6.26，外祖父屋良宣易是當時有名的和文學者，父親向文德彌霸親雲上朝文。沖繩百科大事典刊行事務局，《沖繩百科大事典 下卷》，頁 421。

直接向島津在藩（薩摩派遣的駐在官）投訴，投訴書輾轉落到王府手裏，結果平敷屋、友寄等 15 人，以「御国の難題なる儀」即顛覆國家的罪名，被處決或流放。

　　王府對此一事件的處置沒有留下任何記錄，只有當事人家譜中有若干記載，眞相如何，至今不明。後人推測可能是蔡溫太過獨斷所致，因爲通常與王府政治有關的事務應由王子、按司、三司官三方評議後，由琉王裁決，但該此一事件卻是由蔡溫獨斷處決含親方的上層士族 15 人。另一種說法是當時蔡溫握有實權，首里、那霸士族對此不滿採取了反抗手段。因而導致此種結果，但眞正的原因則是首里和久米村的對立、和學和漢學的對立〔註77〕。

小　結

　　伊波普猷曾說，程、蔡的時代是久米村在琉球的全盛時代。這時代的琉球是久米村的琉球〔註 78〕。原本在日中兩屬時期「兩大之間難爲小」的琉球，得因爲這兩位人物的出現，化危機爲轉機，爲琉球史寫下不容忽視的一頁，也把久米村的名字，深深的烙印在琉球的歷史上。也因爲如此，兩人的成就成爲日後久米村人後代建構久米村人意識一個非常重要的歷史記憶（見第六章）。

〔註77〕眞栄田義見，1976，《蔡溫・伝記と思想》，沖繩：月刊沖繩社，頁 59～85。
〔註78〕伊波普猷，1974，《伊波普猷全集　第一卷》，東京：平凡社，頁 124。

第三章　久米村人的姓名

　　名制是表，社會制度是裏，表隨裏改，名制因社會制度之變革而隨之變遷。琉球人原本只有「童名」，沒有姓氏觀念，14 世紀末開始從中國福建移住琉球的久米村人則有名也有姓，跟琉球人顯然不同，二者之間邊界清楚，但是在 3 代以後久米村人也開始使用童名，顯示久米村人已逐漸融入當地的風俗與文化。

　　1609 年，日本薩摩藩島津氏入侵琉球，控制了琉球王國的內政和外交，大幅度的變革於焉開始，在內政方面，引進了士農分離的身分制，首先掌握提供勞動力和稅賦的農民階層後，1689 年又設置「系圖座」，巧妙地結合了親族組織「門中」，來控管過去的支配階層——士族，當時的久米村人雖然被納編在士族階層，卻是有別於出身那霸、首里、泊村的士族，在編輯系圖（家譜）時，那霸、首里、泊村的士族雖然採用單字漢姓，但卻有「名乘」，而同樣採用單字漢姓的久米村人則沒有名乘，也就是說，「名乘」成了琉球王府用來區隔「我族」和「他族」的邊界，因而此一時期可以從姓名上清楚地分辨久米村人和琉球人。在日常生活中久米村人繼續使用童名，但對外正式場合，如向明國或清國進貢時則使用「唐名」。

　　1879 年日本廢琉球藩改置沖繩縣，琉球人變成日本人，人人改用「大和名」，久米村人也不例外，原本姓名可以辨識出身的作用，於焉消失，唯一可以讓久米村人維持邊界的就是家譜。琉球人和久米村人的姓名和相關制度的變革如表 3－1。

表 3-1：琉球人、久米村人的姓名與社會制度的變革

國家體制	社會階級		社會制度（裏）	名制（表）		備　　註
				私稱	公稱	
琉球王國（古琉球期）	琉球人	支配階層	位階制	童名	童名	
		被支配階層		童名	童名	
	久米村人			童名	唐名	約在第3代開始取童名
琉球王國（1609～1879）	士　族	那霸首里泊村	位階制＋身分制	童名	唐名＋名乘	1609逐步導入身分制1689設「系圖座」
		久米村		童名	唐名	
	農　　民			童名	童名	
日本國（1879～）	平　民	琉球人	憲政制戶籍法	童名？	和名	1879廢藩置縣
		久米村人		童名？	和名	

資料來源：筆者整理。

　　琉球‧沖繩的人名（參見表3-2），除了上述的童名、名乘、唐名、和名外，還有家名、屋號。琉球王朝時代有童名、家名、名乘、唐名、家號。童名是平常使用的名字，並不是幼名。對沒有姓的平民來說，童名就是正式的名字。家名以領地為名，所以家名會隨著領地而改變。名乘是士族男子正式場合使用的名字，是在成年禮時所取的，各姓有固定的名乘頭字，女姓士族沒有名乘，也沒有唐名，但是翁主（降嫁的王女）有姓。唐名包括姓和諱，乃中國式的名字，對內不用，只在對中國的外交場合才用。屋號只有平民有，取自地形、職業或主人的家名。童名已定型化，貴族、士族、平民有別。家名、名乘、唐名是士族才有的，在1689年系圖座設立之後定型。例如，向美材越來親方朝誠，向美材是唐名（向為姓諱美材），越來是家名，親方是位階，朝誠是名乘，童名為思加那〔註1〕。

向美材	越來	親方	朝誠
唐名	家名	位階	名乘

────────────

〔註1〕沖繩大百科事典刊行事務局編集，《沖繩大百科事典　上卷》，頁568。

表3－2：琉球人名種類及其使用範圍對照表

種類	使用場合	貴族	士族	平民	備　　註
童名	通稱，家人朋友之間使用。 出生時取	○	○	○	＊接頭詞或接尾語有識別社會地位作用 貴族：思－金 士族：思－，眞－，－金 平民：－
唐名	正式名，對中國外交場合用	○	○	×	姓＋諱
名乘	正式名，士族男子正式場合用 成年禮時取	○	○	×	大和名
家名		○	○	×	以領地名爲家名
屋號		×	×	○	取自地形、職業或主人的家名

資料來源：沖繩大百科事典刊行事務局編集，1983，《沖繩大百科事典　上卷》，那霸：沖繩社，頁568。

第一節　琉球的門中制

一、身分制與門中

　　「門中（ムンチュー／mun-chyuu）」，是擁有共同祖先、因父系血緣關係而形成的親族集團。主要功能在祭祀祖先，不過也有些「門中」是共有財產的營運母體，或日常生活聯誼的團體。門中形成確實的年代至今不明，但學者一般多認爲乃係17世紀左右的琉球王國時代，以士族階層爲主所發展出來的，而且隨著1689年「系圖座」開設、身分制的確立強化而漸臻完備〔註2〕。

　　「系圖（けいず／ke-i-zu）」就是家譜，「系圖座（けいずざ／ke-i-zu-za）」是王府用來管理家譜的機關。王府之所以設立系圖座，1689（尚貞王 21、康熙 28）年是一個關鍵年份，此時距離日本薩摩藩島津入侵琉球王國、開始干涉琉球王國內政的1609年已有80年。在這80年的期間，1610年島津氏在琉球王國實施檢地〔註3〕，並引入石高制〔註4〕，用以管控耕地和耕作的農民階

〔註 2〕　沖繩大百科事典刊行事務局編集，《沖繩大百科事典　下卷》，頁645，「門中」項，比嘉政夫解說。

〔註 3〕　檢地（けんち／kenchi），爲實施石高制的土地調查。沖繩大百科事典刊行事

層；1636 年開始切支丹宗門改〔註5〕（手札改），掌握住在町（都會區）、田舍（農村）的所有人口。1654 年王府發出「禁止農村人移居首里那霸久米村泊村然後入籍」的禁令，把農民階層固定在一定的土地空間，以確保勞動力和貢租的取得〔註6〕。

　　爲了有效管理農民以外的知識階層，1689 年王府遵照薩摩藩的指示，把住在首里、那霸地區，且在王府當差的人統稱爲「士」（サムレー / sa-mu-rei），定位爲支配者，其他人都歸類在「百姓（ヒャクショー / hya-ku-syoo）」，屬於被支配者，此一區隔也就是士農分離的身分制。王府命令士編輯家譜（系圖），稱爲「系持ち / ke-i-mo-chi」，沒有家譜的百姓就稱爲「無系」（ムケィ / mu-keii）〔註7〕。

　　家譜，以族（門中）爲單位，冠上特定的姓（うじ / u-ji）編成。士的門中雖來自於最原始意義的血緣集團，但其實也即是封建體制下成立的擬制性血緣集團，因此，家譜也從一開始便具有相同的性質。至此，「身分制」便和「門中」結合在一起。

　　以家譜作爲宗法家族統治的工具在中國其實早已行之有年，最早可以追溯到周朝，魏晉南北朝則是實施最徹底的時代，當時把譜牒作爲一系列等級隔離措施的根據，官品、婚姻、衣著都依譜牒定出明文條例。唐代的譜書還多爲官修，唐太宗甚至親自主持編纂《氏族志》，合二百九十三姓，千六百五十一家，分爲九等。到了宋代，除皇家玉牒專置官員每年修撰之外，家譜都由私家編撰；明清兩代的統治者深知家譜有利於維護封建等級社會秩序，所以也鼓勵、倡導修家譜，清代旗人襲爵、出仕需要有官方認定的家譜作證

　　　　務局編集，《沖繩大百科事典　中卷》，頁 37。

〔註 4〕　石高制（こくだかせい / kokudakasei），日本近世期以米爲基準來表示土地生產量的一種制度。琉球在 1611 年慶長檢地之後，開始實施石高制，當時薩摩藩依檢地的結果決定琉球的石高爲 8 萬 9086 石。沖繩大百科事典刊行事務局編集，《沖繩大百科事典　中卷》，頁 104。

〔註 5〕　宗門改，每年的 12 月，在載有每個人姓名、身分、性別、年齡的木札上，燒印上〈更〉字，以町方（都會區）的村或間切爲單位，各造一冊，然後由年頭使者帶回，向薩摩藩廳呈報。沖繩大百科事典刊行事務局編集，《沖繩大百科事典　上卷》，頁 910。

〔註 6〕　田名眞之，〈身分制──士と農〉，收於琉球新報社編集，1991，《新琉球史　近世編（下）》，那霸：琉球新報社，頁 41～42。

〔註 7〕　那霸出版社編集，2001，《沖繩門中大事典》，沖繩：那霸出版社，頁 62。

〔註8〕。由此不難想像，深受唐朝文化影響的日本，之所以要求琉球王國設立
「系圖座」，目的無非是利用家譜作爲控制士族的手段。總之，家譜是宗法等
級社會制度下的產物。

二、門中與姓氏

　　家譜以一族（門中）爲單位，冠上特定的姓編成已如前述。所謂特定的
姓，指的是中國的漢姓，各門中自訂有氏（姓）、名乘頭字。其中有同氏的或
同名乘頭字的，但不會有兩者皆同的情形出現。例如，以護佐丸爲開基祖的
系統以「毛」爲姓，查看氏目錄《氏集》〔註9〕，「毛」氏除了護佐丸系以外，
還有大新城系、安里大親系等 8 個不同的系統，但是名乘頭字各不相同。氏
（姓）和名乘頭字在不同的系中不會完全一樣。

　　沖繩的氏（姓）約有 450 種〔註10〕，大致採自中國的「百家姓」，沖繩士
族門中的氏其所以選用中國通用的姓，取其同姓者的「萬水一源」、「飲水思
源」，出於同一祖先、象徵同族的意識觀念，這部分是模仿中國的宗族制度。
而起源於沖繩官人的階層，在島津入侵以前就有唐名。因冊封進貢關係與中
國長久往來，且最初是從中國遷移來琉的久米村人本來就有唐名。擔任使者
的官差，前往中國的人也習染中國風而有中國通用的名。

　　14 世紀至 16 世紀中葉，麻山魯（眞三良）、殷達魯（犬太良）、阿浦察度
（大里）等童名或地名（領地）採用中國風的同音字。16 世紀後期開始逐漸
有類似唐名的名出現，同時有父子同姓的的例子出現：阿榜琨、阿班瓊（兩
者皆是阿波根的同音字），由此可見，氏是刻意繼承下來的。

　　進入 17 世紀之後，有勢力的家系便沿用自己原有的氏而固定下來，阿榜
琨家系以「阿」爲氏，以殷達魯（宜壽次親方庸憲）爲始祖的家系以「殷」
爲氏，護佐丸家系則可能因爲三世豐見城盛庸以「毛实」（童名モーシー／

〔註8〕 萬承雍，1992，《中國古代等級社會》，西安：陝西人民出版社，頁283～
　　　　290。
〔註9〕 那霸市企畫部市史編集室，《那霸市史　資料編第1卷6家譜資料二（上）》，
　　　　目錄。
〔註10〕 沖繩県姓氏家系大辞典編纂委員会，1993，《沖繩県姓氏家系大辞典》，東京：
　　　　角川書店，頁22。在系圖座登記的姓則有732個，吳靄華，〈明清時代琉人姓
　　　　名所受華人姓名的影響〉，收於琉中歷史關係國際學術会議實行委員會，
　　　　1989，《第二回琉中歷史関係国際学術会議報告　琉中歷史関係論文集》，那
　　　　霸：琉中歷史關係國際學術会議実行委員会，頁377。

moo-sii，眞牛）之名到中國，而以「毛」爲姓。

　　本家、分家（支派）都可以製作家譜，家譜的主要內容包括開基始祖以下所有人的戶籍（世系）、履歷（記錄）〔註11〕。

第二節　久米村人的漢琉日三種姓名

一、琉球人有名無姓

（一）古琉球前期（？～1392）

　　琉球和明國沒有正式外交關係之前，亦即歷史學者所稱的古琉球時期，琉球人只有童名（ワラベナ〔註12〕／wa-ra-be-na），沒有姓也沒有氏。從出生到死亡，一個名字使用到底，正式場合或家族、親朋好友之間，都以童名相稱，公稱、私稱都用童名，自幼至長始終不變。上自國王，下至販夫走卒，都有童名，通常在出生的第二天命名，一般來說，嫡子承襲祖父的童名〔註13〕，其餘沒有特定規律。

　　童名有階層性（參見表3－3），依貴族、士族、平民而有不同形式的童名，貴族的童名前有「思」（u-mi）或「眞」（ma）的接頭美稱，後有「金」（ga-ni）的接尾詞，例如，浦添王子尙維衡〔註14〕的童名「思德金」，尙眞王的童名爲「眞加戶樽金」；士族的童名或只有接頭語「思」、「眞」，或只有接尾詞「金」而不會兩者俱有；平民的童名則頭、尾都沒有附加語〔註15〕。換句話說，童名的附加語具有社會地位的辨識作用。

〔註11〕　沖繩大百科事典刊行事務局編集，《沖繩大百科事典　上卷》，頁747，「家譜」條，田名眞之撰。

〔註12〕　宮里朝光認爲「童名」應該念成「do:na」，宮里朝光〈近世琉球位階〉，島尻勝太郎・嘉手納宗德・渡口眞淸先生古稀記念論集刊行委員會，1986，《球陽論叢》，那霸：ひるぎ社，頁137；本文從《沖繩大百科事典　中卷》的讀音ワラビナー／warabina:，沖繩大百科事典刊行事務局編集，《沖繩大百科事典　中卷》，頁1004。

〔註13〕　即林修澈所謂命名法則裡的「嚴式襲名法」，襲名的對象限在親屬域內，尤其是尊二輩直系親屬與尊一輩旁系親屬爲常見。林修澈，1976，〈名制的結構〉，《台灣風物》第44卷第1期。

〔註14〕　尙維衡（1494～1540），尙眞王的長男。沖繩縣姓氏家系大辭典編纂委員會，《沖繩縣姓氏家系大辭典》，頁329。

〔註15〕　東恩那寬惇，1925，《琉球人名考》，東京：鄉土研究社，頁10～16。

表 3-3：童名結構一覽

階　層	童名結構	例
貴族	思－金 眞－金	浦添王子尙維衡思德金 尙眞王　　眞加戶樽金
士族	思－× 眞－× ×－金	程順則名護親方　思武太 蔡溫　眞蒲戶 林世爵　龜壽金
平民	×－×	武太／蒲戶

　　童名就種類來說，約有 400 種〔註16〕（參見附錄 3-1），多爲沿襲，少有新創，屬於封閉體系。因此，有相同童名的人數會很多，區別的方法則是，如果不同村落的人有相同童名，就用某村的某來區別，同一村落裏有相同童名的，則用「屋號」來區別，例如，下田某、前上門某，屋號通常取自住家附近特殊的地形。

狀　況	結　構	例
異村同名	村名＋童名	某村某
同村同名	屋號＋童名	下田某

（二）古琉球後期（1392～1609）

　　自 1392 年中山王察度應明太祖招諭，納入明國的進貢冊封體系之後，士族以上階級的人漸漸有了唐名，由 14 世紀左右開始到 1879（明治 12）年日本廢琉球藩置沖繩縣取消士族制度爲止，持續 500 年之久。在此期間王家、士族在和中國、南蠻貿易往來公文書、外交文書中使用唐名，在本國則並不使用〔註17〕。

　　琉球人與明國往來的初期，是以童名、地名的漢字表記製成唐名。例如，第一批（14 世紀末）派遣到明的官生有「日孜每／ni-si-mi」、「闊八馬／u-ha-ma」、「仁悅慈／ni-e-ji」三人，這三個名分別演變成現在的「西銘／ni-si-me-i」、「大浜／oo-ha-ma」、「美栄地／mi-e-chi」，作爲「姓」使用〔註18〕。

　　沖繩學者田名眞之根據《歷代寶案》歸納探究，認爲：1425 年給禮部的

〔註16〕神山克明，1989，《沖繩の氏と姓の由来》，那霸：月刊沖繩社，頁 32～33。
〔註17〕東恩那寬惇，《琉球人名考》，頁 7。
〔註18〕比嘉政夫，1999，《沖繩からアジアが見える》，東京：岩波書店，頁 89。

咨文中載有「本國人范德」，可能是最早出現的類似唐名。進入 16 世紀之後，琉球人開始大量使用唐名，16 世紀後半童名、地名和唐名出現的比率約略相當，到了 17 世紀中期則是除了少數幾個特殊的例子以外，其餘清一色都是唐名〔註19〕。此種情形，在碑文中也有足資佐證的例子：

   nakakusuku no   anji   manikiyo taru
①中くすく   の   あんし   まにきよ   たる
  領地名／出身地名   位階／職務名   名

   Miyakisen   no   anji   mamotaikane
②ミやきせん の   あんし まもたいかね（1501 年　玉陵碑）
                     美稱

   Kochihira no   o o yakumoi
③こちひら   の   おおやくもい（「辞令書」1524）

   Kouchi no ooyakumoi tarukane
④かうち の 大やくもい たるかね（1546 年　添継御門南邊碑文）
               美稱

   花くすくの里主まさかい
⑤河内大臣何每太良   （1546 年　添継御門北邊碑文）
  カウチ   カミ タラ
  花城主司麻左介
  ハナグスク マサカイ

    從以上的例子可以知道，古琉球時期人名有三個特色，(1)用平假名表記，(2)相當於姓的領地名，以琉球話發音，但屬日本式發音，如①的中くすく、④的花くすく。(3)たるかね（ta-ru-ka-ne）借漢字寫成樽金，「たる／ta-ru」類似日本話的「太郎／ta-roo」，「かね／ka-ne」是尊稱，等於日本話的「－さん／san」（先生或女士）也就是說形式上與日本話的用法類似。

（三）近世琉球（1609～1879）

    1609 年薩摩藩（現在的鹿兒島縣）島津氏入侵，琉球王國表面上雖仍保有王國的體制，但實際行政已受制於幕府，各種制度開始改變，包括命名的方式在內。首先是名字開始從平假名過度到漢字表記，借字也固定下來。1624年薩摩藩島津氏下令禁止使用「有大和風格的名字」，強迫改姓，一字姓改成

〔註19〕田名眞之，《沖繩近世史の諸相》，頁 219。

二字姓，二字姓改成三字姓，更改前後對照如下：

發　　音	更　改　前	更　改　後
hi-ga	東	比嘉、比謝
to-ku-ya-ma	德山	渡久山
hu-na-ko-si	船越	富名腰
yo-ko-ta	橫田	与古田
ma-e-da	前田	眞栄田
hu-ku-ya-ma	福山	譜久山

　　薩摩藩島津氏之所以下令禁止琉球人使用「有大和風格的名字」，乃是爲了要向幕府誇示自己的勢力，領有「屬國」。誇示的方法就是要求琉球王國在幕府將軍更替或有慶典的時候，派遣使者到江戶（現在的東京）謁見幕府將軍，稱爲「江戶上」。上謁江戶的琉球官員一律得打扮成中國式的，包括服飾、站立行走、飲食的姿態。

　　在姓名方面，要求奄美大島人用一字姓，例如「仲（ナク／na-ku）」、「米（ヨネ／yo-ne）」、「盛（モリ／mo-ri）」等；琉球人則用二字姓或三字姓，如果取二字姓，還不能跟「內地人」一樣，音可同，但不得使用相同漢字，如姓 nakada 的人，日本本土人的漢字表記爲「中田」，琉球人就必須登記爲「仲田」或「名嘉田」〔註 20〕。

發　　音	內　地　人	琉　球　人
ナカダ nakada	中田	仲田／ 名嘉田

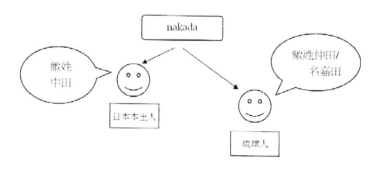

〔註 20〕　河村只雄，1942，《續南方文化の探求》，東京：創元社，頁 124。

二、久米村人有名有姓

（一）久米村 17 姓

久米村人，史稱「閩人 36 姓」，簡稱「36 姓」，但並不是眞有 36 姓人家。高瀨恭子根據《歷代寶案》裏出現的人名，整理出明一代共有梁、蔡、鄭、林、陳、金、紅、程、李、王、高、葉、沈、田、阮、毛、郭、魏、黃、宗、范、馬 22 姓〔註21〕；吳靄華根據《嘉德堂規模帳》整理出鄭、金、林、梁、蔡、紅、毛、阮、王、陳、周、孫、楊、程、曾、魏、李 17 姓 25 系統〔註22〕。《那霸市史》除楊、李外，共收有蔡、毛、王、林、金、鄭、梁、陳、程、阮、魏、孫、紅、曾、周 15 姓 51 冊的家譜〔註23〕。各家檔案的對比出入詳見表 3－4。（○表示具有前欄所載之姓）

表 3－4：久米村人姓氏四種文獻對照表

	高瀨恭子 1985 根據《歷代寶案》統計	吳靄華 1989 根據《嘉德堂規模帳》整理	《那霸市史》 1980	久米 崇聖會
1	梁	○	○	○
2	蔡	○	○	○
3	鄭	○	○	○
4	林	○	○	○
5	陳	○	○	○
6	金	○	○	○
7	紅	○	○	○

〔註21〕 高瀨恭子，〈明代琉球国の「久米村人」の勢力について──『歷代寶案』による──〉，收於南島史学会編，1985，《南島──その歷史と文化──5》，東京：第一書房，頁 156。

〔註22〕 吳靄華，〈明清時代琉人姓名所受華人姓名的影響〉，收於琉中歷史関係國際学術会議実行委員会，1989，《第二回琉中歷史関係国際学術会議報告　琉中歷史関係論文集》，那霸：琉中歷史関係国際学術会議実行委員会，頁 372～373。

〔註23〕 那霸市企画部市史編集室編，1980，《那霸市史　資料編第 1 巻 6　家譜資料二（下）》，那霸：那霸市企画部市史編集室。沖縄歷史情報研究会在 2002 年將其全部製成電子檔上網，便於後人研究利用，http://sumomo.oiuw.oiu.ac.jp/5/kan19.htm。

8	程	○		○	○
9	李	○		○	○
10	王	○		○	○
11	高				
12	葉				
13	沈				
14	田				
15	阮	○		○	○
16	毛	○		○	○
17	郭				
18	魏	○		○	○
19	黃				
20	宗				
21	范				
22	馬				
		周		○	○
		孫		○	○
		楊		○	○
		曾		○	○

　　《那霸市史》、久米崇聖會的資料都與《嘉德堂規模帳》〔註24〕採相同姓數，原因係日本學者把久米村人依照入唐榮籍時間的先後順序分爲(1)36 姓的裔孫，(2)阮國、毛國鼎的裔孫，(3)唐人，補 36 姓缺而編入唐榮籍者，(4)通曉唐文字音語的琉球人，補 36 姓缺而編入唐榮籍者 4 種（參見附錄 1－1，頁 48～49），分類標準在久米村人通「唐文字語音」的技能。閩人 36 姓從一開始就被描述成一個爲進貢而存在的技能集團，琉球王府爲了維持這個功能，所以才有後來上述(2)、(3)、(4)三個時期的補唐榮缺政策出現。

　　中國學者楊國楨，以現存家譜資料對上述明清兩代久米村人姓氏的變化，從血統的角度重新分類，提出解釋。他以血統的純度作爲等級，將久米

<hr />

〔註24〕池宮正治解題，《嘉德堂規模帳》，1986，東京：法政大学沖繩研究所，頁 1。

村人依所含中國血統的比例分成 4 類，如表 3－5 所示。楊氏認爲久米村 17
姓是「宗族整合」的結果，整合的原則來自於成員之間共同的利益，亦即具
有入選爲朝貢或航海的資格，並且由此導出「居住國認同中國血統，認同中
華文化」的結論〔註25〕。

表 3－5：久米村人血統成分表

血　統　成　分	代　　表　　家　　族	中國血的比例遞減
由中國血統的宗族構成	鄭、金、紅、陳、王、阮、毛、楊	100%
中國血統＋琉球血統的宗族	蔡、梁、林	50%
琉球血統繼承宗族	程	0%
非中國血統的宗族	周、孫、曾、魏、李	0%

資料來源：楊國楨，〈唐榮諸姓宗族的整合與中華文化在琉球的流播〉，收於林天蔚主編，
　　　　　1991，《亞太地方文獻研究論文集》，香港：香港大學亞洲研究中心，頁 120～122。

　　這樣的結論，似乎有過度誇大中國影響力，而且有輕忽或不熟悉琉球歷
史的嫌疑。理由有三，一是從楊的行文來看，他所謂的宗族整合似乎是出於
自發性的，但實際上這種整合是受制於王府所實施的身分制度，是被動的，
要編入唐榮籍成爲久米村人的一員是需要王府核准的；二是宗族整合的原
則，楊氏認爲是成員之間共同利益所致，事實卻不然，王府之所以採取「補
唐榮缺」的政策，眞正的原因是符合王府向明、清國進貢的利益。三是久米
村人中國血統的純度所以隨時代而遞減，是由於通婚的關係，與認同中華文
化與否並無關聯。

（二）行輩字表分支

　　至於名，中國一般都以行輩字來表示具有同樣行輩字者屬於同一世代，
一字名（單名）採同一偏旁的字，二字名則第一個字相同〔註26〕。然而，行
輩字在久米村人的家譜中轉化成區別同一世代的分支，已經不是學者所謂嚴
格的「世代原理」規制〔註27〕。例如，金氏阿波連家 13 世傳兩房共 7 人，長

〔註25〕 楊國楨，〈唐榮諸姓宗族的整合與中華文化在琉球的流播〉，收於林天蔚主編，
　　　　 1991，《亞太地方文獻研究論文集》，香港：香港大學亞洲研究中心，頁 120
　　　　 ～122。
〔註26〕 沖繩大百科事典刊行事務局編，《沖繩大百科事典　上卷》，頁 775。
〔註27〕 比嘉政夫，《沖繩からアジアが見える》，頁 96。

房有「模」、「標」、「格」三兄弟，二房有「璉」、「瑞」、「瑀」、「珍」，同一世代各房中的單名採用各房自選的偏旁字，房與房之間使用的偏旁字則不同；毛氏与世山家的 6 世傳 3 房共 9 人，長房有「維基」、「維楨」，二房有「全翼」、「全翿」，三房有「獻瑞」、「獻祥」、「獻圖」、「獻慶」、「獻實」5 兄弟，對同一世代的命名，各房有本房特具的同一字，房與房間並不一致。

一字名		二字名	
世代	金氏阿波連家	世代	毛氏与世山家
12 世	節（長房）　渾（二房）	5 世	如德　　如苞　　　　　　弘盛
13 世	模 標 格　璉 瑞 瑀 珍	6 世	維基 維楨 全翼 全翿 獻瑞 獻祥 獻圖 獻慶 獻實

説明：金氏阿波連家的長房取木字偏旁，二房取玉字偏旁；毛氏与世山家的長房維字相同，二房全字相同，三房獻字相同。

（三）久米村人的童名

1、童名是在地化的表徵

最早注意到久米村人的童名問題的是日本學者田名眞之。他發現久米村人在 15 世紀初期就已經有童名。如蔡氏的 3 世蔡璟生於 1426 年，童名爲「千松」，紅氏的元祖紅英〔註28〕童名叫「眞次良」〔註29〕。金氏的大宗家（嫡長子）具志堅家的 2 世金鏘（1428～1487）的童名「千代松」，梁氏亀嶋家的第 4 代梁顯（1518～1587）童名「思德」，第一期移住琉球的久米村人〔註30〕後裔在第 3 或第 4 代就取童名，第二期編入久米籍的毛氏与世山家在第 2 代就有童名，如毛世顯童名「樽金」，這表示久米村人很能入境隨俗，在姓名的使用方面很快就琉球化了。

2、童名證明士族身分

如前節所述，童名有階層性，士族的童名形式可歸納成 3 種：

〔註28〕雖然生年不詳，但紅英在 1464（天順 8）年已擔任通事一職推測，應也是在 15 世紀初。

〔註29〕田名眞之，《沖繩近世史の諸相》，頁 216。

〔註30〕久米村人依編入時間的先後可分爲(1)36 姓的裔孫，(2)阮國、毛國鼎的裔孫，(3)唐人，補 36 姓缺而編入唐榮籍者，(4)通曉唐文字音語的琉球人，補 36 姓缺而編入唐榮籍者 4 種。球陽研究會編，1974，〈球陽を読む人のために〉，《球陽　原文編》，頁 60～61。

$$士族的童名 \begin{cases} 思 - \times \\ 眞 - \times \\ \times - 金 \end{cases}$$

久米村人一般被視爲士族，此種情形可以從童名中是否有接頭語「思」、「眞」或接尾詞「金」（二者只有其一）來檢證。金氏阿波連家從 7 世到 18 世共 55 人，除 8 世金庭輝的「千代松」，11 世金聲的「加魯美」、金聞的「虎千代」，13 世金標的「嘉魯美」之外，與此相符的比例高達九成〔註31〕。毛氏与世山家從 2 世到 9 世共 52 人，除 3 世毛文善的「德千代」，4 世毛士順的「如古」、毛士璉的「五良」，5 世毛如苞的「百千代」，6 世毛維基的「德千代」外，相符比例也是九成。鄭氏池宮城家（1582～1847）只有 17 世的鄭啓顯的「萬及」一人是例外，其他完全符合士族童名的規律。蔡氏儀間家（1399～1845）傳 19 世 109 人，有童名可查者 81 人，其中有「千松」、「多路」、「平藏」3 人、「加那」、「萬及」、「三良」8 例不符外，其符合度也是九成（表3－6）。換句話說，由童名可以證明久米村人確實是士族。

表3－6：久米系家譜童名比例一覽表

門 中 名	有童名總人數	例　外	符合比例
金氏阿波連家	55 人	4	92.4% ＞ 90%
毛氏与世山家	52	5	90.4% ＞ 90%
鄭氏池宮城家		1	＞ 90%
蔡氏儀間家	81（可查者）	3	96.3% ＞ 90%

資料來源：《金氏阿波連家》、《毛氏与世山家》、《鄭氏池宮城家》、《蔡氏儀間家》四家家譜。

一個有趣的現象是，童名叫「平藏」〔註32〕的 3 人，其中蔡灼是正議大夫（擔任進貢使的副使），蔡培官拜紫金大夫（從 2 品，擔任謝恩使、慶賀使，也是最高位階），蔡懿陞至申口座（從 3 品，首里王府官職，管理財政以外的行政事務）。

〔註31〕 參見附錄3－2。

〔註32〕 「平藏」音 Fizo 或 Fijo，幾乎只有久米村人才用，琉球話原來是「愛」的意思，後來轉成名詞「愛人」。東恩那寬惇，《琉球人名考》，頁 52。

三、「名乘」區辨「我族」與「他族」

琉球王國自 1689 年設立「系圖座」之後，身分制度臻於完備，形成士族皆有家譜，而百姓皆無譜的現象。「士族門中」基本上集中居住在首里、那霸都會區，又可根據戶籍再細分爲首里、那霸、泊、久米系統。首里、那霸、泊三系統的家譜書寫格式相同，有自己固定的氏名和名乘頭字，而久米系的門中則沒有名乘頭字〔註33〕。

茲以首里系的《麻姓家譜》〔註34〕和久米系的《蔡氏家譜》〔註35〕的 1 世～4 世作爲對此進一步說明（原世系圖爲直式書寫）。麻姓 2 世～4 世都單傳，家譜中所有男性成員的名乘都是「眞○」，也就是名乘頭字爲「眞」；蔡崇生 4 子，傳給蔡讓，蔡讓有 4 男 1 女，兒子都取玉偏旁的名字，三世由蔡璟繼承，蔡璟生 3 子，選取寶蓋頭的實、寶、賓做爲兒子的名字（表 3－7）。

表 3－7：首里系與久米系家譜所載「名」的比較表

世　代	首里系 / 麻姓	久米系 / 蔡氏
一世	眞武	崇
	|	|
二世	長男眞宗	清　湘　讓　譽
	|	|
三世	長女思戶　長男眞福	珣　璋　璟　女亞佳度　璇
		|
四世	長女思戶　長男眞孟	實　寶　賓

資料來源：首里系麻姓家譜、久米系蔡氏家譜。

由此可知，久米村人雖然躋身士族階層，卻有別於出身那霸、首里、泊村的士族。在編輯系圖（家譜）時，雖同樣採用單字漢姓，但那霸、首里、泊村的士族有「名乘」，而久米村人則無「名乘」，也就是說「名乘」是琉球王府用來區隔「我族」和「他族」的邊界，因而此一時期可以從姓名上清楚地分辨久米村人和琉球人。

〔註33〕田名眞之，《沖繩近世史の諸相》，頁 157。
〔註34〕《麻姓家譜（1 世眞武）》，微縮片，沖繩マイクロセンター。
〔註35〕那霸市企画部市史編集室編集、発行，《那霸市史　資料編第 1 卷 6　家譜資料二（上）》，頁 238。

第三節　沖繩縣時代的改姓氏政策

一、同化政策下的改姓氏

　　1879 年日本明治政府廢琉球藩置沖繩縣，平民也被允許有姓〔註36〕，「屋號」及地名原本是用以區別有相同童名的人的，此時也成了一些人的姓，而另取大和風新姓的也不少，名則仍繼續沿用童名。然而，琉球人成了沖繩縣人之後，與日本本土其他府縣的人接觸機會增多，對本土的日本人來說，沖繩人的姓氏怪異，說話腔調又重，成為一種異類，因此沖繩人常會招來本土日本人的異樣眼光，有時甚至有被歧視的情形出現。沖繩縣人和本土日本人發音上幾個不同的典型範例如下：

姓或名的漢字	日　本　話	琉　球　話
宮城	mi-ya-si-ro 或 mi-ya-gi	Na-gu-su-ku 或 ma-gu-su-ku
鶴	tsu-ru	chi-ru
龜	ka-me	ka-mi

　　「宮城」的日本話念法是 mi-ya-si-ro 或 mi-ya-gi，而琉球話讀成 na-gu-su-ku 或 ma-gu-su-ku，「鶴」的日本話讀 tsu-ru，而琉球話念成 chi-ru，「龜」的日本話是 ka-me，琉球話則是 ka-mi，類此的其他例子還很多，無法一一列舉。

　　新潟縣出身的「大和人」田島利三郎──沖繩學之父伊波普猷的老師，就是用異樣眼光來看沖繩人的一個例子。他在〈琉球見聞錄〉中羅列出一些他覺得「奇怪」（おかしき）的沖繩人的姓和名〔註37〕（如表 3−8）。本土日本人習慣將「照屋松」讀成 te-ru-ya-ma-tsu，寫成「テルヤ　マツ」，沖繩人則讀成 syoo-ku-syo；甚至對沖繩人以「豬」這種不雅的動物為名的情形〔註38〕，感到不可思議。

〔註36〕 1875（明治8）年太政官公布「苗字必稱令」，內容如下：「平民稱姓的方針已在明治九年三月公布。此後必須以姓相稱。祖先姓不詳者必須新設姓。」武光誠，1998，《名字と日本人──先祖からのメッセージ》，東京：文藝春秋，頁 162。

〔註37〕 田島利三郎，〈琉球見聞錄〉，1978，《琉球文學研究》，東京：第一書房，頁116～118。

〔註38〕 例如有人以「武太」（ムンタア）為名，「武太」是「豬」的意思。

表3-8：「姓名」的沖繩式與大和式讀法對照

氏	沖繩式讀法		大和式讀法
照屋松	せうをくしょう / syo:okusyo		テルヤ　マツ / teruyamatsu
謝花昇	シャクワセウ	syakuwasyo:	ジャハナ　ノボル / jyahana
玉那霸徹	ぎょくなはてつ	gyokunahatetsu	たまなは　とおる / tamanahatooru
童名	ワラビナ	warabina	どうな / douna
太郎	樽　タル	taru	たろう / taroo
次郎			
三郎	サンドウ	sandou	さぶろう / saburoo
鶴	チル	chiru	つる / tsuru
鶴千代♂	ツ　ヨ	tsuyo	
鶴松♂	ツルマツ		
亀			
武太	ム（ン）ンタア	（豚的意思）	ワア / waa
山			
竈			
竈♀	カマド / カマドウ / カマダア		
鍋			
釜			
乙			
鶴	ツルオ		
牛			
宮古島の童名			
太郎♂		ボウ♀	
次郎		メガ	
三郎	サンドウ	メガンザ	
鶴		ヤマンサ	
亀		オモリ	

金殿	カネドノ	ヤマラ	
金盛	カネモリ	プナ	
武佐	モサ（猛者）	キギツ	ンギヤツ
世主	ヨヌシ		
眞佐利	マサリ		
坊	バウ		
喜座	キサ		
宇味屋	ウミヤウ		

資料來源：田島利三郎，〈琉球見聞録〉，1978，《琉球文學研究》，東京：第一書房，頁 116
～118。

　　1912～26 年的大正年間，爲配合徵兵制、皇民化、教育同化政策，沖繩
縣人開始了大規模的改姓換名。明治末期至大正期間，女學生流行改姓名，
除了原有的童名外，學校上課時，則另外有名字，這股風潮越來越高張，也
影響一般人將姓改爲富有「大和風」的姓，或改變沖繩獨特發音者。例如：「大
城」由ウフグスウ／u-hu-gu-suu 改成おおしろ／oo-si-ro，「宮平」由ナーデー
ラ／naa-dee-ra 改成みやひら／mi-ya-hi-ra 等，是改音不改漢字的模式。名的
方面，則繼續使用童名，而以大和風爲名的人也越來越多，進入昭和年代，
不取童名的人更有增加的趨勢。

姓的漢字	更改前的發音（沖繩式）	更改後的發音（大和式）
大城	ウフグスウ／u-hu-gu-suu	おおしろ／oo-si-ro
宮平	ナーデーラ／naa-dee-ra	みやひら／mi-ya-hi-ra

　　1937 年，以「在京縣人會」爲核心份子所組成的南島文化協會更發起「珍
姓改姓運動」，沖繩縣當局爲期早日將琉球民族（沖繩人）改造成「忠良的皇
國臣民」，傾全力消除「沖繩風」的一切事物，具體的作法是積極推行風俗改
良運動，排斥沖繩傳統文化習俗，全力取締女巫、推動改姓改名、拆除龜甲
墓〔註39〕。改姓的實例如下（表3－9）：

<hr>

〔註39〕金城正篤・上原兼善・秋山勝・仲地哲夫・大城將保，2005，《沖繩県の百年
　　　　県民百年史 47》，東京：山川出版社，頁 178～179。

表3－9：「珍姓改姓運動」的改姓實例舉隅

沖繩式	→ 大和式		
しまぶく	しま しまだ しまふく		
島袋 / simabuku	→ 島 / sima、島田 / simada、島副 / simahuku		
なかんだかり	なかむら なかむら		
仲村渠 / nakandakari	→ 仲村 / nakamura、中村 / nakamura		
こばしがわ	おがわ		
小橋川 / kobasigawa	→ 小川 / ogawa		
きしゃば	きむら		
喜舍場 / kisyaba	→ 喜村 / kimura		
へんな	ひらやす		
平安名 / henna	→ 平安 / hirayasu		
へんざん	ひらやま		
平安山 / henzan	→ 平山 / hirayama		
とかしき	とがし		
渡嘉敷 / tokasiki	→ 富樫 / togasi		
けだもと	けいだ		
慶田元 / kedamoto	→ 慶田 / keda		
ひがおんな	あずま		
東恩納 / higaonna	→ 東 / azuma		
うえじょう	いのうえ		
上門 / uejyo	→ 井上 / inoue		
ちねん	ほんだ		
知念 / chinen	→ 本田 honda		
たかえす	たかやす		
高江洲 / takaesu	→ 高安 takayasu		
やまには	やまはし		
山入端 / yamaniha	→ 山端 yamahasi		

資料來源：金城正篤‧上原兼善‧秋山勝‧仲地哲夫‧大城將保，2005，《沖繩県の百年　県民百年史47》，東京：山川出版社，頁178。

說明：羅馬拼音爲筆者所加註。

　　1945年的戰火幾乎毀去了所有官府的檔案文書資料，戰後重編戶籍時，改姓的風氣盛行，當時多半是整個家族改大和姓，而以屋號爲姓的情形也愈趨普遍，因此產生了許多以前沖繩所沒有的新姓，例如：井上、大庭、八幡、本田。二次世界大戰以後，沖繩縣交付美國託管，1972年歸還日本前後，又

掀起一波改大和姓風潮，但也有因姓氏不同進不了家族墓，又改回沖繩舊姓
的例子。

　　1940 年 2 月 11 日明治政府在其殖民地臺灣、朝鮮同步施行改姓名制令
〔註40〕。改姓名在臺灣是「許可制」，不具強迫性質。改變的模式有「拆字
式」，如黃改成「共田」；「全部含括式」，如林改成「小林」或「長林」；「部
分含括式」，如呂改成「宮川」，張改成「長谷川」等〔註41〕。已婚婦女的姓
氏方面，虎尾郡已婚漢族婦女從明治 27（1894）年 84%的「本姓」，過渡到明
治 41（1908）年「冠姓」佔 80%以上，而昭和 15（1940）年、19（1944）、
20（1945）年「夫姓」達 100%〔註42〕。

　　在朝鮮，改姓名一般稱爲「創氏改名」，是強制性的。改變的模式乃在
慣用的姓或本（貫）前加上新創的「氏」。同一戶籍裏的已婚婦女一律改從
夫姓。

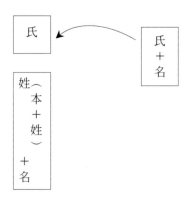

資料來源：宮田節子・金英達・梁泰昊，1992，《創氏
改名》，東京：明石書店，頁 43～45。

〔註40〕　朝鮮總督府在 1939 年公佈制令第 19 號「朝鮮民事令中改正案」、第 20 號「有
　　　　關朝鮮人的氏名案」，第 19 號的改正內容中包含將日本本土家族法制度所用
　　　　的「氏／うじ（uji）」冠在朝鮮人原有的姓名上，稱爲「創氏」；第 20 條內容
　　　　大約是説在有正當理由的情況下准予更改「氏」和「名」。宮田節子・金英達・
　　　　梁泰昊，1992，《創氏改名》，東京：明石書店，頁 43～45。

〔註41〕　周婉窈，2003，《海行兮的年代——日本殖民統治末期臺灣史論集》，台北：
　　　　允晨文化，頁 58～59。

〔註42〕　魏世萍，〈文化的衝突妥協與融合——以日治時期虎尾郡已婚女姓氏的變遷爲
　　　　例〉，收於雲林科技大學資料整理研究所，2003，《漢學論壇》2：181～190。
　　　　該文僅點出日治時期虎尾郡已婚女姓氏的變遷的三個轉折點，卻無法對該現
　　　　象做出合理的解釋。譬如，昭和 15（1940）年是實施改姓名法令的一年，因
　　　　此臺灣虎尾郡漢族已婚婦女從夫姓的比率可能達到 100%。

雖然琉球、臺灣、朝鮮被日本納入版圖的時間不同，但明治政府處理民族問題，採行的同化政策則一。改姓名、改宗教、改學日本標準語、改風俗即是明治政府同化政策的要項，最終目的在改造殖民地人民，使之成為近代的日本國民。也就是歷史學者所說的「皇民化」運動〔註43〕的主軸。其中，改姓名的真正目的在改變傳承命名祖制所代表的親族構造，也就是家族制度，而血緣是家族的基礎。走筆至此，不得不佩服明治政府深諳處理民族問題的理論。

民族（人類）學者認為構築民族邊界的要件有語言、宗教、民俗，而血緣雖然也是構築民族邊界的要件，但也會因為外婚使此一民族邊界模糊〔註44〕。明治政府同化政策的目的，是要從血緣徹徹底底地將琉球民族、臺灣的漢族、朝鮮民族改造成「大和民族」，只是透過通婚來行使血緣（生物性血緣）同化需要較長的時間，而民族認同的改變受到血緣〔註45〕（文化性血緣）強烈的制約，不是短時間可以完成的。

二、久米村人家譜築邊界

廢藩置縣後，隱藏在「沖繩縣人」底下的久米村人亦不得不隨之更改姓氏。久米村人在身分制廢除前屬士族階層，領有采邑封地，因此均以取自領地名的家名為姓氏。以福建省泉州府南安縣蔡崇為開基祖的蔡氏門中含大宗家共有儀間、神山、上原、志多伯、具志、武嶋、安次嶺、宮城、天願、宇栄原、大田11個家名（參見圖3-1）。

家名有可能與其他那霸系、首里系、泊系或平民重覆，此時唯一能據以區別民族邊界的就只有家譜了。比如，以「儀間」家名為姓氏的有榕氏（常）、向氏（朝）、麻氏（真）、東氏（政）、達氏（宗）、蔡氏（久米村崇）六家，其中蔡氏儀間家因為是久米村系統，記載在家譜中的名就沒有常、朝、真、政、宗等（在括號中的）名乘頭字〔註46〕。

〔註43〕周婉窈，《海行兮的年代——日本殖民統治末期臺灣史論集》，頁58～59。

〔註44〕林修澈，《原住民的民族認定》，頁7～8。

〔註45〕這裏所指的「血緣」不是強調生物性的傳承，而是 Keyes 所謂的文化性解釋的傳承。例如，一個人出生在某一家庭中，他因此由家庭與社區中得到一些非自我能選擇的既定資賦，如語言、宗教、族源信仰等。王明珂，《華夏邊緣：歷史記憶與族群認同》，頁37～38。

〔註46〕沖繩県姓氏家系大辞典編纂委員会，《沖繩県姓氏家系大辞典》，頁731。

圖 3-1：久米系姓氏系統樹

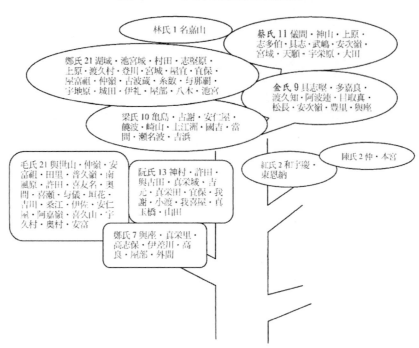

小 結

琉球・沖繩的名制可以整理成以下三個系統〔註47〕：

一、琉球名（沖繩傳統名）系統

屋號＋童名，由集團名的屋號和個人名的童名所構成。

二、大和名（日本名）系統

名字＋名乘名，名字取自領地的地名，名乘名基本上和日本本土一樣是成人用的名字，但是在沖繩名乘名的第一個字「名乘頭」，父親傳給所有兒子，有辨識家族的作用，是日本本土所沒有的特色。

三、唐名（中國名）系統

姓＋名，由中國式的姓和含「輩字」的唐名所組成。輩字在中國表示第

〔註47〕 上野和男，1999，《名前と社会—名づけの家族史》，東京：早稲田大学出版部，頁 17～19。

幾代，在沖繩則表示分支。

之所以形成如此複雜多元的名制系統，乃是長時間裏多次外來政治勢力的影響（參見表3－10）。首先是14世紀末期琉球與明國建立正式朝貢關係後明國的勢力。王族、士族因應和中國、南蠻貿易往來公文書、外交文書的需要而取唐名，唐名在本國並不使用；而久米村人本有唐名，但在3代以後也漸用童名。這個時期是童名與唐名並用期。

表3－10：琉球・沖繩的名制年表

年　代	重　要　事　項	備　註
14世紀末期以前	貴族、平民都只有童名	
14世紀末期	貴族開始使用唐名	用漢音表記製成唐名
16世紀末期	刻意取唐名，開始繼承祖父或父親的姓	
1609	日本薩摩藩島津入侵	
17世紀中葉	上級的士或與進貢有關的士族使用姓	
1624	島津禁用大和風的名字	二字姓改三字姓
1689	琉球王府設系圖座管理、編輯家譜	應「身分制」而設
1690	王府賜姓群臣，所有士族都有姓	
1729	宮古、八重山獲准編輯家譜	
1875	公布「苗字必称令」	允許平民有姓
1879以後	改「大和風」名運動	廢藩置縣，士族制取消，平民被允許有姓
1937	「珍姓改姓運動」	南島文化協會發起
1945戰後	有恢復沖繩固有姓氏的現象	
1972年前後	回歸日本前後，又掀起一波改大和姓風潮，但也有因姓氏不同進不了家族墓，又改回沖繩舊姓的例子	

資料來源：筆者整理。

第二股外來勢力是1609年薩摩藩島津氏的入侵，琉球王國表面上保有王國的體制，但實際上受制於幕府，各種制度開始改變。特別是1689年琉球王府在日本薩摩藩的控制之下，因應身分制的引進，設立「系圖座」，用「名乘」來區隔閩人血統的久米系士族、琉球人血統的首里系、那霸系、泊系的士族。

向明國、清國進貢時用唐名，向江戶幕府朝貢用和名。此一時期乃唐名、和名並用期。

　　第三股是 1879 年明治政府的滅國勢力。政權可以在一夕之間改變，社會制度卻無法在短時間形成，但若處於強勢政策下長久的時間，人的習慣、社會制度也會在不知不覺中改變。包含久米村人在內的琉球人一夕之間變成了日本人，在同化政策之下，必須棄唐名改和名，但一直到戰前都還有人沿用童名。時至今日，從姓名已無法分辨出久米村人與其他琉球人的不同，唯一還能分辨的線索就是家譜。如果家譜也不存，那久米村人的民族邊界也就隨之泯滅。

附錄 3－1：琉球人的童名譜

貴族	士族	平民	貴族	士族	平民
思德金	思德	德	思眞伊奴金	眞伊奴金	眞伊奴
思松金	思金	松	思武樽金	武樽金	樽武
思次良金	思次良	次良	思眞吳添	眞吳添	吳添
思樽金	樽金	樽	眞蒲戶金	眞蒲戶	蒲戶
思加那金	思加那	加那	眞山戶金	眞山戶	山戶
思龜樽	思龜	龜	眞三良金	眞三良	三良
思金松金	金松金	松金	眞市金	眞市	市
思小樽金	小樽金	小樽	眞麻割金	眞麻割	麻割
思眞鏡	眞鏡	鏡	眞仁牛金	眞仁牛	仁牛
思戶金	思戶	於戶	眞鶴金	眞鶴	鶴
思玉金	思玉	玉	眞滿金	眞滿	滿
思武太金	思武太	武太	眞牛金	眞牛	牛
眞加戶樽	眞加戶	眞加	思嘉春		嘉春
眞鍋樽	眞鍋	鍋	眞津比樽	眞津比	
眞錢金	眞錢	錢	眞久路目		久路目
眞伊久佐金	伊久佐金	伊久佐	眞勢津		眞勢津
思玉津金	玉津金	玉津	眞多知		多知

思五良金	思五良	五良		保金	保
思小滿金	思小滿	小滿		思仁王	仁王
	眞吳勢	吳勢		思百歲	百歲
	万及樽	万及		思平藏	平藏
	眞志保	志保			

說明：思／眞＝接頭美稱，金＝接尾美稱，以此排列組合，可得近400個童名。
資料來源：神山克明，1989，《沖繩の氏と姓の由来》，那霸：月刊沖繩社，頁32～33。

附錄3－2：久米系金氏阿波連家

世代	諱	童名	字	號	享年	
7	應斗	眞王龜		明江	38	
8	庭輝	千代松		長江	63	
9	守約	眞王龜		玉江		
10	溥	眞五郎	浩然			
11	聲	加魯美	延宣		63	
	振	眞加美	延述		75	
	蘭	眞德	延蟬		62	
	聞	虎千代	延奏		58	不祿
12	節	眞五良	汝龍		69	
	臺	松金	爲正		49	不祿
	渾	眞五良	希山			
13	模	眞五良	用禮	得全		
	標	嘉魯美			46	
	格	思龜	用正			
	璉	思龜			42	不祿
	瑞	思德			15	不祿
	瑂	眞三良				
	珍	眞山戶			24	不祿
14	成德（明德）	眞五良（男龜）	國基		73	

	成道	思武太	國憲		65	
14	土魁	思百歲	必顯		36	
	興祖	思龜	永紹			
	緒昌	眞次良	延紳			
	士彪	松金	必優		61	不祿
	邦俊	眞三良	芳遠		73	
	緒榮	松金	延綏			
	邦傑	思武太	芳盛			
	士綏	眞三良	必法			
15	世寶	思百歲	永光		66	
	爲絢	思龜	則起			
	觀章	思龜	有孚			
	爲文	眞次良	則興		3	
	德惇	眞牛	柔克			
16	必明	思龜	得功		51	不祿
	重威	思武太	主忠			
	必強	松金	得効			
	品高	思武太	質堅		36	
	品貴	眞三良	質正		10	
	國樑	思仁王	必達			
	國香	思百歲	必通			
	國鑑	眞三良	必照			
17	承英	眞三良	傑人		19	不祿
	承範	思龜	傑士			
	承蔭	樽金	傑宇			
	承謨	思平藏	傑良			
	承烈	松金	傑夫		13	
	承訓	眞牛	傑甫			

	光遠	思武太	生文		
	光太	思加那	生章		
	德輝	思加郡	文祥		
	德裕	眞牛	文翼		
	呈禎	思武太	邦興		
	元德	龜壽金	世煌		
18	宗寅	思武太	亮工		2	
	時雍	思武太	子寬		

第四章　久米村人的語言

　　琉球王國在 1429 年成立以前，各地有自己的方言，王國成立以後，首里
王府推行語言政策，以首里方言為全國通行的標準語，一直持續到 1879 年
被納入日本國家體制為止〔註1〕。換句話說，以首里方言為主體的琉球語，一
直是琉球王國的頂層語言，低層語言則為各地方言。在書面語方面，13 世紀
琉球語和文字開始有了聯繫，借用日文的平假名作為書寫文字，用在 1372 年
向明國朝貢時所用的表文，中國史書稱之為「科斗文」，1523 年起琉球的書面
語趨於穩定，1609 年進化到漢字、平假名的混合體，1667 年完全使用漢文
〔註2〕，一直持續到 19 世紀末。

　　其間，1372 年琉球開始向明國朝貢，在明國的朝貢冊封體制下，「官話」
是當時的國際語言，換句話說，官話是頂層語言，而琉球語、日語、朝鮮語、
以及其他南海諸國的語言則成為低層語言。1392 年「閩人三十六姓」移居琉
球，成為琉球國內主要使用官話的民族集團，只要封貢體系存在一天，久米
村人的地位就會一直凌駕在琉球民族、大和民族之上，即使是 1609 年島津入
侵之後的日中兩屬時期，久米村人一直都是當權派。

　　日本統治之後，日語成為頂層語言，琉球語淪為低層語言，被定位為「方
言」，並且快速地退縮成為家庭語，甚至在日本統治一百三十餘年後的今天，

〔註1〕　外間守善，〈序章　沖繩の言語風景〉，收於大野晉編，1977，《岩波講座　日
　　　　本語11　方言》，東京：岩波書店，頁 197～202。
〔註2〕　高良倉吉將琉球國的 202 件「辭令書」（人事派令）依照表記的形式歸納成 3
　　　　類，分別是平假名（1523～1609）、平假名與漢字的混合體（1609～1667）、
　　　　全漢文（1667～1874）。高良倉吉，1993，《琉球王国》，東京：岩波書店，頁
　　　　129。筆者認為這正是琉球國書面語的進化過程。

40 歲以下的沖繩人，已經幾乎都不會說琉球語；而「官話」則被驅逐出境，成爲「外國話」，久米村人因而失勢（參考表 4－1）。

表 4－1：琉球‧沖繩語言使用變遷略表〔註3〕

時　期	政治地位	口　語	書　面　語
1372～1429	中國藩屬	諸方言／官話	科斗文（平假名）
1429～1523	中國藩屬	琉球語（首里語）／官話	科斗文（平假名）
1523～1609	中國藩屬	琉球語／官話	科斗文（平假名）漢字混合體
1609～1667	日中兩屬	琉球語／官話／日語	科斗文漢字混合體／漢文／日文
1667～1879	日中兩屬	琉球語／官話／日語	漢文／日文
1879～	日本沖繩縣	琉球語／日語	日文

資料來源：筆者整理製表。

語言是民族最重要的特徵，也是民族自我認同意識最重要的組成部分。語言流失，民族性逐步減弱，民族界線趨向泯滅，原本的個人民族身分，會以隱藏、隱瞞、遺忘的方式逐步嵌入強勢民族裏，然後看不到民族文化的特徵〔註4〕。本章即從語言使用的變遷角度，探討久米村人認同的變化情形。

第一節　久米村人的閩南話使用範圍

久米村人的來源是「閩人三十六姓」，後來經過幾次重編。一般人看到「閩」，可能馬上連想到「閩南人」，應該會說閩南話，然而，從其祖籍細究，略去因通官話（漢語）被編入久米村的琉球人不論，我們可以發現久米村人的祖先主要來自福建 3 個不同的系統：泉州、福州和漳州。蔡崇來自泉州，其餘如林喜、金瑛、鄭義才、梁嵩、蔡宗貴都是閩東福州人，16 世紀末到 17 世紀初編入的王立思、阮明、阮國、毛國鼎則是來自漳州府（參見附錄 4－1）。福州話和閩南話雖同是福建方言，卻無法相通。久米村人當中確實有說閩南話的，但也只是在一定的語言環境下使用。

〔註 3〕表格格式內容項目的想法得自蔣爲文，2007，《語言文學 kap 台灣國家再想像 ＝Language, Literature, and Reimagined Taiwanese Nation》，台南：成大，頁 329 ～349。

〔註 4〕林修澈，《原住民的民族認定》，頁 7。

　　研究海外華人的專家王賡武指出，13 至 18 世紀期間，從事海外貿易商業的，以閩南人佔大多數，而且也是最成功者。因爲泉州港在 13～14 世紀成爲外商雲集的主要中心，這個時期福建以及廣東的商人社群遍佈占婆（後來屬於越南）、柬埔寨、蘇門答臘、爪哇等地的各個港口。15 世紀時明國實施海禁，私下從事海外貿易風險越來越大，但馬六甲、萬丹、渤泥、蘇祿港埠以及琉球群島和九州島等處還是存在著一些中國商人的小社會〔註5〕。

　　13～14 世紀的「福建」商人、15 世紀「琉球群島中國人小社會」，都讓人有語焉不詳、很難直接和「閩南人」連結在一起的感覺。15 世紀「在琉球的中國人小社會」所指涉的應該就是久米村人所形成的集團，然而，前述閩南人只有蔡氏一族來自泉州府南安縣，以及在 16 世紀末到 17 世紀初出現的王立思、阮明、阮國、毛國鼎。

　　16 世紀末是琉球王國轉口貿易急遽衰退的時期，貿易衰退的重要原因之一是漳州、泉州的海商崛起，勢力範圍擴及日本九州及東南亞〔註6〕，替代了久米村人的角色，因此，琉球王府開始一連串的久米村振興政策，除了在 1591 年讓漳州人阮明、王立思入久米村籍之外，尚寧王更於 1607 年以久米村人凋零爲由，向明國上奏，請求再下賜漳州龍溪縣人阮國、毛國鼎。

　　高瀨恭子認爲，尚寧王上奏的眞正理由不在久米村人凋零，而是爲重新強化與明國的政治、經濟關係和招攬中國海商〔註7〕。翁佳音的研究〔註8〕也支持這個論點，他主張 16、17 世紀之交，東、西兩洋貿易的漢商出身，是以漳州人爲主的福佬人。

　　籍貫、鄉黨或方言的差異，往往是分辨我群和他群的重要辨識標準，從語言的角度來看，振興政策實施前就已琉球化的福州幫久米村人無法和新興的漳州勢力相抗衡，尤其要重振與東南亞的貿易，必須要重用以閩南話爲母語的漳州人，因此，嚴格來說，16 世紀末新編入籍的久米村人說閩南話，而且其閩南語的使用範圍限於與活躍於東南亞各國的福佬海商〔註9〕往來，而福佬海商的活動範圍和先前琉球國與東南亞諸國外交往來的範圍重疊

〔註 5〕　王賡武，1994，《中國與海外華人》，台北：台灣商務，頁 96～100。
〔註 6〕　富島壯英，〈明末における久米村の衰退と振興策について〉，頁 481～482。
〔註 7〕　高瀨恭子，〈明代琉球国の「久米村人」の勢力について〉，頁 173。
〔註 8〕　翁佳音，〈十七世紀的福佬海商〉，收於湯熙勇編，1999，《中國海洋發展史論文集　第七輯》，台北：中研院人文社會科學研究中心，頁 59～92。
〔註 9〕　翁佳音將海商定義爲「海盜商人」，本文從其定義。

〔註 10〕。一言以蔽之，琉球的貿易圈有多大，久米村人的閩南話使用範圍就有多大（如圖 4-1）。

圖 4-1：琉球王國中繼貿易範圍圖

資料來源：赤嶺守，2004，《琉球王国》，東京：講談社，頁 51。
說明：シャム＝暹邏，ルソン＝呂宋，パタニ＝佛大泥，マラッ
カ＝滿喇加，パレンパン＝三佛齊（＝舊港），カラパ（今
雅加達），グシレク（Gresik，今錦石）。

　　那麼，如何解釋 16 世紀末以前，代表琉球王國出使到東南亞的久米村人所扮演的角色？在前往東南亞的琉球使節團中擔任通事〔註 11〕的久米村人，

〔註10〕 曹永和認為在明朝的海禁政策和朝貢體制下，濱海人民不得不犯禁私越興
　　　　販，或化身為朝貢的通譯或使者。參見曹永和，〈明末華人在爪哇萬丹的活
　　　　動〉，收於中國海洋發展史論文集編輯委員會主編，1986，《中國海洋發展史
　　　　論文集（二）》，台北：中研院三民主義研究所，頁 219～244。
〔註11〕 高瀨恭子根據《歷代寶案》作出的統計發現，琉球國到東南亞諸國的使節團

以何種語言與東南亞國家溝通？

　　琉球在 1372 年和明國開始正式的邦交，成爲朝貢冊封体系的一員。高良
倉吉根據《歷代寶案》做出統計資料，顯示琉球在 15～16 世紀和東南亞的暹
邏、爪哇、蘇門答喇、滿喇加、巡達、舊港、三佛齊、太泥、安南各地有密
切往來，這些往來以貿易爲主，但也必然涉及和當地統治階層間的折衝往返，
1425～1570 年的 150 年之間，琉球王國派往暹羅的船隻有 60 艘，1463～1511
年的 48 年間則派遣了 20 艘貿易船到滿喇加王國〔註12〕。史書有正式記載的
官營公開貿易就有如此頻繁的往來，私下的交易更不知是這數字的多少倍。

　　中國的語言和方言十分複雜，幾千年來各地溝通主要依靠全國統一的用
漢字記錄的書面語，而書面語以超方言的文言文爲主。也就是說，居住在不
同方言區的人，藉書面語交流，並無大礙〔註13〕。在官場使用共同口語「官
話」〔註14〕溝通。由此延伸，在中國的朝貢體系下，久米村人既然擔任了對
明國各個層級公文書的撰寫，同時承擔了進貢船的建造、修理、航海術、通
譯等工作，則同一時期對朝鮮、東南亞各國的往返文書製作、翻譯工作自然
是久米村人擔任。換句話說，久米村人在朝貢體系下，負責「口語」與「書
面語」兩種工作，口語指的是當時明朝官話，而書面語即是漢文。

　　對照家譜的記載（參考表 4－2），確實能爲久米村人在琉球王國與東南亞
各地間亦官亦商的身分找到佐證：梁氏門中有梁復、梁仲德、梁袖、梁琦、
梁敏、梁椿 6 人爲收買進貢用的蘇木胡椒等方物或禮儀事以通事身分曾前往
暹邏、爪哇、佛大泥。鄭氏門中有鄭智、鄭傑、鄭彬、鄭興、鄭珞、鄭玖、
鄭昊 7 人，其中鄭昊同時到過暹邏和佛大泥。蔡氏有蔡回保、蔡樟、蔡迪、
蔡朝慶 4 人以「禮儀通事」、「交易通事」身分攜帶瓷器赴滿剌加、暹邏、佛
大泥，收買進貢用方物。金氏有金志良、金鼎 2 人。林氏有林昌、林榮、林
喬、林達、林盛、林棟、林椿 7 人。陳氏有陳泰、陳耀、陳繼章、陳維茂 4
人。久米村人足跡遍佈滿剌加、暹邏、佛大泥。

　　　當中除通事一職由久米村人擔任外，其餘多爲琉球人。高瀨恭子，〈明代琉球
　　　国の「久米村人」の勢力について〉，頁 162。
〔註12〕高良倉吉，1999，《アジアのなかの琉球王国》，東京：吉川弘文館，頁 94～
　　　97。
〔註13〕鄒嘉彥、游汝彥，2001，《漢語與華人社會》，上海：復旦大學出版社，頁 214。
〔註14〕春秋戰國時代稱爲「雅言」，明清時代稱爲「官話」。

表4-2：出使南洋久米村通事一覽

姓　名	出使年	出使國	擔　　任　　職　　務
梁　復	1425	暹	洪熙元年爲收買進貢貨物事奉使爲通事到暹邏國
梁德仲	1432	暹	宣德七年爲禮儀事奉使爲通事到暹邏國
	1436	暹	正統元年爲禮儀事奉使爲通事同通事鄭智到暹邏國
	1437	暹	正統二年爲禮儀事奉使爲通事與正使步馬結制坐順字號船出鄰國
梁　袖	1433	暹	宣德八年爲禮儀事奉使爲通事到暹邏國
梁　琦	1442	爪哇	正統七年爲禮儀事奉使同正使楊布到爪哇國
梁　敏	1492	暹	弘治五年爲預備下年進貢貨物事奉使爲通事同正使裴楊那前往暹邏國收買蘇木胡椒等物
	1509	暹	正德四年爲預備下年進貢貨物事奉使爲通事同正使勿頓之玖前往暹邏國收買蘇木胡椒等物
梁　椿	1530	佛大泥	嘉靖九年爲預備下年進貢貨物事奉使爲都通事同正使益沙每等帶器等貨前往佛大泥出產地面兩平收買蘇木胡椒等物
鄭　智	1432	暹邏	
	1433	暹邏	
	1436	暹邏	
	1437	暹邏	
	1438	暹邏	
鄭杰（傑）	1463	滿	
鄭　彬	1464	暹邏	
鄭　興	1478	滿	
鄭　珞	1480		
鄭　玖	1509	安南	
鄭　昊	1509	暹邏	
	1518	暹邏	
	1515	佛大泥	
	1519	佛大泥	
	1520	佛大泥	

蔡回保	1464	滿	天順七年奉使爲禮儀通事同正使讀詩赴滿加剌國
	1465		成化元年奉使爲交易通事同正使阿普察都赴滿加剌國
	1466		成化二年奉使爲禮儀通事同正使讀詩赴滿加剌國
	1467		成化三年爲禮儀事奉使爲通事同正使沈滿布赴滿加剌國
	1468		成化四年爲禮儀事奉使爲通事同正使安遠路赴滿加剌國
蔡 樟	1509	暹邏	正德四年奉使爲交易通事同正使勿頓之玖等帶瓷器等物前往暹邏國收買蘇木胡椒等貨預備下年進貢
	1512		正德七年奉使爲交易通事同正使益沙每等前往暹邏國買貨回國預備下年進貢
	1513		正德八年奉使爲交易通事同正使栢古等前往暹邏國買蘇木等物回國預備下年進貢
	1521		正德十六年奉使爲交易都通事同正使椰末度等前往暹邏國買方物回國預備下年進貢
	1526		嘉靖五年奉使爲交易都通事同正使馬密志驥等往暹邏國買方物回國預備下年進貢
	1516		正德十一年奉使爲交易通事同正使栢古等帶瓷器等物前往佛大泥國收買蘇木胡椒等貨預備下年進貢
	1518		正德十三年奉使爲交易通事同正使麻美子等前往巡達國買方物回國預備下年進貢
蔡 迪	1518	暹邏	正德十三年奉使爲交易通事同正使馬布度等前往暹邏國買方物回國預備下年進貢
	1520		正德十六年奉使爲交易都通事同正使椰末度等前往暹邏國買方物回國預備下年進貢
蔡朝慶	1538	暹邏	嘉靖十七年奉使爲交易通事同正使馬加尼等前往暹邏國買蘇木等物回國預備下年進貢
	1540	暹邏	嘉靖十九年奉使爲交易通事同正使毛是等前往暹邏國買貨回國預備下年進貢
	1541	暹邏	嘉靖二十年奉使爲交易都通事同正使賈滿度等前往暹邏國買貨回國預備下年進貢
	1543	佛大泥	嘉靖二十二年奉使爲交易都通事同正使邁易紗前往大泥國買蘇木等物回國預備下年進貢
金志良	1526	暹邏	
	1530	佛大泥	
金 鼎	1541	暹邏	嘉靖二十年爲交易事奉使爲都通事同正使賈滿度等前往暹邏國收買方物回國預備下年進貢

	1543	佛大泥	嘉靖二十二年爲交易事奉使爲都通事同正使邁益紗等前往大泥國買蘇木等物回國預備下年進貢
林　昌	1467	滿	成化三年爲交易事奉使爲通事隨正使沈滿布前往滿剌加國
	1468		成化四年爲禮儀事奉使爲通事隨正使安遠路前往滿剌加國
	1469		成化五年爲交易事奉使爲通事隨正使阿普斯前往滿剌加國
	1471		成化七年爲禮儀事奉使爲通事同通事陳泰前往滿剌加國
林　達	1520	暹邏	正德十五年爲收買進貢方物事隨正使馬沙皆前往暹邏國
林　盛	1529	佛大泥	？
林　棟	1529	暹邏	？
林　椿	1533	暹邏	嘉靖十五年爲收買進貢方物事奉使爲通事隨正使馬沙皆前往暹邏國
林　喬	1533	暹邏	嘉靖十二年爲收買進貢方物事奉使爲通事隨正使王金前往暹邏國
	1536	暹邏	
林　榮	1536	暹邏	嘉靖十五年爲收買進貢貨物事奉使爲通事隨正使馬三魯前往暹邏國
	1537		嘉靖十六年爲收買進貢貨物事奉使爲通事隨正使馬加尼前往暹邏國
	1538		嘉靖十七年爲收買進貢貨物事奉使爲通事隨正使馬三魯前往暹邏國
陳　泰	1469	滿	成化五年爲交易事奉使爲通事同正使阿普斯赴滿剌加國
	1470	滿	成化六年爲禮儀事奉使爲通事同正使安遠路赴滿剌加國
	1472	滿	成化八年爲禮儀事奉使爲通事同通事林昌赴滿剌加國
陳　耀	1472	滿	成化八年爲禮儀事奉使爲通事同正使沈滿志往滿剌加國
陳繼章	1554	暹邏	嘉靖三十三年爲交易事奉使爲通事同火長梁明等前往暹邏國買貨回國預備下年進貢
陳繼茂	1554	暹邏	嘉靖三十三年爲交易事奉使爲通事同火長梁明等前往暹邏國買貨回國預備下年進貢

資料來源：謝必震，1996，《中國與琉球》，福州：廈門大學出版社；安煥然，1996，《琉球滿剌加與明朝貢体制的關係：明代前半期（1368～1505）兩個朝貢藩屬國的崛起》，成大歷史語言所碩論；赤嶺誠紀，1988，《大航海時代の琉球》，那霸：沖繩タイムス社；那霸市企畫部市史編集室，1980，《那霸市史　資料編　第1卷6　家譜資料二（上）（下）》，那霸：那霸市企畫部市史編集室。

值得注意的是，上述蔡、鄭、林、梁、金、陳的子孫，除了代表琉球王國到南洋諸國斡旋進貢交易事務之外，他們也經常被派到明國去。例如，蔡朝慶（參考表 4－3）分別於 1538、1540、1541 年到暹邏國，1543 年佛大泥國，1541 到閩，1545、1549 年官拜都通事赴閩還上京。據此推斷，15 世紀時承擔琉球國、明國、南洋諸國間進貢事務與公私貿易的久米村人，已經是琉球語、漢語（官話）的雙語人，而漢語則是久米村人和琉球人之間一道清楚的邊界，一直維持到 16 世紀與南洋的貿易關係衰微為止。

表4－3：蔡朝慶出使任務一覽

出使年	出使國	擔 任 職 務
1538	暹邏	嘉靖十七年奉使為交易通事同正使馬加尼等前往暹邏國買蘇木等物回國預備下年進貢
1540	暹邏	嘉靖十九年奉使為交易通事同正使毛是等前往暹邏國買貨回國預備下年進貢
1541	暹邏	嘉靖二十年奉使為交易都通事同正使賈滿度等前往暹邏國買貨回國預備下年進貢
1541	閩	嘉靖二十一年為側聞明旨以慰遠望事奉使為都通事同使者吳羅等赴閩
1543	佛大泥	嘉靖二十二年奉使為交易都通事同正使邁易紗前往大泥國買蘇木等物回國預備下年進貢
1545	赴閩上京	嘉靖二十四年為護送進貢方物及漂流朝鮮人口事奉使為都通事赴閩上京
1549	赴閩上京	嘉靖二十八年奉使為進貢都通事隨正議大夫梁顯長史蔡廷美赴閩上京

資料來源：那霸市企画部市史編集室，1980，《那霸市史 資料編 第 1 卷 6 家譜資料二（上）（下）》，那霸：那霸市企画部市史編集室。

久米村人閩南話的傳習，未見諸如傳習方式和學習機構等文字記載，只能推測與福佬海商交易時所使用的閩南語，在沒有通事學校或語言訓練機構的情況下，只能靠父子傳承。不過，在中國的封貢體制的大環境下，閩南話終究不是頂層語言，應該會隨著與福佬海商交易關係的終止而流失。

第二節　久米村人的官話教育

官話原有清國所用的標準語的意思，近世琉球所指的官話，乃是對清國朝貢、貿易時所使用的漢語。有學者認為官話就是北京官話，也有學者主張

琉球的官話特指清國時期幾個官話圈中的福建官話〔註15〕。清康熙（1662～
1722）年間全國統一，爲強化中央統治，語言統一乃屬必須。1728（雍正6）
年皇帝下諭，以 8 年爲學習期限，令地方官進行官話宣導與教育。身爲朝貢
國的琉球，爲順應中國的體制，在 1755（乾隆20）年前後開始製作官話教本。
江戶時代的長崎、薩摩使用的唐話教本爲江南話，而琉球的漢語屬於接近北
京話的福建官話〔註16〕。

以上說明了清國時期的狀況，官話在清國是爲了統治目的而規定通行全
國的普通話，但在琉球只在士族階層通用，久米村人爲遂行朝貢貿易任務則
必須學習。琉球一般百姓所使用的語言仍然是以首里話爲主體所形成的琉球
語〔註17〕。本文的官話特指明洪武年間閩人三十六姓渡琉以後，其子孫久米
村人爲朝貢所學習的語言，稱之爲琉球官話，與通行清國的官話有別。

久米村人學習官話的管道，在琉球國內有私塾、學校，另外透過官生和
勤學制度到明國、清國學習，以下依序就師資、教材和學習狀況加以說明。

一、學校教育

明倫堂於 1718 年設立，是久米村人專屬的學校，對同住在久米村內的
「島中人」〔註18〕並不開放。明倫堂設立之前則在天妃宮、「學齋」（私塾）
或在自宅教授子孫。

（一）學齋

作爲早期久米村人的重要聚會場所，天妃宮有官話學習的事實存在，只
知有「八歲入學者，於通事中擇一人爲訓詁師教之」〔註19〕，其餘史料缺乏，
學習的方式僅可從稱爲學齋的私塾窺得一二。學齋（琉球話ジャーグヮー／
jyaa-guaa），通常利用四疊半或六疊的房間，集合四、五人，請先生來教學，
有時候在先生家授業。內容爲三字經或五字經的朗讀，不講解內容，也不練

〔註15〕 有關琉球官話研究的資料與分析，可參考石崎博志〈漢語資料による琉球語
研究と琉球資料による官話研究について〉、「「外国語による琉球語研究資
料」および「琉球における官話」文献目録〉，《日本東洋文化論集 琉大法
文学部紀要7》，2001 年 3 月，頁 55～134。

〔註16〕 沖縄大百科事典刊行事務局，《沖縄大百科事典 上卷》，頁 813。

〔註17〕 外間守善，1981，《沖縄の言葉》，東京：中央公論社，頁 315。

〔註18〕 島中人，居住在久米村內的那霸人。糸嶺篤忠，1969，〈久米村人と島中人に
ついて〉，《研究余滴》82：1。

〔註19〕 潘相，1973，《琉球入學聞見錄》，台北：文海，頁 182。

習書寫，只注重發音正確與否〔註20〕。有能力者送到明倫堂，學習四書、五經等高階課程。

（二）明倫堂

久米村的優秀子弟送到明倫堂繼續升學，12歲者稱若秀才，15歲者稱秀才，由久米村的大夫、通事中選出一人為講解師擔任教學工作，教學內容有經學、詩文、官話，教科書比照首里國學，初階有四書、五經、唐詩合解等，進階學習呈文、咨文、錄文、論文等。

每天上午八時集合在大廳，順序由講談師匠及官話詩文師匠從竹簽桶抽出載有學生姓名的竹片，令其講解或背誦前一日所學，再講解唐詩及詩經一章或半章，接下來任由學生覆讀或作詩〔註21〕。學生講解背誦前一日的所學內容，純屬學習過程中的基本功，被認為是必要不可缺的環節。三六九日紫金大夫前來講堂處理中國往來貢典時，也會同時視察學生學習狀況，每月考試一次。

茲將明倫堂與首里國學（以下簡稱國學）的教學有關項目比較如下（參考表4-4）。從表4-4可以清楚了解，國學是琉球的最高學府，比久米村人的專屬學校明倫堂晚80年設立，組織上較健全。兩者設立目的不同，國學以首里士族為對象，目的在培養首里王府官僚，明倫堂則以久米村人為對象，目的在培養進貢要員。兩者使用相同或相近的教科書。官話作為民族邊界的效用在1798年已經漸漸消失，1802年起官生的名額一半從首里產生。

表4-4：明倫堂與首里國學比較表

項　目	明　倫　堂	首　里　國　學
建置緣由	程順則建議	蔡世昌建議
設置年代	1718	1798
位置	久米村明倫堂	初首里真和志中城殿→當藏村勘定座→龍潭池畔
目的	培養進貢要員	首里王府官僚
對象	久米村子弟	首里士族

〔註20〕 那霸市史企画部市史編集室，1979，《那霸市史　資料編第2卷中の7　那霸の民俗》，那霸：那霸市史企畫部市史編集室，頁658～659。

〔註21〕 真境名安興、島倉龍治，1923，《沖繩一千年史》，那霸：沖繩新民報社，頁389。

資格	秀才（15～20歲以上） 若秀才（12～15歲）	平等學校畢業者（17～18歲） A 有家格之子弟，強制入學 B 一般士庶子弟，自由入學
組織	司教 講解師 訓詁師	行政：奉行、中取 2、筆者 2、假筆者 2、聖廟番役 教學：講談師匠、官話師匠、按司師匠（負責教授門閥子弟）助教：訓點調係 2、再學（研究生）3
名額	不明	不定，講談生 260、官話詩文生 40
修業年限	不明	不定，7～8 年
教科書	三字經、百家姓、千字文、官話 四書、五經、詩課 詩文、公文、和式訓點	初階：四書、五經、唐詩合解 進階：呈文、咨文、錄文、論文，和式訓點 中國詩文

資料來源：眞境名安興、島倉龍治，1923，《沖繩一千年史》，那霸：沖繩新民報社。

（三）官話教材

　　琉球官話的音調，有陰平、陽平、上聲、去聲、入聲五個聲調，語彙則是以北京話的北方語彙爲主，但混入了大量福建語中的南方語彙〔註22〕。

　　官話教材根據深淺層度分爲四類〔註23〕：

1、《～字話》形式：《琉球官話集》、《官話》（三字話）、《琉球二字官話集》、《二字話》、《三字話》、《四字話》、《五字話》、《水晶香墜》。

2、分類語彙集形式：《廣應官話》、《琉球官話集》（前十頁）、《水晶香墜》。

3、問答形式：《尊駕》、《尊駕白話》、《官話問答便語》、《白姓官話》、《官話琉球漂流記》、《琉球館遺文》。

4、副讀本：《人中畫》、《風流配》、《自作孽》、《狹路逢》、《終有報》、《寒徹骨》、《新鐫批評人中畫》、《金玉釵》、《隋唐合傳》、《玉匣記唐集》、《六諭衍義》。

　　學習的順序，先由二字、三字……的單詞入手，再進行到問答形式的會話，再到上述副讀本內的文章。下列爲單詞及會話教材的舉例〔註24〕：

〔註22〕石崎博志，〈漢語資料による琉球語研究と琉球資料による官話研究について〉，《日本東洋文化論集　琉大法文學部紀要》2001 年 3 月，頁 81。

〔註23〕石崎博志，〈漢語資料による琉球語研究と琉球資料による官話研究について〉，頁 80。

〔註24〕高橋俊三・兼本敏，2001，〈『拾口』の字および注釈〉，《沖繩國際大學總合

二字話：今日 明日 後日

三字話：這個事 走了風 猜不來

四字話：你那裏來 外國來的 到此貴幹

五字話：有閑的時候 明日上鼓山 拜見大和尚

問答形式：學生今年初到中國。一心要學官話。求老先生教我。好
　　　　　秀才。高姓。姓金。大名。名範。貴庚。三十歲。令尊
　　　　　令堂都在堂麼。都在堂。昆仲幾位。兄弟三人。應行第
　　　　　幾。弟二。〔註25〕

二、官生制度

官生俗稱「クヮンショウ／kuan-syoo」，即在明國、清國的最高學府國子
監學習的留學生。官生派遣始於 1392 年，終於 1867 年，前後共 26 次 81 人
（表4－5）。依出身分為三個階段。第一階段 1392～1413 年，官生都是王族
或高官的子弟；第二階段 1482～1760 年，官生為蔡、鄭、林、梁、金、陳等
久米村人獨佔。最初在南京國子監學習，1644 年清國建國，改在北京國子監。
第三階段 1802～1868 年，久米村和首里出身的官生各佔一半（總數 4 人）。
官生學成回國多以通事身分擔任外交要職〔註26〕。久米村出身者稱為久米村
通事，首里出身者稱首里通事。

表4－5：久米村人官生表一覽

回	年	王代	官生名	出身	最後官職	經　　　　歷
11	1482	尚眞	蔡　賓	久米村	長史	4 世無後其室陞官生卒月封阡俱不傳 父璟　母吳美度 1482 奉旨為官生入監讀書 1487 為官生謝恩事奉旨隨正議大夫程鵬赴閩上京 1489 進貢都通事隨長史梁能赴閩上京 1491 為進貢都通事梁能赴閩上京 1493 為慶賀進貢都通事隨正議大夫梁德赴閩上京

学術研究紀要》第 5 卷第 1 号，別刷。

〔註25〕瀨戶口律子，1994，《琉球官話課本研究》，香港：吳多泰中國語文研究中心，
　　　　附錄《官話問答便語》。

〔註26〕仲原善忠，〈官生小史——中国派遣の琉球留学生の概観——〉，頁 530～569。

						1495 爲進貢謝恩長史同正議大夫鄭玖赴閩上京 1499 爲進貢長史同正議大夫鄭玖赴閩上京 1504 爲進貢長史同正議大夫鄭玖赴閩上京 1506 爲進貢慶賀長史隨王舅亞嘉尼施赴閩上京
12	1510	尙眞	蔡　進	久米村	通事	5 世無後其室陞官生卒月封阡俱不傳 父實　母？ 1516 爲進貢謝恩通事隨正議大夫陳義赴閩
13	1523	尙眞	蔡廷美	久米村	長史	6 世無後其室陞官生卒月封阡俱不傳 父遽 1523 爲官生同鄭富等入南京國子監讀書 1531 爲進貢謝恩都通事隨正議大夫金良赴閩上京 1537 爲進貢慶賀長史同正議大夫陳賦等赴閩上京 1541 爲進貢長史同通事鄭元等赴閩上京 1549 爲進貢長史同正議大夫梁顯等赴閩上京
			鄭　富			×
			蔡　梓			×
			蔡　浩			無後其室陞官生卒月封阡俱不傳 父遷
14	1535	尙淸	梁　炫	久米村	正議大夫	室蔡氏眞加戶 1547 爲進貢謝恩事爲通事隨正議大夫陳賦長史蔡廷會等入閩上京 1549 爲通事隨正議大夫梁顯等入閩上京 1551 爲長史同正議大夫蔡廷會等入閩上京 1553 爲長史同都通事鄭憲等入閩上京 1558 爲長史同都通事鄭憲等入閩上京 1560 爲長史同事事蔡朝用等赴閩上京 1568 爲正議大夫隨王舅翁壽祥等入閩上京
15	1550	尙淸	蔡朝用	久米村	長史	7 世屋良通事親雲上　童名眞三良 1528～1576 享年 49 封阡不詳 父正議大夫屋良親雲上瀚母陳氏越度每 1550 / 23 歲爲官生入太學讀書 1555 歸國 1557 進貢謝恩上京通事隨正議大夫蔡廷會赴閩上京 1560 迎接天使都通事隨長史梁炫赴閩 1562 爲探聽天使舟回朝消息都通事同使者馬三路等 1567 爲進貢謝恩長史同都通事鄭祿等赴閩上京

16	1565	尚元	梁 炤	久米村		與蔡嫌梁焌鄭迴奉王命入監讀書習禮
			蔡 嫌			無後其室陞官生卒月封阡俱不傳 父廷美 1565 為官生同梁炤梁焌鄭迴入南京國子監讀書 1575 遵奉勘合襲封王爵事為**都通事**隨長史梁燦赴閩
			梁 焌			×
			鄭 迴			9 世祖謝名親方 1565 為官生入南京國子監讀書 1574 為慶賀皇上嗣登寶位事為**都通事**隨王舅馬忠叟長史鄭祐赴閩上京 1577 為進貢謝恩事為長史隨王舅馬良弼赴閩上京歸國後為總理唐榮司（三十幾歲？） 1609 任法司隨先王？赴覲上江戶 1611 被殺於黿島薦蔡堅
17	1579	尚永	鄭 迵	長史		童名萬古以善書稱道，迎恩天界寺龍王殿永明山等匾額均出自其手 1579 官生 1589 為長史赴閩上京
			鄭 迪	都通事		？
			蔡 常			7 世　父廷貴 官生　1588 歸國
中斷 109 年						
18	1686	尚貞	梁成楫	通事		10 世童名眞蒲戶 1668～1702 享年 35 父邦翰　母岑氏眞及樽 1678 若秀才年俸 5 斗 1682 舉秀才年俸米 1 斛（＝5 斗） 1686／25 歲入監讀書稟器照都通事例 1692 同阮維新天久通事親雲上蔡文溥高良通事親雲上奉命為久米村**講解兼讀書師**至康熙 33 年甲戌因奉使返職年俸米貢 4 斛 5 斗 1692 康熙 31 年奉法司令作進貢表並謝官生表及禮部布政司咨文 1693 陞當座敷 1694 為**朝京都通事**同耳目官翁敬德佐久眞親雲上忠祐正議大夫蔡應瑞高良親雲上入閩赴京 1696 為久米村**講解師** 1697 陞長史返職年俸 2 斛 5 斗 同紫金大夫蔡鐸志多伯親方正議大夫王可法國場親雲上鄭職良池宮親雲上纂修中山世譜

					拜授佐敷間切屋比久地頭職 奉總理唐榮司蔡鐸志多伯親方令作解送漂流朝鮮國人氏咨文 1699 奉王世孫命爲**講解師**日夜在殿中初講四書 1670 奉總理唐榮司蔡鐸志多伯親方令作新建西殿記 1701 爲**都通事**同使者溫允俊本部親雲上紹有等到閩歸時遇颱風船破而亡 1702 1704
			鄭秉均	?	童名眞牛 1811 生 1822 **若秀才** 1825 **秀才** 1686 官生死於船難
			阮維新	紫金大夫	
			蔡文溥	紫金大夫	童名百歲 1671～1745 父應瑞母明氏 1682 / 12 歲**若秀才** 1686 / 16 歲**秀才官生** 1692 / 22 歲**都通事** 1694 世孫**侍講**四書詩經 1696 達理位 世子**侍講**詩經綱系監唐史 1699 接貢**存留通事在閩** 3 年同才府毛文傑添石親雲上安好都通事鄭士綸赤峰親雲上赴閩 1701 座敷，世孫**侍講**四書世子命講而菴說唐書 1716 / 31 歲陞正議大夫 1720 / 50 歲拜紫金大夫
19	1722	尚敬	蔡用佐		覆溺
			蔡元龍		
			鄭歸崇		
20	1724	尚敬	鄭秉哲	紫金大夫	古波藏親方童名眞德 1695～1760 父弘良母王氏 1706 **若秀才** 1709 **秀才** 1720 陞**通事**，附存留通事鄭國桂仲井眞通事親雲上赴閩讀書習禮 1723 戴黃冠任**講解師**敘里之子親雲上 1724 轉爲**官生**與鄭謙宇地原里之子蔡宏訓久高里之子 1729 陞遏達理位擢**都通事**任**講解師** 1730 擢座敷任**侍講**近思錄輯要編修漢文舊記

					1731 纂修中山世譜世系 1732 都通事隨耳目官溫思明森山親雲上紹高正議大夫鄭儀池宮親雲上 1734 授長史司 1739 都通事接回朝京官員童使者才府溫啓泰渡名親雲方紹方赴福州 1741 中議大夫 1742 陞正議大夫，任著作漢字公文職（始置） 1747 申口座因前任長史鄭佑轉接貢都通事任署理長史司 1748 爲進貢任正議大夫同耳目官向永成源河親雲上朝義赴閩到京 1751 爲儀衛正至江戶謝恩 1753 紫金大夫 1755 任總理唐榮司爲副使紫金大夫冊封謝恩事 1758 賜法司銜
			鄭　謙			王侍講
			蔡宏訓			入監前病死
21	1760	尚穆	梁允治			病死國子監
			蔡世昌			紫金大夫
			鄭孝德			紫金大夫
			金　型			病死國子監

中斷 40 年

22	1802	尚溫	向尋思	首里 4		向世德、向善榮、毛長芳
			鄭邦孝			蔡思恭、蔡戴聖
			周崇鐐			7 世童名思次良 1773 生
23	1804	尚溫		首里 2		向邦正、毛邦允
			梁翼文	久米村	紫金大夫	
			楊德昌	久米村	紫金大夫	
24	1810	尚灝		首里 2		毛世輝、馬執宏
			陳善繼	久米村		
			梁元樞	久米村		
25	1840	尚育		首里 2		向克透、東口興
			阮宣紹	久米村	紫金大夫	
			鄭學楷	久米村	紫金大夫	

26	1868	尚泰		首里 2	毛啓祥（出京途中死亡）、葛非慶（歿）
			林世功	久米村	在北京自殺
			林世忠	久米村	歿

資料來源：仲原善忠，1977，〈官生小史——中国派遣の琉球留学生の概観——〉，《仲原善忠全集第一卷》，那霸：沖繩タイムス社，頁 530～569；那霸市企画部市史編集室，1980，《那霸市史　資料編　第 1 卷 6　家譜資料二（上）（下）》，那霸：那霸市企画部市史編集室。

　　向來論及官生的學者多認爲是琉球仰慕中國文化，所以派員前往學習，其實官生的選派是由明太祖主動提起〔註 27〕。官生被定位在「明清封貢體制下的產物，是維護封貢體制的重要措施，與整個封貢體制的發展、消亡相伴隨」〔註 28〕。基本上，官生是封貢體制的一部份，屬於生前推封，生前推封又叫「推恩」，即將皇恩盡量擴大加以任命或冊封之意。皇帝一旦對臣屬進行任命，臣屬的家人也同受庇蔭，官生屬於生前推封的「下封」〔註 29〕（如圖 4－2），這說明爲什麼 1392～1413 年琉球所派遣的官生都是王室或達官貴人的子弟。

（一）師資

　　明國時期，率性堂等六堂中，每堂選一學行俱優的貢生或舊付充任友伴，到光哲堂爲琉球官生講解〔註 30〕。清國時期國子監設有管理監事大臣一人，由大學士、尚書、侍郎內特簡。以下設有祭酒、司業、監承、博士、典簿、典籍、助教、學正、學錄、教席、筆帖式來管理教學〔註 31〕。

〔註27〕 洪武 24（1391）年三月辛卯，朱元璋對禮部大臣說：「琉球國中山、山南二王皆向化者可選寨官弟男子姪以充國子待讀書知禮即遣歸國宜行文使彼知之」《南庸志》卷 1 事紀，轉引自楊冬荃，〈明代國子監琉球官生考〉，第六屆中琉歷史關係學術研討會籌備會編，2000，《第六屆中琉歷史關係學術研討會文集》，北京：中國第一歷史檔案館，頁 471。

〔註28〕 黃新憲，〈封貢體制與琉球來華留學生教育〉，第六屆中琉歷史關係學術研討會籌備會編，2000，《第六屆中琉歷史關係學術研討會文集》，北京：中國第一歷史檔案館，頁 510。黃新憲，2002，《中華文化與閩台社會的變遷》，福州：福建教育出版社，頁 303。

〔註29〕 孫薇，〈關於冊封朝貢——圍繞中琉的冊封朝貢關係〉，琉球中國關係国際学術会議，1993，《第四回琉中歷史關係国際学術会議　琉中歷史關係論文集》，沖繩：琉球中國關係国際学術会議，頁 202。

〔註30〕 楊冬荃，〈明代國子監琉球官生考〉，頁 489。

〔註31〕 秦國經，〈清代國子堅的琉球官學〉，中國第一歷史檔案館編，1995，《明清檔

圖4－2：冊封分類圖

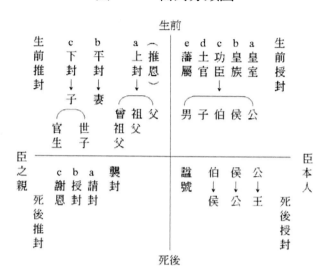

資料來源：孫薇，〈關於冊封朝貢——圍繞中琉的冊封朝貢關係〉，
《第四回琉中歷史關係國際學術会議　琉中歷史關係
論文集》，沖繩：琉球中國關係國際學術会議，頁203。

（二）教科書

明國時期，琉球官生在明國南京國子監主要學習的有：《大誥》、《四書》、
《五經》、詔誥、章表、策論、判語〔註32〕。茲將其內容整理列為表4－6。

表4－6：明國官生教科書一覽

教科書	內　　　　　　　容	備　註
《大誥》	明太祖朱元璋所發佈的詔誥命令匯編 《大誥》洪武18.14 計74條 《大誥續編》洪武19.3 計87條 《大誥三編》洪武19.11 計43條 《大誥武臣》洪武20.12 計30條	具法律性質，可據以定罪決遣。
《四書》	《倫語》《孟子》《大學》《中庸》	
《五經》	《詩經》《尚書》《禮記》《春秋》《周易》	
其他	詔誥：皇帝的指示 章表：臣工的奏疏	

案與歷史研究論文選1985.10～1994.9》，北京：國際文化出版，頁1196。

〔註32〕楊冬荃，〈明代國子監琉球官生考〉，頁490。

	策論：士人在考試時對某一問題的論述發揮 判語：官員處理公文的批語		
學規	背書：每隔三天背書一次，每次大誥 100 字，五經 100 字，四書 100 字。 寫作：作課每月六篇文章，論說、五經義理兩篇，論說四書、義理兩篇， 　　　詔誥、章表、策論、判語等公牘體應用文。 書法：寫做每天一幅，每幅 16 行，每行 16 字		背誦講解

　　而清國時期，一般國子監的課程分為經義、治事兩部分，經義主要學習《四書》、《五經》、《性理》、《通鑑》兼及各家學說；治事主要學習歷代典禮、賦役、律令、邊防、水利、天官、河渠、算法〔註33〕。

　　琉球官生的課程則由淺入深，先以《小學》啟蒙，次學《近思錄》再進入《四書》、《五經》。有關《小學》、《近思錄》、《四書》、《五經》的內容、重要性，秦國經有詳細的介紹〔註34〕，在此不贅述，列成表4－7供參考。

表4－7：清國時期官生使用教科書

教科書名	作者編者	內　　　　　　　容
《小學》	宋朱熹編	儒家有關倫理的言行，分內外二篇，內篇有《主教》、《明倫》、《敬身》、《稽古》，外篇有《嘉言》、《善行》，兒童啟蒙必讀課本。
《近思錄》	朱熹編	北宋周敦頤、程顥、程頤、張載等人言論，622 條，分「道體」、「為學」、「致知」、「存養」14 門。
《四書》		《倫語》孔子弟子及其再傳弟子關於孔子言行的紀錄 21 篇。 《孟子》記載亞聖孟軻的政治活動、政治學說、哲學思想、倫理道德。 《大學》講格物致知誠意正心修身齊家治國平天下的道理，南宋以後理家講倫理政治哲學的基本綱領。 《中庸》道德行為的最高標準，提出誠者不勉而中不思而得從容中道。聖人也把誠看成世界的主體。 標準課本朱熹編《四書章句集注》
《五經》		《詩》詩經，中國最早的詩歌總集，分風雅頌三類共 305 篇，對中國的文學發展有深廣的影響。 《書》《書經》、《尚書》上古歷史文件及追述古代事蹟著作的匯編。 《易》易經《周易》含經傳兩部分，以八卦形式推測自然和社會的變化，陰陽兩種勢力的相互作用是產生萬物的根源。 《禮》《禮記》《小戴禮》49 篇，為秦漢以前各種禮儀論著的選集。 《春秋》編年體春秋史共 242 年孔子編纂

資料來源：秦國經，〈清代國子堅的琉球官學〉，中國第一歷史檔案館編，1995，《明清檔案與歷史研究論文選 1985.10～1994.9》，北京：國際文化出版。

〔註33〕　秦國經，〈清代國子監的琉球官學〉，頁 1024～1205。
〔註34〕　同上註。

修習正課之前，有新生訓練，訓練內容包括：

1、介紹當時的情勢、中國和琉球的地理位置。

2、對諸生耳提面命，端正其入學目的，勿以利祿爲務，要以修身、齊家、治國、平天下爲目標。

3、教以學習方法，讀書要辨正僞、要有本原、有次序、有綱領，循序漸進。

三、勤學制度

錯過官生選拔時間或能力不及的人，可以自費方式到福州學習，但必須先經首里王府許可。這種自費學習的，也就是琉球史上的「勤學人」，亦簡稱「勤學」〔註35〕。勤學制度確實開始於何時不詳，根據目前可查的資料應在1465 年之前。

官生的經費由明國、清國支付，所以學者通常稱勤學人爲私費留學生〔註36〕。早期確實如此，但是近世琉球（1609～1879），在薩摩「禁和風顯唐制」的政策下，積極引進中國文物和制度，從 1663 年開始王府派遣蔡彬、周國俊、曾永泰三人前往福州「學文習禮」〔註37〕，各給主從錢糧，此一時期把勤學人看成技職體系國費生應該更爲恰當。

勤學人的年齡，有老有少，有二十出頭的（蔡彬 21 歲），也有已達不惑之年的（梁淵）。初階的語言學習在琉球館（柔遠驛）內設學堂，師資和教材不詳〔註38〕，專業技能則採取個人拜師學藝的方法，例如，魏士哲向福建汀州府黃會友學補脣術；蔡溫拜劉姓地理師學習地理事；金溥受命從閩人李爾燦學養鷹法，又從閩人何彥開學鑑硯之法。最初沒有學習年限，1731 年時規定上限 7 年。

〔註35〕 根據深秋澤人的考證，清史料從未出現過「勤學人」的記載，表示明清官方並不把這批技職學生視爲留學生來對待。深澤秋人，〈清代における琉球使節の再檢討——渡唐役人としての勤学人を中心に——〉，第六屆中琉歷史關係學術研討會籌備會編，2000，《第六屆中琉歷史關係學術研討會文集》，北京：中國第一歷史檔案館，頁 257～258。

〔註36〕 球陽研究会編，《球陽　原文編》，頁 63。

〔註37〕 琉球新報社編，《新琉球史　近世編（上）》，頁 224。

〔註38〕 浦添市教育委員会，1988，《琉球——中國交流史をさぐる》，浦添：浦添市教育委員会，頁 133。

第三節　久米村人的琉球語使用

　　我們在本章前言提到，琉球王國在被日本納編之前，也就是從 1429 年王國統一到 1879 年琉球處分為止的 450 年之間，一直以首里方言為主體的琉球語作為王國通用語，那麼，琉球語具體來說是什麼樣的語言？從以下沖繩大學法經學部助教授屋嘉比收在一篇討論「沖繩人」被「日本人化」的文章序言可以了解一般沖繩人所了解的琉球語（沖繩語）：

　　　　琉球沖縄と日本語との関係は思いのほか深い。（中略）すなわち、書き言葉としての文字においては、琉球沖縄では、古琉球の時代から日本語の平仮名が使用されていたが、日常的な話し言葉においては、日本語ではなく沖縄語が使用されていた〔註39〕。

　　　　（琉球沖繩和日本語的關係出乎想像的關係深遠。（中略）。也就是說，書寫的文字方面，琉球沖繩從古琉球時代就使用日本語的平假名，日常的口語方面，不是日本語，而是沖繩語。）

　　在屋嘉比的認知裏，口語的日語和沖繩語是兩種不同的話，書面語自古就使用日文的系統。筆者同意其對口語的看法，但書面語是否如此則有待澄清。的確，琉球在成為日本的一縣之後，頂層語言也由過去通行 4 個半世紀的琉球語改換成日語，兩種語言雖然在學術研究上被歸為同一語族的本土方言和琉球方言，但實際上是無法溝通的，應該視為兩種不同語言。

　　書面語方面，我們要強調的是「借用」而非「使用」，而且是完全借用，在借用日語的平假名這套表音文字系統來表記琉球語之後，已經自成一套琉球語音表記系統〔註40〕（明陶宗儀稱為科斗書），簡單地說，是一套表音系統用在兩種不同語言的表記上，就如同今日台灣原住民族借用羅馬拼音來表記 16 族不同語言一樣。

〔註39〕屋嘉比收，〈「日本語」「日本民族」の編成でいかに翻弄されたか──沖縄の郷土史家・島袋全発の軌跡〉，古川ちかし、林珠雪、川口隆行，2007，《台湾・韓国・沖縄で日本語は何をしたのか──言語支配のもたらすもの》，東京：三元社，頁 155。

〔註40〕《中山傳信錄》有「琉球字母四十有七，名伊魯花，自舜天為王時始制。或云即日本字母，或云中國人就省筆易曉者教之，為切音色記，本非字也」。對照日文，琉球字母確實是日本字母的全部借用，但「或云中國人就省筆易曉者教之，為切音色記，本非字也」告訴我們，可以把琉球字母理解成一套標音系統。

　　沒有釐清這個觀念的後果，導致琉球人一直受「日琉同祖論」的束縛，無法脫離日本，也註定了琉球民族被日本民族玩弄的命運，當然久米村人也被左右在其中。以日本文字爲琉球‧沖繩書面語的觀念之所以根深柢固在沖繩人腦中，除了語言學家要負部分責任外，提倡「日琉同祖論」的向象賢和伊波普猷更是問題的關鍵。以下先就琉球口語與書面語的發展史做一概觀，再論久米村人的琉球語使用情形。

一、琉球語文發展概觀

　　大凡一個民族，先有語言，後有文字，琉球民族也不例外。1265 年佛僧禪鑑自日本來琉，傳入佛教、文字（漢字、平假名）、大和文學，於是琉球語和文字有了聯繫。1429 年尙巴志統一琉球，王國成立，首里王府以推行首里方言爲主體的琉球語爲全國通用的標準語，一直到 1879 年被納入日本版圖爲止。

　　書面語方面，明陶宗儀的《書史會要》稱 1372 年琉球向明國朝貢時所用的表文文體爲「科斗文」〔註 41〕，最早出現在琉球‧沖繩史的書面語記載。15 世紀末到 16 世紀初，大量出現以琉球文（科斗文，借自日文平假名）表記的墓誌、金石文、歌謠集，有 1494 年的「おもろ大やくもい」的石棺，1501 年「たまおどん」碑文，1531 年的《おもろさうし》第 1 卷等，據此推斷琉球文趨向定型化〔註 42〕。

　　接著進入科斗文與漢字的混合體時期，島津入侵後，科斗文與漢字的混合體〔註 43〕（和文的完全借用）和漢文雙書面語並存，形成「三語二文」的局面，「三語」是琉球語（琉球國內通行）、日語（對江戶朝貢時用）、官話（對明清國朝貢時用），二文是琉球文（科斗文＋漢字的混合體，形式與和文完全相同）和漢文。此一發展和國王授予的人事派令「辞令書」的型式（參

〔註41〕眞境名安興‧島倉龍治，1912，《沖繩一千年史》，那霸：沖繩新民報社，頁375。《中山傳信錄》有「元陶宗儀云，琉球國職貢中華所上表，用木爲簡，高八寸許，厚三分闊五分，飾以髹，釦以錫，貫以革，而橫行刻字於其上，其字體科斗書。」，明和丙戌五月　平安蘭園藏板，頁 240。

〔註42〕外間守善，〈序章　沖繩の言語風景〉，收於大野晉編，《岩波講座　日本語 11方言》，頁 199～200。

〔註43〕由於科斗文與漢字的混合體是和文的完全借用，所以學者均直接以「和文」稱之，本文爲區別琉球書面語和日本語是兩個不同概念，以「科斗文與漢字的混合體」稱之。

見表 4-8），大致符合，這正說明了琉球文由簡入繁的發展進程。1879 年廢
藩置縣之後，日本採行日語單一語文的語言政策，初時久米村人仍以官話漢
文對抗日本語文，1895 年中日甲午戰爭，清國戰敗，久米村人選擇加入日語
陣營。

表4-8：「辭令書」表記形式進程

分　期	表記方式	例　　　　　子
1523～1608	平假名	天久里主所給賜辭令書（1536） しよりの御ミ事 　　にしはらまきりの 　　あめくのさとぬしところハ 　　にしのこおりの 　　一人くわんしやに 　　たまわり伸候 しよりよりくわんしやか方へまいる
1609～1666	平假名＋漢字	儀間村知行高三〇石給賜辭令書（1627） 首里の御み事 　　眞和志間切きま村より 　　知行高三拾石ハ 　　南風のこおりの 　　一人きまの大やくもいに 　　給申候 天啓七年六月廿二日
1667～1874	全文漢字	伊江家辭令書第一號（1717） 首里之御詔 　　伊江嶋惣 　　地頭者猶子 　　玉寄按司 　　給之 康熙五十六年丁酉四月二十三日

資料來源：高良倉吉，1989，《琉球王国史の課題》，那霸：ひるぎ社，頁 64～139。

二、琉球語

（一）琉球語與日語

　　琉球語被現代日本語言學者〔註 44〕定位為日本的方言，理由在於音韻上
有嚴格的對應關係，而且從文法、構句法則等各方面，都可檢證出兩種語言

〔註44〕外間守善，《沖繩の言葉》，頁 4～6。

之間的同一性和類似性。然而，實際上兩種語言根本不能溝通。不能溝通的原因也是因爲音韻的關係——母音不同。琉球語的母音有 a、i、u 三母音，而日語有 a、i、u、e、o 五母音，按照外間守善的解釋，e、o 在琉球語方言化的過程中，分別被 i、u 所取代。我們從下列會話例句可以發現，句法結構雖然相同，但發音方面除了地名之外，其他地方簡直就是相差十萬八千里。

例　句	語言	表　記	發　音
你從哪兒來	琉球語	マーカラ　チャガ。	Ma-a-ka-ra chya-ga
	日　語	どこから　きたか。	Do-ko-ka-ra ki-ta-ka
我從東京來	琉球語	トーキョーカラ　チャービタン。	To-o-kyo-o-ka-ra chya-a-bi-ta-n
	日　語	とうきょうから　きました。	To-o-kyo-o-ka-ra ki-ma-si-ta

資料來源：外間守善，1981，《沖縄の言葉》，東京：中央公論社，頁 5。
說明：羅馬拼音由筆者標注。

（二）久米村人的琉球語

祖籍福建泉州、福州、漳州的久米村人如何學習琉球語，不得而知。從語言競爭角度來看，不論母語是閩南話或福州話，在頂層語言琉球語的琉球社會裏，日常生活和社交場合都無法發揮功能，因此很可能母語的地位在第 2 代發生動搖，從第 3 代開始，母語由閩語轉移成琉球語。目前琉球語裏還留有一些閩方言的語詞（參見表 4－9），就是久米村人語言轉用的最好證明。語言轉用的原因可能和人口少、和通婚有關。

表 4－9：琉球語中的閩方言詞例舉隅

詞　目	福州話	琉球語	詞　目	閩南話	琉球語
貓	貓宰　ma-iaŋ	majaa	紅薯	han tsɷ	hansu
小豬	ua ua?	?waa ?waa	桔子	柑 kam	kambu
豚（閹割）	touŋ	tujun	我，我們	gua, guan	gaa, waN
狗	犬 khɛiŋ	?in	母親	阿母 a bu	?abu
筍絲	suŋ si	sjunsii	親戚	外家 gua ke	?weeka
南瓜	金瓜 kiŋkua	cinkwaa	祖母	媽 mã	mma
蕹菜	uŋ tshai	?uncee	划船	ko tsun	ku3uN

巫婆	神媽 siŋ ma	sinma	舢板（三板仔）	sam pan na	sabani
豆腐乳	tau yo	toohujoo	簸箕	pua ki	boaki
海賊	hai tshei?	haicee			

資料來源：李如龍，1997，《福建方言》，福建：福建人民出版社，頁 134～135。

1、人口比例低

　　琉球自有人口統計以來，久米村人一直是少數民族，1654 年有 995 人，1690 年有 1,632 人，1729 年 2,838 人，雖然人口數成長，但 1729 年久米村的人口也只佔琉球總人口數的 1.63%（參見表 4－10）。還要注意的一點是，1654 年是在久米村移入政策實施之後，加入許多「擅漢語」琉球人，表示琉球語已經替代閩語或官話，成為久米村人的母語。

表 4－10：久米村人口數簡表

	1609 年	1654 年	1690 年	1729 年
久米村人口數	N／A	995 人	1,632 人	2,838 人
琉球總人口數	約 10 萬人	N／A	N／A	17 萬 3,969 人
比例	N／A	N／A	N／A	1.63%

資料來源：高良倉吉，1989，《琉球王国史の課題》，那霸：ひるぎ社，頁 306～310。

2、外婚比例高

　　以 1607 年移住琉球的毛國鼎（圖 4－3）和阮國（圖 4－4）為例來看，毛氏門中除了第 1 代國鼎的妻子鄭思玉是福建長樂人，第 4 代的世豐、第 5 代的如苞、第 6 代的眞伊是與久米村人的內婚外，其餘都是外婚。阮氏門中內婚比例也不高，第 2 代的思戶嫁給梁氏，第 6 代和第 7 代出現較高比例的久米村人聯姻現象外，其他均是外婚。久米村人外婚比例高的情況下，要維持閩語為母語並不容易。

三、久米村人的琉球文使用

　　清國時期在琉球官學擔任教習的潘相，花了 4 年的時間，與 1760 年入學國子監的琉球官生鄭孝德、蔡世昌、梁允治、金型等人，就《中山傳信錄》（1721）中的土音逐條辨析，正其訛舛，字母詳細審問，琉球書籍依官生所

圖4－3：毛氏門中婚域

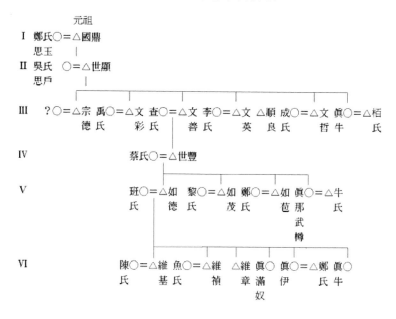

圖4－4：阮氏門中婚域

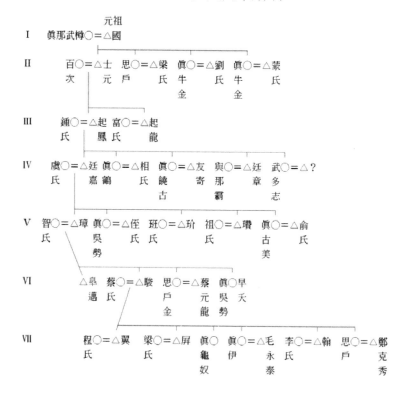

攜從人的誦聲分別記錄，編成《琉球入學聞見錄》（1764）中的字母、土音、誦聲（附教條）三項〔註45〕，是今人研究琉球語言文字的好材料。由於前例4名官生都是出身久米村，所以透過這些記載，可以了解久米村人琉球語的使用狀況。

（一）琉球字母47

琉球字母共有47個，《中山傳信錄》有眞、草兩種表記法，《琉球入學聞見錄》僅列一種，將其表記、漢音、現代音標列表對照如表4－11：

表4－11：琉球字母表記、語音對照一覽

表記漢音	イ依	ロ壜	ハ花	ニ義	ホ夫	ヘ揮	ト都	チ癡	リ利	ヌ樓
音標	[i]	[ru]	[pa]	[ni]	[pu]	[pi]	[tu]	[tʃi]	[ri]	[nu]
字母漢音	ル祿	ヲ烏	ワ哇	カ喀	ヨ攸	タ達	レ力	ソ蘸	ツ自	ネ你
音標	[ru]	[uo]	[ua]	[ka]	[iu]	[ta]	[ri]	[su]	[tsu]	[ni]
字母漢音	ナ那	ラ喇	ム某	ウ無	井沂	ノ奴	オ烏	ク姑	ヤ耶	マ馬
音標	[na]	[ra]	[mu]	[u]	[i]	[nu]	[uo]	[ku]	[ia]	[ma]
字母漢音	ケ基	フ呼	コ庫	エ而	テ梯	ア牙	サ沙	キ基	ユ欲	メ霉
音標	[ki]	[pu]	[ku]	[i]	[ti]	[a]	[sa]	[ki]	[iu]	[mi]
字母漢音	ミ米	シ實	ヱ意	ヒ須	モ莫	セ世	ス使			
音標	[mi]	[ʃi]	[i]	[pi]	[mu]	[ʃi]	[ʃi]			

資料來源：潘相，《琉球入學聞見錄》，沈雲龍編，1973，台北：文海出版社；丁鋒，1995，《琉漢對音与明代官話音研究》，北京：中國社會科學出版社，頁173～175。

（二）「和訓球音」讀漢籍

根據這個發音系統，就可以了解久米村人和琉球的知識分子如何讀漢籍。以「大學之道在明明德在止於至善」作例子，說明如下。

〔註45〕潘相，《琉球入學聞見錄》，沈雲龍編，近代中國史料叢刊版，1973，台北：文海出版社。

和式訓點：

大一學之道　　在明明一德　　在親民　　　　在止於至一善

（原文爲直書）

球音讀法：

大學ダイアカ　　之道ノミツハ　　明德メトタ　　明アチラカニスルニ　　在アリ
　　裂依牙喀　　　　奴米自職　　　　蠹都姑　　牙癡喇喀義使樣義　　　牙利

民タミヲ　　親アラタニスルニ　　在アリ　　至善シサミ　　止トロマロニルニ　　在アリ
　達米烏　　牙喇答義使樣義　　　牙利　　　實神義　　都魯馬魯義祿義　　　牙利

　　琉球人採「和式訓點，漢字球音」方式讀漢籍，漢文下方一、二、」爲
順序，上方爲讀音。大學之中有一直，表示大學二字相連，之字一撇一點，
明德、至善之中各一直，表示連讀。三個在字及親各一勾，表示後讀。明德、
至善上左右兩點表示先讀。大學二字旁的「ダイアカ」是琉球音，ダイアカ
底下的「裂依牙喀」是清朝潘相用漢字所注的音，雖不是完全貼近，但確有
助於我們了解當時琉球語的發音。

　　1908 年出生的仲井眞元楷（久米蔡氏門中），還能記得 8 歲時祖父教他的
《大學》篇，在接受口訪時，不僅朗朗上口，還特別強調是「沖繩」讀法。

　　……我是祖父教的。一到 8 歲，先從《大學》開始。「大学ノ道ハ明
　　德ヲ明ラカニスルニアリ，……」這可是沖繩讀法哦。大学ノ道ハ，
　　「ノ／no」讀「ヌ／nu」，「ヲ／wo」要讀「ユ／yu」，所以用沖繩
　　話，就要念成，大学ノ道ハ明德（ミュートゥク／myu-u-tou-ku）ユ
　　明ラカニスルニアリ。就是這樣教的。然後進中學才學漢文。……
　〔註46〕

　　上述例子中的順序標點是「和式訓點」，乃是日本人用來學習漢文的方
法。琉球人學習漢籍，除了派遣留學生到中國的國子監研讀之外，另外就是
招聘中國的儒者來琉球講學，如明國時期的毛擎台、曾得魯、張五官、楊明
州等人。後來設置司教、講解師、訓詁師等職位自己培養人才。1718 年在久
米村設置明倫堂實施正式的教育。至於和式訓點的方法，則是早在尙豐王代
（1621～1640），日本禪僧泊如竹來琉擔任尙豐王的老師時即已開始，泊如竹

〔註46〕 戸谷修・重松伸司，《在沖縄中国系住民の生活意識──文化接触の視点から
　　　　──》，頁 12。

在琉球逗留 3 年，大肆鼓吹朱子學，當時儒學都是用漢文記載，因此儒學漢籍的傳授，逐漸地從中國學者轉移到日本學者手上，以和訓方法學習〔註47〕。陳侃《使琉球錄》（1534）中有「陪臣子弟，凡民之秀者，則令習讀中國書，以儲他日長史通事之用。餘但從倭僧學書番字而已」〔註48〕，表示在受薩摩控制之前，已經是分而學之，優秀子弟學習高階的漢文，其他則學日本「番字」。薩摩控制之後反而採取「番人」方法學習高階的漢文。

第四節　久米村人的日語教育

從典籍的記載來看，久米村人可能早在 16 世紀就已經接觸或學習日語〔註49〕，蔡溫（1682～1761）所著的《御教条》是以「候文」的日本古文書寫的〔註50〕。不過，本節要討論的是琉球王國被納入日本版圖之後所接受的近代日本語。

19 世紀末下半葉琉球進入深刻變化和急遽變革的時期。1879 年日本明治政府以「琉球處分」的方式，廢琉球藩置沖繩縣，琉球與明國、清國持續了500 年的朝貢冊封關係正式劃上休止符。琉球王國解體，沖繩變成日本的一個地方縣，到二次大戰結束為止的 66 年期間，在從上而下的同化政策下，強力推行皇民化教育，沖繩人的母語琉球語被視為阻礙沖繩人近代化的罪魁禍首而備受排斥〔註51〕。為朝貢服務的久米村人也隨著王國的瓦解被迫捨官話而就日語。

一、對新教育的反抗與受容

政治和文化是共生關係，政治可以影響文化，文化也可以決定政治〔註52〕。琉球士族對於日本政府的巧奪王國政權，採取了兩種反抗方式。對外採取「脫清行動」（脫琉渡清），希望藉助宗主國清國的政治與軍事援助，達到琉球復國的目標；對內採「縣政不服從運動」，拒絕接受日本政府所頒發的職務派令

〔註47〕 眞境名安興、島倉龍治，《沖繩一千年史》，頁 377。
〔註48〕 陳侃，《使琉球錄及其他一種》，王雲五編，1965，《叢書集成簡編》版，台北：台灣商務印書館，頁 64～65。
〔註49〕 同上註。
〔註50〕 參見沖繩歷史研究，1967，《蔡溫選集》，那霸：星印刷出版部，頁 11～28。
〔註51〕 沖繩縣公文書館編，2002，《資料に見る沖繩の歷史》，沖繩縣，頁 7。
〔註52〕 蔣為文，2005，《語言認同與去殖民》，台南：成大，頁 202。

〔註53〕。對新式教育則採取公然的排斥態度。首里、那霸仍然持續舊式教育，學生和家長戲稱新學校教育為「假名文字教育」，在排斥新式教育之餘，對傳統的漢字教育則是持續的重視，在小學校就學的孩子回到家，仍然由父兄或私塾傳授漢籍教育。比嘉春潮〔註54〕在他的自傳中寫道〔註55〕：

> 入學前我們在家中由父親傳授古時候的教育，不知從幾歲開始，便和哥哥一起學習漢文的《道德經》、《三字經》、《小學》，上到《小學》卷二才進小學校。……我的父親當然會日本式漢文及和文，但不會說日本語，倒還擺著架子說：「這樣下去怎麼行」。

輕視「假名文字教育」的結果，導致部分久米村人子弟學習上的困難。石原世昌回憶說，「明治三十（1897）年我十歲進學校。年紀相差三、四歲的人約有一百多人集合在一起。……很多人因為只上假名和少數的漢字，覺得太簡單，很無聊而休學。對學過漢學的人來說，實在無法滿足，但是日後這些人都無法流暢地使用日本語」〔註56〕。

反對新教育的，不僅是久米村人，也包含其他首里、那霸士族，可是日本政府卻把久米村人貼上頑固黨的標籤，並且把久米村人視為同化成功的最後指標。住在牧港（舊藩時期屬於泊村）1893（明治26）年出生的嘉数吉昌在《那霸市史》所做的口述說〔註57〕：

> 父親非常頑固，我們父子都結髮，他也不讓我和其他小孩一樣去上小學校，而是請久米村的真榮田先生來教我文字。當時朗讀是一切學問的開始，所以我和老師對坐，老師右手拿著20公分長的竹子指著三字一句的三字經反覆唸誦，我跟著朗讀。

日本政府視久米村人為頑固份子的原因有二，一是政治上，二是文化上，

〔註53〕 金城正篤等，《沖繩県史の百年》，頁77～81。

〔註54〕 比嘉春潮（1883～1977），沖繩歷史研究者。父親是首里低階士族譜代士，幼年期接受「廢藩士族」式教養，少年期遭受舊慣溫存期正統派首里士族的歧視，又歷經地方制度改變所導致的貧苦生活。青年期眼見農村社會的貧困、大和人支配沖繩社會、沖繩的停滯性和後進性，形成春潮溫和開朗以及反骨兼具的個性。

〔註55〕 比嘉春潮，1997，《比嘉春潮 「沖縄の歳月 自伝的回想」》，東京：日本図書センター，頁10～11。

〔註56〕 那霸市史企画部市史編集室，《那霸市史 資料編第2巻中の7 那霸の民俗》，頁658。

〔註57〕 那霸市史企画部市史編集室，《那霸市史 資料編第2巻中の7 那霸の民俗》，頁660。

分述如下。

（一）政治原因

遠因是脫清人之一的林世功爲抗議琉球分割案在北京自決，阻礙了日本立即併吞琉球的美夢。近因是廢琉置縣前，琉球內部有日清兩屬派與日本專屬派的論爭，置縣後則轉爲獨立派、自治派、以及日本本土來的寄留商人、官吏、警察、教員等內地人所形成的日本合併派三派相爭不下的局面，而琉球獨立派的據點就設在久米村內〔註58〕。獨立思想自不見容於日本政府，因其急欲同化琉球人爲日本人，以建立近代化獨立民族國家。因此，對久米村人的特別關注乃是必然之事。

（二）文化原因

明治政府的國家政策爲「富國強兵」的近代化政策，其中蘊含著「脫漢」的深層目的。脫漢的本質是要擺脫大中國的政治與文化框架，以達成民族國家的完全獨立。日本雖然未曾被中國統治過，但自唐朝以來，就開始學習漢字，遵守四書五經的儒家教訓，深受漢文化的影響。爲了脫漢，日本在19世紀末有語言文字改革運動，主張全部使用「假名」，主張「羅馬字化」、限制漢字使用數量，最後以限制使用漢字的方法來完成脫漢〔註59〕。在脫漢運動之下，過去以說漢語、寫漢文爲業的久米村人當然被視爲眼中釘。

日清戰爭（即中日甲午戰爭，1895年）之後，情形改觀，日本獲勝，一心期待「黃色軍艦」到來的獨立派，也只好死心，迅速投入日本政府所安排的教育體制，此一趨勢從兒童就學率就可看出端倪，1886（明治19）只有4.15%，1900（明治33）年52.79%，1901（明治34）年跳升到71.63%〔註60〕。

「琉球新報」在1898（明治31）年陸續刊登教育普及的消息，文中把久米村人描述成守舊頑固分子，把久米村人子弟的高就學率視爲同化教育成功的指標。文中其實也反應了久米村人在日清戰爭後的心境。

> 厭惡小學校教育，在明倫堂僅教授漢字的久米，日清戰爭後的明治
> 三十年，有160名兒童進入小學校就讀，成績良好（明治31年4

〔註58〕 高良倉吉・豐見山和行編，2005，《琉球沖繩と海上の道》，東京：吉川弘文館，頁133～134。
〔註59〕 蔣爲文，《語言認同與去殖民》，頁2～23。
〔註60〕 企畫部市史編集室，《那霸市史　通史篇第2卷　近代史》，頁221。

月琉球新報）。

　　……尤其是那霸區內字久米人（閩人裔孫），廢藩置縣以後，雖加以
百般勸諭，固守舊套，牢不可動。今已從舊日迷夢醒來，幾乎完全
勸其子弟就學，人數達於一百五十名，實為普通教育普及上，可悅
之現象……（明治 31 年 7 月 19 日琉球新報）

二、日語教育內容

（一）師資

　　日本本土有相當比例的寺子屋師匠、藩校的儒者、神官，可作為新式教
育的師資，沖繩沒有這樣的條件，因此設立「會話傳習所」培養師資。

（二）教材

　　廢藩置縣初期，小學校使用的教材分為普通學和修身科，普通學有《小
學讀本》、《小學入門乙号》、《地誌略》、《國史略》、《算術》、《沖繩對話》，修
身用《論語》。1882（明治 15）年頒佈「小學校教則綱領」後，教育體制漸臻
健全〔註 61〕。教則規定，學科分為初等科、中等、高等，初等修身、讀書、
習字、算術的初步會話、體操，中等科加上初步的地理、歷史、圖畫、博物。
高等科則從缺。

　　這些規定乃是內地教育政策的延伸，但在語言的使用上，琉球語和日語
差異實在太大，因此另編《沖繩對話》教授標準的日語。沖繩學之父伊波普
猷所監修的《琉球語便覽》中的〈凡例〉提到，「《沖繩對話》是置縣後數年
間，沖繩縣各小學校使用的日本語會話教科書。託此書的福，沖繩縣人逐漸
能夠使用標準語……」〔註 62〕。編者意在讚揚沖繩縣廳學務課編纂《沖繩對
話》的功勞，然而稱日語是「標準語」而非「普通話」，無意間透露了視沖繩
人非「日本人」的潛在意識。

　　《沖繩對話》分上、下卷，共八章，依序分別是四季之部、學校之部、
農之部、商之部、遊興之部、旅行之部、雜話之部、單語之部。編輯方法與
官話的學習順序剛好相反，由句子（參考例句）開始學習，單語類似附錄，

〔註 61〕企画部市史編集室，《那霸市史　通史篇第 2 卷　近代史》，頁 218～220。
〔註 62〕糖業研究會出版部，1916，《琉球語便覽》，東京：糖業研究會出版部，凡例
　　　　（1）。

放在最後一章。這說明了官話對久米村人來說等同外國話，而《沖繩對話》的編者沖繩縣廳學務課認為，日語和琉球語乃姊妹同源語，不必從單詞開始學習。

有學者認為，漢字的缺點多，如欠缺表音功能，欠缺複音詞概念，欠缺精確性，筆畫多，不易學不易記，字數多，印刷打字、電腦化不方便〔註63〕等等。對既會琉球語、又諳官話、且擅長漢字書寫的久米村人而言，漢字的缺點反而是優勢，從完全漢字書寫體系的官話到只有1900個漢字的日語，久米村人應該比一般沖繩人更快學會說日語。

例句：今天　　眞是　　好天氣

今日ハ　　誠ニ　　長閑ナ　　天気デゴザリマス。（日語）

Kyōwa　　makotoni　　nodokana tenkidegozarimasu

チュウ　　ヤ　　マクトニ　　イー　　テンチ　　デービル。

（琉球語）

Chu　　　ya　　makuto ni　yii　　tenchi　　dēbiru

三、日語勝利，官話敗退，民族認同消失

在明治政府強力實行日話的單一語言，刻意切斷琉球與漢文化的臍帶的政策下，官話逐漸失去用武之地，久米村人的官話學習，從廢藩前正式的教育機構──明倫堂，退回到私塾、家庭，繼而退到一年一度的孔廟釋奠大典，二次大戰之後，完全消失。

1878年出生的毛氏門中子弟桑田克英〔註64〕（1878～1940）就是一個典型的從廢藩時代舊式私塾漢學教育過渡到明治新制教育的例子，由於官話在沖繩社會失去舞台，政治、經濟地位一落千丈，桑田克英一生輾轉在福州、

〔註63〕蔣爲文，《語言認同與去殖民》，頁5。

〔註64〕桑田克英，號枕流。久米村士族毛氏後裔，少年時代主要在久米村私塾學習。1898年日本在沖繩實施第1次「徵兵令」，爲了躲避徵兵，乘坐琉球的傳統漁船サバニ（sabani）前往福州，1901年回沖繩。滯留福州期間，精研漢學，日俄戰爭時以日本軍的身分前往中國大陸。1907年任職縣廳學務課，1916年退休，開設系圖（家譜）翻譯所，1917年開始在名護經營出版業7～8年，因經營不善，回到那霸。之後教授滿州語、北京話，爲人算卦，與屋良朝陳等人刊行琉球王代文獻，全力投入琉球漢籍的研究，生活也因此陷入窘境。62歲病歿。沖繩大百科事典刊行事務局，《沖繩大百科事典　上卷》，頁1002。

那霸、名護、滿州，最後回到那霸，終其一生，窮苦潦倒。

　　1979 年戶谷修、以及協同研究者石川賢作對久米村耆老口訪，從口訪內容可以知道，日本國時期出生的久米村人已經完全不會說官話，而像桑田克英這一輩排拒日語教育的人，僅能在家教教孫子簡單的官話，除此之外，就是在對久米村人具有重大象徵意義的孔廟釋奠大典苟延殘喘。口訪記錄[註65]如下：

（一）仲井真元楷（男，1908 年生，蔡氏門中渡琉第 20 代）

　　戶 口：　老一輩的人家，還懂一些簡單的中國話，是嗎？

　　仲井真：懂啊！我 8 歲的時候，祖父還健在。那時祖父一點兒一點兒教我北京話。チンヂー（chin-jii／今日），沖繩話說チューヂー（chyuu-ji）。チンヂー。チューヂー。ミンヂー（min-jii）。アチャー（aa-chya），是明天的意思。就這樣中國話和沖繩話連在一起教我。以前就像外國話的教法。還有イー（ii／一）、アル（aru／二）、サン（san／三）、スー（suu／四）、ウー（uu／五）、リュウ（ryuu／六）、チー（chii／七）、パー（paa／八）、チュー（chyuu／九）、シー（sii／十）也是從小就學會的。

　　戶 口：　在哪兒學的呢？

　　仲井真：在久米……。

　　戶 口：　久米的什麼地方？私塾嗎？

　　仲井真：不是，在自己的家裡[註66]。（後略）

（二）八木明德（男，1911 年生，鄭氏門中渡琉後的第 20 代）

　　石川：這個祭祀（釋典）也是以中國話進行嗎？

　　八木：用中國話進行。什麼拜拜（パーイパーイ／paai-paai）啦、跪興（クーイシーン／kuui-siin）什麼的。像「クーイ（跪）」就是坐下，「シーン（興）」就是站起來的意思。（後略）

　　石川：那這些簡單的中國話是八木先生你們父母教的嗎？

〔註65〕本文所使用的口訪記錄為日文，由筆者譯成中文。
〔註66〕戶口修・重松伸司，《在沖繩中國系住民の生活意識──文化接触の視点から──》，頁 11。

－151－

八木：不不，我父親輩已經不會說中國話了。我祖父經常到福州求
　　　學問還會說，⋯⋯。

　　2003 年追手門學院大學重松伸司所領導的研究團隊，針對「在日華人系
知識人的生活意識調查」進行的口訪，採訪人爲該大學文學部教授李慶國及
松家裕子，報導人是當時久米崇聖會事務局長上原和信，1936 年出生，乃鄭
氏門中的子弟。從口訪資料我們有理由可以相信，久米村人在接受日語教育
120 年以後的今天，已經完全放棄祖宗的語言，也就是經歷全面的語言轉移之
後，他們對「閩人」的身分認同已經模糊，甚至可以說，一個新的「久米」
認同逐漸形成，而這個認同和中國血緣脫勾，不以中國血緣爲認同的核心。
更確切的說，久米村人自認爲既不是華僑，也不是華人，而是一群和其他沖
繩人不同的特殊沖繩縣民。口訪記錄〔註67〕如下：

李：　　剛剛提到對小孩的家庭教育問題，具體是怎麼教呢？譬如你
　　　　會告訴孩子說，「你們是中國系日本人」？還是說「你們和周
　　　　遭的人是不一樣的」？

上原：嗯⋯⋯現在，就如李教授說的一樣，我們不用中國系這類的
　　　詞，不過，會告訴孩子，「你們和周遭的人有些不同喔」。因
　　　此經常告誡他們要注意行爲舉止。這裏的山之上中學校和福
　　　州外國語學校是姊妹校。剛開始的時候我的孫子被選中前往
　　　交流。當時第一次，嗯，該怎麼說呢。他在感想文中提到：
　　　老是聽你們說：「你們和那些人不一樣」，當時並不了解這句
　　　話的意思。去了（福州）看過之後，哦，才明白原來是這麼
　　　一回事。

松家：那是幾年前的事呢？

上原：2 年前吧？

松家：那是最近的事。

上原：是的。

松家：意思是說，不是因爲從中國來而不一樣，而是因爲是久米人，
　　　是久米村人的子孫的關係？

〔註67〕重松伸司代表，2004，《在日華人系知識人の生活意識調查——沖繩久米崇聖
　　　会孔子祭の儀礼慣行調查および沖繩久米崇聖生活慣行の聞き取り調查》，追
　　　手門学院大学研究成果報告書，頁 51～52。

　　上原：嗯，他指的是久米人。不過都是我內人在教孩子。我不曾說
　　　　　過。

　　松家：是尊夫人跟孩子說的啊。

　　上原：是的，因爲內人也是久米出身的……。

小　結

一、久米村人語言使用環境多元

　　久米村人的語言使用經歷過幾次變化。最早的「閩人三十六姓」來自福
建泉州府南安縣（蔡崇）、福州府閩縣（林喜、金瑛）、福州府長樂縣（鄭義
才、梁嵩），漳州府龍溪縣（王立思、阮國、毛國鼎），各有其獨自或近同的
方言（參考附錄4-1）。定居琉球那霸之後，爲了與當地人溝通及工作事業的
需要，或因爲通婚關係，學會琉球語；向明國朝貢必須說漢語官話，代表琉
球王國到南海諸國交易時，以閩南話與福佬海商或當地華人溝通；1879 年琉
球王國解體，納入日本國家體制之後，改學日語（參考圖4-5）。

圖4-5：久米村人使用語言關係圖

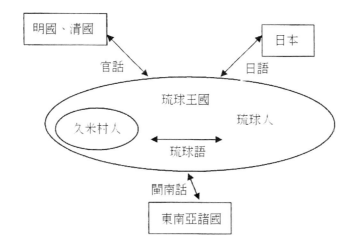

二、族語流失，邊界模糊

　　久米村人祖籍福建泉州、福州或漳州，初到琉球，母語閩語是與琉球人
之間的民族邊界。定住琉球之後，開始學習琉球語，同時學習官話執行對明

國、清國的朝貢任務，此時官話是久米村人和琉球人的民族邊界。1798 年首里國學成立，琉球王府開始大量培養官話人才，官話作爲區辨民族邊界的效用又逐漸消失。1879 年琉球王國被完全納編在日本體制之下，久米村人、琉球人成爲日本國民，學習日語，至此語言已經不再是久米村人與琉球人或日本本土人的邊界（參考圖 4－6），久米村人認爲自己既不是華僑，也不是華人，而是日本沖繩縣民，而且是一群祖先從福建來、對琉球王國時代有極大貢獻、與其他琉球人不同的日本沖繩縣民。

圖 4－6：久米村人語言使用變遷

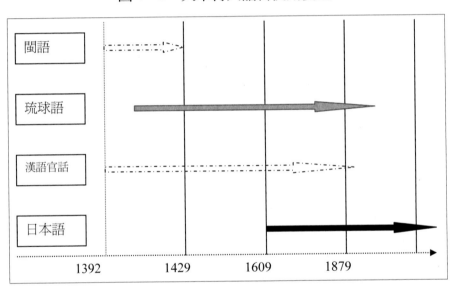

附錄 4－1：久米村人祖籍一覽

		開基祖	原　　籍	渡琉年 / 入籍年
閩人三十六姓	1	蔡　崇	福建省泉州府南安縣	洪武 25 年（1392）
	2	林　喜	福建省福州府閩縣	洪武永樂年間
	3	金　瑛	福建省福州府閩縣	洪武 25 年（1392）
	4	鄭義才	福建省福州府長樂縣	洪武 25 年（1392）
	5	梁　嵩	福建省福州府長樂縣	永樂年間
來由不詳	6	紅　英	福建省福州府閩縣	洪武永樂年間
	7	陳　康	福建省福州府閩縣	永樂年間

補三十六之缺中國人	10	鄭肇胙	福建省福州府長樂縣	嘉靖年間（1522～1566）
	11	蔡宗貴	福建省福州府	嘉靖年間（1522～1566）
	12	王立思	福建省漳州府龍溪縣	萬曆 19 年（1591）
	13	阮　明	福建省漳州府龍溪縣	萬曆 19 年（1591）
	16	林世重	琉球	萬曆 3 年（1575）
	8	阮　國	福建省漳州府龍溪縣	萬曆 35 年（1607）
	9	毛國鼎	福建省漳州府龍溪縣	萬曆 35 年（1607）
	14	陳　華	福建省漳州府	萬曆 45 年（1617）
	15	楊明州	浙江省台州府	順治 5 年（1648）
精通漢語或航海術的琉球人	16	林世重	琉球	萬曆 3 年（1575）
	17	蔡　塵	琉球	萬曆 38 年（1610）
	18	梁守德	琉球	萬曆年間
	19	周文郁	琉球	崇禎年間
	20	孫良秀	琉球	順治 2 年（1645）
	21	曾志美	琉球	順治 13 年（1656）
	22	程泰胙	琉球	順治 13 年（1656）
	23	魏瑞麟	琉球	康熙 8 年（1669）
	24	林胤芾	琉球	康熙 9 年（1670）
	25	李榮生	琉球	康熙初年

資料來源：富島壯英，〈明末における久米村の衰退と振興策について〉，收於中琉文化經濟協會編，1987，《第一屆中琉歷史關係國際學術會議論文集》，台北：聯合報文化基金會國學文獻館，頁 481～482。

第五章　久米村人的宗教信仰

　　閩人三十六姓於明洪武年間從福建渡海來琉，初時在家屋、服裝、風俗習慣方面都還保持著明國時代的生活樣式。1644 年清國取代明國，那霸的閩人三十六姓子孫──即久米村人，仍以身為明人後代自豪，不願依順滿州人辮髮習俗，但也難以繼續保有明國的服飾、習俗。1650 年前後，久米村人的結髮方式改為欹髻（カタカシラ／ka-ta-ka-si-ra），與琉球人同化，即結髮在頭頂右側。

　　明亡清立對久米村人是一大衝擊，結髮方式的改變是久米村人改風易俗的開始，從此生活樣式全面琉球風，與那霸人、首里人通婚也應是從此時開始盛行，而冠婚葬祭等風俗習慣也隨之改變。

　　趨勢雖然如此，但歷時久遠的風俗習慣要連根拔起並不容易，尤其是久米村人引以為傲的傳統思想文化儒教和道教兩種精神文化，一直到現在都還依稀可辨，可見其影響之深厚。究竟儒教和道教的影響還存在在久米村人生活的哪些細節中？哪些部份又已經琉球化或日本化了呢？本章就祖先崇拜、天妃信仰（媽祖信仰）、年節祭祀來探討久米村人宗教信仰。

第一節　祖先崇拜

　　祭祀祖先是中國人的傳統習俗，是尊祖敬宗的的行動體現。祖籍福建的久米村人也不例外。久米村人的祭祖方式有家祭和墓祭兩種。

一、家祭

　　家祭，是以家庭為單位在居室之內舉行的祭祖活動。沖繩的居室結構依

身分而有別（圖 5－1 爲中等階層的居室結構），王子、按司、親方階級的宗家分別在御神の御前（ウカミヌウメー／u-ka-mi-nu-u-mee）、中前（ナカメー／na-ka-mee）兩處祭拜。御神の御前位於大広間（一番座）或中前（二番座）後方靠內側的地方，或是二樓的主座處。御神の御前處設神御棚（以下稱神壇），中前處設御靈前（以下稱佛壇）。中等之家則在ウフグイ（一番座）設神壇，ナカメー設佛壇。佛壇安置牌位，牌位上書有歷代祖先的氏名（照片 5－1），而祭祀祖神的神壇只放置香爐、花束、茶杯（照片 5－2）。

圖 5－1：琉球傳統家屋結構

資料來源：比嘉政夫，1987，《女性優位と男性原理──沖繩の民俗社会構造》，
　　　　　東京：凱風社，頁 74。
說明：琉球傳統家屋通常左右對稱建造，入門處有照壁（琉球話爲屏風 hinpun）。

照片 5－1：佛壇　　　　　　　　　　照片 5－2：神壇

　　舉例言之，金氏具志堅家的神壇有香爐兩座，香爐後面放置蒲葵（クバ
／ku-ba）扇二枚，祭祀自福建來琉的始祖金瑛。而佛壇安置始祖以下歷代祖
先的牌位。魏氏高嶺家的神壇置有高嶺家開基祖的牌位和香爐一座，另外置
有香爐三座祭拜與魏氏無關的神明〔註1〕。鄭氏上原家〔註2〕佛壇左置福建請
來歷代祖先的牌位，右邊是父親、祖父、曾祖父的三代近親祖先牌位。牌位
前香爐一座，香爐兩側有插有生花的花瓶。

　　牌位，沖繩史料記爲「神主」，乃儒教用語，佛教則稱爲「靈位」，沖繩
一般稱爲「トーイーフェー／too-ii-huee（唐位牌）」。牌位在古琉球期就已經
傳入沖繩，最早是尙円王代的時候，在天王寺（成化年間 1465～1488 的國
廟）、崇元寺、龍福寺設置王家的神主。王家神主的設置和儀禮都是先聽取久
米村的意見後才開始行事。牌位供奉雖然在 15 世紀中葉就已傳入沖繩，但直
到 17 世紀末設置系圖座以後，才在士族之間慢慢普遍起來，然後傳播到農村
百姓之家〔註3〕。

　　一年之中，家祭的次數很多，都是按照舊曆時序進行。家祭依規模大小
可分爲：

（一）每月朔望（初一、十五日）以神飯（ウブク／u-bu-ku）敬拜。

（二）每年春、秋兩回的彼岸祭，以豬肉、魚板、豆腐、昆布、糕餅、
　　　水果等祭拜。春祭約在新曆 2 月中旬，而秋祭約在 8 月中旬。

（三）忌日。忌日有七日忌、百日忌、一年忌、三年忌、七年忌、十三
　　　年忌、二十五年忌、三十三年忌。祭品有飯、清湯、炒肝、雜燴、
　　　三鮮、海參、全魚、雞羹、羊羹、蒸豬肉、鴨羹、豬內臟、蝦羹、
　　　燕窩等。

　　久米村人家祭的儀式非常愼重，前後共有 23 個步驟：正坐、禮（坐著）、
上香、正坐、合掌敬拜、起立、正坐、合掌敬拜、起立、正坐、合掌敬拜、
起立、正坐、合掌敬拜、敬酒、敬紙錢、合掌敬拜 4 回、焚紙錢、酹酒、酹
茶、正坐、合掌敬拜（1 次）、禮成。忌日的儀式則更爲愼重，完全比照祭孔

〔註1〕 那霸市企画部市史編集室，1979，《那霸市史　資料編第 2 卷中の 7　那霸の
　　　　 民俗》，那霸：那霸市企画部市史編集室，頁 444～446。

〔註2〕 2005 年 8 月田野調查。

〔註3〕 安達義弘，2001，《沖繩の祖先崇拜と自己アイデンティティ》，福岡：九州
　　　　 大学出版会，頁 81～85。

大典〔註4〕來進行〔註5〕。

二、墓祭

　　墓祭是以門中爲單位的祭祖活動，主要是清明祭。祖先祭祀與親族組織有極其密切的關係，沖繩親族組織原是以父母雙方血緣關係爲基盤所組成的網絡，社會人類學稱爲 bilateral，琉球話稱爲ウェーカ（ue-e-ka）、ハローージ（ha-ro-o-ji）、ウトゥザ（u-tou-za），近世琉球時期沖繩親族結構逐漸轉向以父系血緣爲主幹的網絡，形成「門中」（ムンチュー／mun-chyuu），門中在沖繩社會的脈絡中具有至爲關鍵的地位。

　　血緣網絡的改變，始於 1689 年首里王府設置監理家譜編纂的系圖座。系圖座以家譜的有無來區分「士族」和「百姓」的身分：有家譜的認定爲士族階層，而無家譜的是百姓。家譜的編纂、漢民族「姓」制度的引進和普及，改變了沖繩社會的祖先觀和血緣觀。換言之，沖繩人血緣觀、祖先觀隨著門中組織的普遍而改變，而系圖座的設置是則是形成門中組織的原動力。

　　門中是以共同祖先──因傳承而來的共同祖先──而結合的父系血緣集團，主要的社會功能爲祭祀祖先〔註6〕，門中的成員藉清明祭祀共同祖先群聚一起，在祭祖的儀式中強調彼此的血緣關係，以強化敬宗收祖效用，對外則有顯示家族力量和樹立家族聲望的意義〔註7〕。從金武山原鄉下回到那霸祭祖的王氏門中小渡克靜〔註8〕回憶說：

> ……入（墓）園手續結束，各自選好位置坐下。鄰座的人親切地問我從何處來，我說從金武山原來，他說從那麼遠的地方來眞是辛苦你了。不僅如此，接著還親切地告訴我說，人很多，所以鞋子要放在自己座位旁，保管好。……能和很棒的人見面，藉交談緩和緊張，眞是體驗到加深親近感、快樂的祭祀。

〔註4〕久米崇聖會的釋奠步驟有 19：釋奠祭禮開始、執事就位、祭主就位、啓扉、迎神、進饌、上香、初獻禮、祝文奉讀、亞獻禮、終獻禮、來賓上香、飲福受胙、撤饌、送神、燎祝文、闔門、撤班、釋奠祭禮終了。http://kumesouseikai.jp/gyouji/index.html，2007/9/27。
〔註5〕具志堅以德，《久米村の民俗》，頁 31〜37。
〔註6〕琉球大學公開講座委員会，1992，《沖繩文化研究の新しい展開》，沖繩：琉球大學学生部学生科，頁 148。
〔註7〕陳支平，2004，《五百年來福建的家族與社會》，台北：揚智文化，頁 173。
〔註8〕王姓門中資料4　編集委員会，2001，《久米村　王姓門中（槐王会）資料4》，那霸：王姓門中（槐王会），頁 18。

　　毛氏國鼎會舉行清明祭時，沖繩タイムス（沖繩兩大報社之一）的記者、沖繩縣廣報部（公關部）部長都前來參加〔註9〕。日本公共電視台 NHK 曾到梁氏吳江會採訪拍攝清明祭的實況〔註10〕。

　　比嘉政夫指出，清明祭是門中成員祭祀共同祖先的場合，不帶有類似選舉活動的政治性意味〔註11〕。過去的情形確然是如此，但時移勢易，目前已有改變的趨勢。2007 年時擔任沖繩縣知事的仲井間弘多（照片 5－3）出身久米村蔡氏門中，2006 年 11 月競選縣知事時所印製的宣傳小冊〔註12〕中，社會活動一欄就清楚地列出自己是「蔡氏門中會理事」，意味著門中會已經慢慢在選舉活動中被候選人作為訴求選票的所在。

照片 5－3：2007 年時任沖繩縣知事仲井間弘多（屬蔡氏門中）

資料來源：http://www.pref.okinawa.jp/chiji/2007/10/4。

　　清明祭是從中國傳來的祭儀，先在首里士族之間普及，再傳播到地方農村的庶民社會。清明在中國古代的曆法來說是二十四節氣之一，清明節的當天正好是從彼岸祭算起的第 15 天，約在西曆的 4 月 4 日至 5 日之間（舊曆 3 月），清明節氣為期 15 天。為了配合現代社會的作息步調，有越來越多的門

〔註 9〕　2003 年 4 月第二次田野調查。
〔註10〕　十周年記念事業実行委員，1991，《呉江会の永遠の発展を祈念して》，那霸：梁氏呉江会会長国吉順質，頁 46。
〔註11〕　琉球大学公開講座委員會，《沖縄文化研究の新しい展開》，頁 149。
〔註12〕　感謝沖縄キリスト教学院大学人文学科助教授本浜秀彦提供資料。

中選擇在進入清明節氣的第一個週日舉行清明祭，以方便路途遙遠的門中成員回到那霸的祖墓祭拜。

清明祭因地域和祭祀種類的不同而有不同的形式和禮儀，主要的有「カミウシーミー／ka-mi-u-sii-mii」（神御清明祭，以下同）和「ウシーミー／u-sii-mii」（御清明祭，以下同）兩種。神御清明祭通常由門中或ハラ（ha-ra）的成員出資，由宗家準備重箱，門中的女性神職人員（照片 5－4）及各家的男性代表聚集之後，到有血緣關係的古墓（按司墓）、ノロ（no-ro，祝女，古代女神官）墓等具有貴族身分或神權來歷的拜所祭拜。御清明祭則是由各戶自行準備重箱到近親祖先的塋墓前祭拜。御清明祭通常在神御清明祭之後舉行，由村的行政中心決定確切的日子，所以也稱「ムラシーミー／mu-ra-sii-mii」（村清明祭）。

久米村人主要以門中為單位，在入清明的第一個星期日，集合在琉球開基祖的墳前舉行清明祭，結束之後才舉行近親祖先的祭祀。調查所及，毛氏始祖毛國鼎的塋墓在那霸市安里，為龜甲墓形式；阮氏始祖阮國墳墓為在那霸市辻原，王氏門中始祖王立思（破風式墳墓）、梁氏始祖梁嵩、金氏始祖金瑛的墳墓都在那霸市。有的門中成員分散太廣，無法集中前來那霸祭祖，則是以繼承屋取（下鄉）始祖的宗家為中心，各自舉辦清明祭，門中會則以基金補助，如梁氏門中〔註13〕昭和59（1984）年4月8日舉行門中的清明祭，4月21日舉行具志川市古謝家親族的清明掃墓即屬此類。久米系門中目前舉行神御清明祭這種大範圍遶境的，只有毛氏國鼎會（詳情在第三節敘述），這也反映出久米毛氏門中的經濟實力。

主祭者為宗家子孫，不論年齡只論輩分。毛氏宗家与世山家，阮氏宗家為神村家，梁氏宗家為龜島家，王氏宗家為國場家。參加祭拜的成員基本上限定為男性，但未成年的女孩則不受此限制。近年來尊重女權呼聲高漲，同時也可能是希望更多成員參與，因此逐漸開放給女性成員參加。目前梁氏門中仍然只限男性代表參加清明墓前祭。

清明祭的祭品包括御三味（ウサンミ／u-san-mi）、糕餅、水果等（照片 5－5）。御三味為蒸豬肉、雞肉、魚，是久米村特有的祭品。祭拜時，首先以紙錢、御三味、糕餅、水果等祭拜左側〔註14〕（面向墓的右側）之後，才祭

〔註13〕十周年記念事業実行委員，《呉江会の永遠の発展を祈念して》，頁38。
〔註14〕左側，琉球話ヒジャイバラ／hijyaibara，左腹的意思，相當於守墓神、土地

拜墳墓。紙錢祭拜的順序與彼岸祭相同。紙錢是打有 35 個一文錢印子的稻草半紙，半紙長 34 公分寬 24 公分。祭拜時將紙錢摺成四折，三枚或五枚重疊擺載供桌上。

照片 5－4：　　　　　　　　　　照片 5－5：
著白衣者為神職人員　　　　清明祭的祭品（御三味在前）

第二節　天妃信仰（媽祖信仰）

　　歷來對琉球的天妃信仰研究，依研究視角的不同，主要分成兩類。強調中華文化如何傳播到琉球者，以早期的台灣學者和大陸學者為代表；另一類則是以日本學者為主的信仰圈論者。前者如劉顏寧從沖繩現存的宗教建築看中華文化對琉球的影響，認為琉球之民間信仰，仍然承襲中國閩南之諸神祭拜〔註15〕。另張紫晨指出，「洪熙元年（1452 年）明仁宗朱高熾曾賜 36 姓人至琉球，教化 36 島子孫，學習中國語言文字及中國文化。此 36 姓人均為閩人，不僅傳播了中國文化，而且繁衍了華裔子孫」〔註 16〕；徐恭生在〈明清冊封琉球使臣與媽祖信仰的傳播〉〔註 17〕中，強調冊封使臣在海上的事蹟使

　　　公，但沒有土地公的神像。
〔註15〕劉顏寧，〈從寺廟看中華文化在琉球〉，收於第二回琉中歷史関係国際学術会議実行委員会編集、發行，《第二回琉中歷史関係国際学術会議報告　琉中歷史關係論文集》，頁 639～652。
〔註16〕張紫晨，〈日本沖繩與中國南方若干習俗的比較〉，收於賈蕙萱、沈仁安編，1993，《中日民俗的異同和交流》，北京：北京大學出版社，頁 185～196。
〔註17〕徐恭生，〈明清冊封琉球使臣與媽祖信仰的傳播〉，收於北港朝天宮董事會・台灣文獻委員會編，1997，《媽祖信仰國際學術研討會論文集》，頁 31～44。

媽祖的封號不斷升遷，使臣們著書立說使媽祖的信仰廣爲流傳；曾麗名在〈媽祖信仰在日本〉〔註18〕則認爲：媽祖信仰乃是隨著福建航運交通和對外貿易的發展而廣爲傳播，凡海商、船員、華僑所到之處，就有媽祖信仰。另一類的日本學者如下野敏見則以傳說爲材料，把媽祖信仰劃歸在「女性犧牲守護男性」的信仰圈內，日本與沖繩因爲原本就有海神的信仰，所以容易接受媽祖信仰〔註19〕。而沖繩經常被拿來與媽祖信仰相比較的ウナリガミ（u-na-ri-ga-mi／女神）信仰，則被作者認爲「女性犧牲守護男性」的信仰乃是媽祖信仰的變形。

　　不論是傳播論者或信仰圈論者，焦點都放在接受外來文化的社會所發生變化的表象，而忽略了傳播文化的媒介主體——久米村人——本身也在變化。本節即針對此種變化，從民族邊界的視角，觀察這群來自中國福建地方的久米村人，在宗教信仰上如何維持自己的文化邊界。

　　民族學者林修澈認爲：民族的組成有民族表體、民族載體、和血緣三部分，民族表體內各組成分子的重要性，依序是：語言、宗教、民俗；民族載體則依序爲：社會、政治、經濟。載體與表體靠「血緣」連結在一起，「血緣」非表體亦非載體，屬於第三體〔註20〕（參見圖5－2）。語言、宗教、民俗是一個民族集團客觀的文化特徵，其變遷與當時的社會脈絡息息相關。以下首先檢視媽祖信仰在民族邊界上的有效性，再就當代社會天妃與孔子勢力消長的情形提出解釋。

一、天妃信仰作爲民族邊界的有效性

　　與久米村人的宗教信仰有直接關連的研究不多，築都晶子的〈琉球と中国の神々〉〔註21〕，爲我們提供了一個全貌性的概觀，該文主要在探討17世紀以後琉球如何受容中國傳來的信仰（以道教的天尊、天妃、關帝、龍王爲主），也觸及久米村人對琉球固有信仰的受容情形，但沒有提到明治時期以後

〔註18〕曾麗名，〈媽祖信仰在日本〉，收於許在全編《媽祖研究》，1999，廈門：廈門大學出版社，頁167～177。

〔註19〕下野敏見，1989，《ヤマト・琉球民俗の比較研究》，東京：法政大学出版局，頁202～208。

〔註20〕林修澈，《原住民的民族認定》，頁5。

〔註21〕築都晶子，〈琉球と中国の神々〉，收於遊佐昇・野崎充彦・增尾信一郎編，2001，《講座 道教第六卷 アジア諸地域と道教》，東京：雄山閣，頁152～176。

圖 5－2：民族組成結構圖

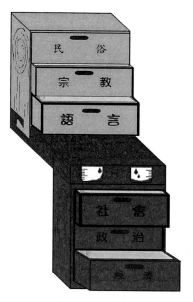

資料來源：林修澈，2001，《原住民的民族認定》，
台北：行政院原住民委員會。

的狀況。而李獻璋《媽祖信仰の研究》的第三章「唐人の琉球定住と媽祖の
傳來」，剛好補上這段空白。

　　由於沒有直接證據指出當初閩人三十六姓移居琉球時帶著什麼樣的神明
同來，只能從閩人三十六姓的祖籍（福州、泉州、漳州）推測，應該有媽祖
（在琉球稱做天妃）、天尊、和龍王。

　　琉球原本有三處天妃宮，依建廟的先後順序應該是久米村的上天妃宮、
王家下命所建的下天妃宮、久米島的天后宮。上、下天妃宮各有不同的功能，
可以看出宗教信仰在某一個時期裡，的確是久米村人和琉球人之間的一道邊
界（如表 5－1）。

表 5－1：上、下天妃宮比較表

	上天妃宮	下天妃宮
來源	可能是閩人 36 姓依閩地習俗所建	尚巴志命建
位置	唐營內	那霸
建廟年	可能在 1424 之前	1424

建築形式	中國風的空間	港町氣氛
功能	供奉媽祖 久米公議地 久米村子弟教育所 冊封船上媽祖的臨時供奉處	供奉朝貢船用媽祖 對明事務公所
信徒	有	無
祭祀	媽祖聖誕 年節 朝貢前	朝貢前的祈求平安 （17世紀以後登朝貢船）

資料來源：築都晶子，〈琉球と中国の神々〉，李獻璋《媽祖信仰の研究》的第三章「唐人の
　　　　　琉球定住と媽祖の傳來」。

　　已經有了久米村的天妃宮（上天妃宮），爲什麼尚巴志還要下令建廟呢？
李獻璋認爲有兩個可能性，一是明成祖因鄭和下西洋歸來上奏媽祖在海上的
庇護，除令各地修廟致祭外，並在南京龍江關建天妃宮，此後冊封船出發前
的祈福、歸來後的祭告都在天妃宮舉行。琉球因應情勢，關係天使往來的安
全的航海祭祀也都在天妃宮進行，但中山王府認爲祭祀不能完全假手唐營
人，於是命人另外建廟〔註22〕。所謂不能完全假手唐營人，可以理解成琉球
三山分立的時代，勢力最強大的中山王府尚未把唐營人視爲該國的人民，必
須另建天妃宮來回應當時明國對祭祀媽祖的重視。

　　第二種可能則是，修建下天妃宮作爲貢賜貿易的公所。築都晶子對此也
有相同看法，至少清道光、咸豐（1851～）年間負責那霸行政事務親見世役
人常在下天妃宮辦公，有時也會到上天妃宮與擔任公務的久米村官員商議
大事〔註23〕。以上兩個可能的理由都表示下天妃宮是官方爲公務而非民俗
所建。所以在汪楫（1684）來琉球時，由於沒有信徒，下天妃宮已經荒廢了
〔註24〕。

　　上天妃宮一直是久米村人的信仰生活的中心，不僅是冊封船滯琉期間供
奉船上媽祖的臨時處，也是平日處理朝貢文書的辦公室，更是教育久米村子

〔註22〕 李獻璋，1979，《媽祖信仰の研究》，東京：泰山文物社，頁479。
〔註23〕 築都晶子，〈琉球と中国の神々〉，收於遊佐昇・野崎充彦・增尾信一郎編，
　　　　 2001，《講座　道教第六卷　アジア諸地域と道教》，東京：雄山閣，頁152
　　　　 ～176。
〔註24〕 原本的市集搬離，也是導致下天妃宮荒廢的原因之一。感謝曾煥棋教授的指
　　　　 正。

弟的場所，可以說上天妃宮和久米村人的日常生活緊密結合在一起。在冊封使的眼裡，久米村的上天妃宮彷彿中國駐外使館，所以冊封船上的媽祖不入琉球王國所建的下天妃宮，而安奉在上天妃宮。總而言之，至少在清國停止冊封琉球王國〔註25〕之前，媽祖信仰確是一道民族邊界。

　　進入琉球的近代期之後，民間崇拜性質的上天妃宮，在江戶、明治時期已經沒有用作處理政府公務的記錄，甚至在大正年間被移作學校用地；而官方所建的下天妃宮則被江戶幕府做為辦理宗門改的事務所（如表 5-2）。

表 5-2：公領域

	上天妃宮	下天妃宮	出　　處
乾隆 24（1759）	官令改稱天后宮 民間仍以天妃稱之	官令改稱天后宮 民間仍以天妃稱之	重訂《中山世譜》 卷十尚穆王紀
江戶時期		舉行宗門改〔註26〕	
明治時期（1868～）		琉球人巡禮（遶境）必至之處	
大正年間（1911～）	改建成學校	改建成那霸郵便局	
1974	在天尊廟新建		

資料來源：具志堅以德，1988，〈儒教與道教〉，《久米村の民俗》，那霸：久米崇聖会，頁22～23。

　　相對於容許眾人祭祀的公領域——上、下天妃宮——私領域的個人家中，根據東京大學教授白鳥芳郎的調查和沖繩在地人東恩納寬惇的說法，可以歸納如表 5-3。繪有關帝聖君、福祿壽（照片 5-6、5-7）、天妃的神明圖是士族出身與百姓出身的界線，原本是民族邊界的道教神信仰，在 1960 年代末期已經轉化成區辨階級的一個符號。

〔註25〕 自明永樂 2（1404）年武寧王受封開始，至清同治 5（1866）年尚泰王受封為止，約 460 年之間，中國共遣使冊封琉王 22 次，其中明代 14 次，清代 8 次。參見吳靄華，1993，〈久米村人在中國冊封琉球王過程中所扮演之角色〉，《國立臺灣師範大學歷史學報》第 21 期。

〔註26〕 宗門改，每年的 12 月，在載有每個人姓名、身分、性別、年齡的木札上，燒印上〈更〉字，以町方（都會區）的村或間切為單位，各造一冊，然後由年頭使者帶回，向薩摩藩庁呈報。沖繩大百科事典刊行事務局編集，《沖繩大百科事典　上卷》，頁 910。東恩納寬惇，1950，《南島風土記》，那霸：沖繩鄉土研究会，頁 250。

表 5-3：私領域

	久米村出身者	舊那霸、首里士族出身	平民出身琉球人	備　　註
關帝聖君	○	○	×	1966～67 白鳥芳郎的調查
福錄壽	○	○	×	
天　妃	○	○	×	
千手觀音	○	○	○	東恩那寬惇的說法

資料來源：築都晶子，〈琉球と中国の神々〉，李獻章《媽祖信仰の研究》的第三章「唐人の琉球定住と媽祖の傳來」。

照片 5-6：石垣島白保村現存的　　照片 5-7：石垣市農家現存的
　　　　　福祿壽神掛軸　　　　　　　　　　福祿壽神掛軸

二、天妃與孔子的角力戰

　　1992 年是沖繩回歸日本 20 週年，日本各方紛紛展開各種慶祝活動，本土的 NHK 電視台播出以沖繩為主題的年度大戲──「琉球之風」〔註27〕，沖繩方面有三十幾位年輕人，以徒步的方式完成明清時代琉球國朝貢使從福州經

〔註27〕原知章，2000，《民俗文化の現在──沖繩・与那国島の「民俗」へのまなざし──》，東京：同成社，頁 149～205。

浙江省、山東省到北京覲見皇帝的歷史之旅〔註28〕。最爲突顯的，則是久米村人的後裔舉辦了盛大的「久米村600年紀念會」〔註29〕，從開始籌備到結束報告書出爐，共歷時2年10個月。從這次的動員，我們看到了久米村後裔急欲證明他們是一個不同於其他沖繩人的獨特群體。

紀念的方式有歷史講座、資料展、及設置紀念碑，主要在強調久米村人在海外交流及沖繩歷史所扮演的重要角色。展示部分包括久米村人的來歷、久米村人的役職、久米村人的文化民俗、以及現代的交流4個部分。久米村人對琉球沖繩社會的教育、宗教、藝術都有重大影響，但是在宗教信仰及教育層面都佔有極重要地位的天妃宮，在這次紀念活動中卻是缺席的，僅在期成會會報上的一個小角落略爲提及。反倒是孔子廟、釋奠祭成了展示活動中「久米村人的文化和民俗」的主角，再加上以久米村人爲主體的所成立的孔子廟管理委員會——久米崇聖會——積極地推廣、傳承儒教思想，不禁使人懷疑：久米村人後裔是否企望透過重振儒教來建構一道新的邊界。

久米村後裔何以捨天妃而顯孔子，可以從以下兩個方面來思考：（一）天妃信仰社會功能的轉變，（二）「士族＝知識分子」意識的復振。

（一）天妃信仰社會功能的轉變

媽祖又稱天妃、天后、天上聖母、娘娘，自古以來就以航海守護神著名。媽祖信仰源起於閩地，逐漸傳到中國北方、琉球、日本、東南亞各地。這種民間信仰對於從小接受儒家思想教化的知識分子來說，是「怪力亂神」、是非正統的。陳侃在《使琉球錄》〔註30〕（1534）就說：

> 神怪之事，聖賢不語；非忽之也，懼民之於惑於神而遺人道也。侃自早歲承父師之傳，佩「敬而遠之」之戒。凡禱祠齋醮、飛符饌水、誦經念佛之類，閭黨有從事者，禁之不可，則出避之或過其宮，則致恭效程子焉。

儘管對神怪之事敬而遠之，一旦受命出使琉球時，卻也能「爰順輿情，用閩人故事，禱於天妃之神」〔註31〕。對天妃顯靈一事，陳侃以公領域彰顯

〔註28〕　比嘉政夫，《沖繩からアジアが見える》，頁64。

〔註29〕　久米村600年記念事業期成会編集・発行，1993，《久米村600年記念事業期成会　報告書》，頁18。

〔註30〕　〈天妃靈應記〉，臺灣銀行經濟研究室編，1970，《使琉球錄三種》，台北：台灣銀行，頁35。

〔註31〕　同上註。

神蹟捐錢修廟立碑記事報告上級，同時不忘把功勞歸給皇上〔註 32〕。換句話說，當出使任務結束，媽祖也功成身退，不論陳侃自此以後是否成爲媽祖的信徒，至少在公開場合「不語神怪之事」。

　　相對的，琉球王國在與中國保持朝貢關係的 500 年之間，當有渡唐任務時，擔任副使通事等高級官職的久米村人，就會和首里籍的正使穿著正式朝服，先到上天妃宮祭拜，兩三天後才到那霸及那霸近郊寺社進行巡拜儀式，祈求航海安全〔註 33〕；在家中也有祭拜儀式，渡唐前首先選好吉日，在火神、觀音〔註 34〕、祖先靈前祈求航海平安，登船的四、五天前，到本家燒香，祝告之登船日期並祭拜，登船當天在火神、觀音、祖先靈前燒香報告即將出航，並和家人敬酒祈祝海上平安，待無事歸來，又舉行同樣的儀式〔註 35〕。

　　朝貢時代過去以後，21 世紀的現在，除了久米崇聖會的職員於每年舊曆 2 月 18 日、8 月 18 日準備御三味（ウサンミ／u-san-mi，指豬肉、魚、雞）、白色黏糕、饅頭（紅豆餡包子）、蜜柑、甘蔗、芭蕉，在與波上孔廟同一基地的天妃宮舉行兩次春秋例行祭拜外〔註 36〕，前來天妃宮祭拜的就只有琉球話稱爲ユタ（yu-ta）的靈媒，以及台灣來的觀光客〔註 37〕。總之，天妃航海守護的時代性任務結束，過去一元的神格屬性已經被交通安全、家庭平安、事業發展、農作豐收等現代功能所取代。

　　久米村人家中神明祭拜也發生變化，1960 年代白鳥芳郎調查所述的士族家中的關帝聖君、福祿壽、天妃的神明圖今日已不復見。筆者 2005 年 9 月的調查訪談可以肯定的爲此一變化作佐證，茲舉其中一例。在久米村人鄭氏後代上原和信的家中，客廳只有佛壇而無神桌，佛壇上有兩方牌位，一是供奉歷代祖先的遠祖牌位，據說是從福建原鄉帶來的；一是上溯三代的直系祖先，

〔註 32〕　「神之精英赫，能捍大患如此：謂非皇上懷柔，百神致茲効職哉！」臺灣銀行經濟研究室編，1970，《使琉球錄三種》，台北：台灣銀行，頁 35。

〔註 33〕　池宮正治，〈渡唐船の準備と儀式〉，中琉文經協會編，1999，《第 7 屆中琉歷史關係國際學術研討會論文集》，台北：中琉文經協會，頁 524。

〔註 34〕　據眞栄平房昭的研究，琉球天妃信仰的特徵乃與女性是男性精神守護神的オナリ神（onari／女神的意思）、觀音信仰混淆，所以他認爲這裏的「觀音」應該就是天妃。眞栄平房昭，1993，〈近世琉球における航海と信仰〉，《沖繩文化》28：1。

〔註 35〕　臺灣銀行經濟研究室編，《使琉球錄三種》，頁 13。

〔註 36〕　具志堅以德，1988，〈儒教與道教〉，《久米村の民俗》，那霸：久米崇聖会，頁 22～23。

〔註 37〕　2003 年 2 月久米崇聖會事務局長上原和信的口訪及當時筆者的觀察所見。

即上原的父母、祖父母、曾祖父母，還包括上原已過世的妻子。

（二）「士族＝知識分子」意識的復振

上天妃宮除了是久米村人信仰生活的中心以外，在 17 世紀時還兼有久米村士族子弟教育所的功能。自從 1610 年蔡堅從中國攜回孔子繪像開始祭拜，1674 年在久米村建孔子廟，1708 年程順則由中國攜回《六諭衍義》廣爲流傳，1718 建明倫堂，久米村人的角色逐漸從「從事進貢的技能集團」〔註38〕，轉爲推動儒教、培養儒學人才的教育者，此時的天妃宮也隨之退居初學者的教育所。

不論是朝貢時代擔任的正副使、通事，或是在儒學擔任講解師，都是當時的知識分子，若不是久米村士族身分就不具此資格。然而，1879 年日本廢藩置縣，琉球王國進入沖繩縣時代，身分制廢除，士族失去俸祿，久米村人也沒了工作〔註39〕，爲了生活只好從事養鯉魚等勞力工作，更甚者去抓青蛙賣給中藥店當漢方藥材〔註40〕。

在這困頓的一百二十年之間，仍然有一群自視爲來自「文化發祥地」的久米村後代努力地傳承儒學，具體的事蹟有 1912 年成立久米崇聖會，1915 年向那霸區爭取至聖孔子廟的管理權讓渡，1944 年孔子廟因第二次世界大戰戰火化爲灰燼，但崇聖會仍然不屈不撓，於戰後的 1974 年重建孔子廟，並發行《久米至聖廟沿革概要》、《六諭衍義大意　翻譯本》、《六諭衍義大意　漫畫本》、《蔡溫具志頭親方文若頌德碑／程順則名護親方寵文頌詞德碑》等各種闡揚儒學教育的書刊，致力傳播儒家思想。這些人秉持的是知識份子的一股傲氣和骨氣，正如歷史學者嘉手納宗德所言〔註41〕：

> 三十六姓的裔孫有一種意識：三十六姓的價值來自於他們是（琉球）與中國有正式邦交之後最早的移住者，正是最早「奉旨入琉、廣施儒教」，有助提昇琉球文化的意識。而這種意識直接與菁英份子的意

〔註38〕池宮正治・小渡清孝・田名眞之編，《久米村——歷史と人物——》，頁1。
〔註39〕重松伸司代表，2004，《在日華人系知識人の生活意識調查——沖繩・久米崇聖会孔子祭の儀礼・慣行調查および沖繩・久米崇聖会生活慣行の聞き取り調查——》，追手門学院大学共同研究助成　研究成果報告書，頁57。
〔註40〕戶谷修・重松伸司，1979，《仲井眞元楷等　インタヴュー集　在沖繩・中国系住民の生活意識——文化接触の視点から——》，特定研究「文化摩擦」，頁16。
〔註41〕嘉手納宗德，1987，《琉球史の再考察》，沖繩：あき書房，頁161。

識連結在一起。

　　來自福建地方的久米村人移住琉球後，主要擔任對明、清進貢相關的事務，在朝貢的時期，渡唐執行業務前後，都要祭祀從原鄉帶來的媽祖，以求渡過危險的航海旅程；其後朝貢貿易相對衰微，久米村人乃從朝貢技能集團的角色轉換爲儒學教育的主要推手。

　　簡單的結論是，天妃與朝貢連在一起，朝貢時代過去，天妃信仰衰微；孔子與儒學教育連在一起，只要教育事業存在一天，儒學的重要性就不會消失（如圖5－3）。過去的久米村人可以同時是天妃的信徒和孔子的景仰者，但經歷廢藩置縣後長時困頓的久米村人，要重振聲威提高自己在社會的地位，唯一的方法或者就是回到歷史去尋找正統性。現代的久米村子弟選擇了學問之神──孔子。

圖5－3：天妃與孔子的社會功能暨象徵對照圖

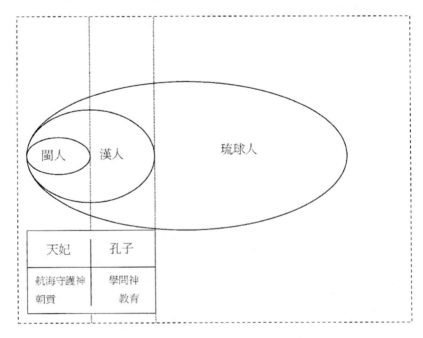

第三節　琉球民間信仰的影響

　　閩琉之間文化交流，似以閩對琉球的影響較大。反映在久米村（部分亦擴及全琉球）的天妃宮、天尊堂、龍王殿、關帝廟、灶神、村落的土帝君，

設在房子入口處的照壁、T字路的石敢當，焚燒文書紙類的焚字爐、祭祀用的紙錢、家屋樑上用墨水書寫「紫微鑾駕」的習俗、放在墓中的墓中符等，都是閩地原有的習俗文化。

　　雖然如此，文化的採借並不是單向的。根據1713年《唐榮旧記全集》（收於《琉球國由來記》）的記載，當時在久米村已經出現「內金宮嶽」〔註42〕、「財之神嶽」〔註43〕、「当間森」〔註44〕三處御嶽〔註45〕，而這些則是琉球的本土信仰。與清國有往來的人一定會到「当間森」祈求航海平安，由此可知久米村人已經入境隨俗，除保有原鄉的信仰外，也接受琉球傳統的民間信仰。

一、琉球傳統的民間信仰

　　琉球人相信萬物皆有靈〔註46〕，天地皆有神。神（カミ／ka-mi）不是全智全能，但是具有人所沒有的靈力，具有監督人生活，影響、改變人命運的能力。而人則有透過適當的祭儀與神維持互酬性的義務。如果不能維持這種關係人就有遭受災害的可能。神透過儀禮神力被人類所用，同時接受人類的招待、喜愛〔註47〕。

　　琉球的神明自成一体系，Lebra〔註48〕將其分爲五類。

〔註42〕　內金宮嶽。呼其名、曰寄上森。樹木茂蔚、或卓然凌雲者、不啻數株。亦係唐榮風水矣。然不知從何世而建斯嶽也。伊波普猷等編，1940，《琉球國由來記》，那霸：風土記社，頁183。

〔註43〕　財之神嶽。在聖廟東。砌石作墻、以設其門。亦不知從何世、而尊此嶽焉。同上註。

〔註44〕　當間森。在唐榮西門外。呼其名、曰唐守嶽。有遺老傳說云。此嶽太靈、有祈必應。昔者、中國往來之人、必祈此嶽、以赴中國。故名之、曰唐守嶽。然不知從何世而建此嶽焉。伊波普猷等編，《琉球國由來記》，頁183～184。

〔註45〕　御嶽（ウタキ／utaki），聖地的總稱。僅限於愛護村的祖靈神、島立神、島守神、施予幸福的ニライカナイ神、航海守護神的聖地。御嶽的起源可能是遠古時代村落的葬所，後來成爲人們信仰的中心。村守護神所在的御嶽通常與立地在村落背後的宗家相鄰，村落以此爲中心向外開展。ニライカナイ神、航海守護神的御嶽，則通常設在可以遠眺海洋的山頂、山坡上、海邊、或村落前的小島上。御嶽所祀神明的性別男女皆有，宮古島29嶽中，男女神共祀有8嶽，僅祀男神的有8嶽，女神8處，不詳者5處。沖繩大百科事典刊行事務局，《沖繩大百科事典　上卷》，頁294。

〔註46〕　琉球政府編，1972，《沖繩縣史22民俗1》，東京：国書刊行会，頁733。

〔註47〕　琉球政府編，《沖繩縣史22民俗1》，頁706。

〔註48〕　William P. LEBRA 著、崎原貢崎・原正子訳，1974，《沖繩の宗教と社会構

1、天與自然現象群：天神（ティンヌカミ／tyin-nu-ka-mi）、海神（ウン
ジャミ／un-jya-mi）、太陽神（ティダガミ／tyi-da-ga-mi）、水神（ミ
ジガミ／mi-ji-ga-mi）。

2、與場所或位置有關的神：井戶神（カーヌカミ／kaa-nu-ka-mi）、火神
（フィヌカミ／hyi-nu-ka-mi）、廁神（フールガミ／huu-ru-ga-mi）、
水田神（ターヌカミ／taa-nu-ka-mi）、屋神（ヤシチヌカミ／
ya-si-chi-nu-ka-mi）。

3、與職業、地位有關的神：鍛冶神（フーチヌカミ／huu-chi-nu-ka-mi）、
船神（フニヌカミ／hu-ni-nu-ka-mi）、木匠神（セークヌカミ／
see-ku-nu-ka-mi）、村落祝女神（ヌールカミ／nuu-ru-ka-mi）。

4、祖靈神（フトキ／hu-to-ki）：一般認爲祖靈的神格較低。祖靈扮演存
在有祖靈的小孩與超自然物聯繫在一起的重要角色。

5、現人神（カミンチュ／ka-min-tyu）：被認爲具有神靈的人。含部落、
親族的祭祀者、女性祭司、以及祭司的男性助手。

　　琉球傳統信仰的一大特徵是，祭儀由女性主持。其由來與「おなり神
（o-na-ri-ka-mi）」的信仰有關。琉球人自古相信姊妹有守護兄弟的能力，女性
以與生俱來的靈力守護兄弟，兄弟因爲有姊妹的靈力相護，方能與危險的大
海或其他部族搏鬥，比嘉政夫稱之爲「女性優位」。

　　部落始祖之家稱爲「根所（ネドコト／ne-do-ko-to）」，男主人稱爲「根人
（ネビト／ne-bi-to）」，根所的婦女或其女兒稱爲「根神（ネンガミ／
nen-ga-mi）」。根神和「祝女（ノロ／no-ro）」的巫女專司部落的祭祀。根神是
僅次於祝女的神女，12 世紀按司時代由間切（現在的市町村）的統治者按司
或里主家的女性任祝女，統率部落的根神，專司各部落與間切的祭祀。1477
年尚眞王繼位，任命其姊妹爲「聞得大君（ここえおおきみ／
ko-ko-e-o-o-ki-mi）」──國民最高的神官，作爲中央集權政策的一環，統率全
國的神女，由首里王府發給辭令書（派令），給予俸米，琉球從此進入祭政一
致時期。原本是村落守護神的神女被納入政治組織中，隨著時節的需要，爲
王家的繁榮、五穀豐穰、航海安全祈願。農民隨著爲村落守護神轉化爲王家
守護神，成爲當然的王家支持者〔註 49〕。伊波普猷〔註 50〕將其比喻成日本民

　　　　造》，東京：弘文堂。
〔註 49〕新里群子，1992，〈沖繩史における外来宗教の影響〉，《沖繩女性史研究》第

族宗教神道的寺院組織如下：

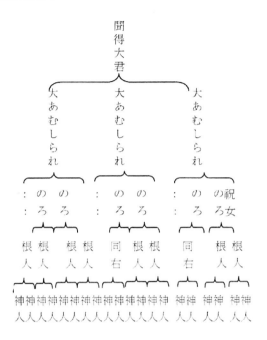

聞得大君位在首里王府國家中央，統籌都會區及樞紐的大あむしられ，那霸大あむ、泉崎大あむ、久米西井大あむ、久米東井大あむ、泊大あむ等，大あむしられ底下有祝女のろ，祝女之下有根人，根人之下有神人，上下階級清楚。

程順則的母親就具有大あむ的身分。因此，我們可以說，15 世紀末尚眞王時代，在琉球王國的體制下，久米村人開始男女分工，男性是儒教的代言人，女性則專司有關琉球傳統信仰的職務。今日的梁氏吳江會仍然是這樣的傳承，門中會的組織幹部中顧問、理事監事、學務委員、土地委員、家譜編輯委員全是男性，而祭祀委員則由女性擔任；清明祭只限男性參加，而年始拜み（年初一）的拜所祭祀由女性負責。

二、久米村人對琉球民間信仰的受容

以下從久米村區域內的拜所、遺跡、和門中的祭祀來檢討久米村人對琉球民間信仰的受容情形。

8 号，頁 11。

〔註50〕　伊波普猷，1974，《伊波普猷全集第一卷》，東京：平凡社，頁 464～465。

（一）拜所、遺跡

御嶽，是村落呪術和宗教生活的中心，是人相信神所在之處，神明的性格則和御嶽的由來及傳說有關，可能是由天降臨的神、遙遠海平線那一端來的ニライ・カナイ（ni-ra-i-ka-na-i／樂天・他界）來訪的神、創立村落的神、或其他地方請來的外來神〔註51〕。

「內金宮嶽」，ウチガニクー（u-chi-ga-ni-kuu）位於現今那霸市久米二丁目。內金宮位於內兼久山，內兼久山是久米村內的小山丘，山丘中央蓊鬱樹林處，便是最初時期的內兼久山拜所。明萬曆年間（1573～1619）從日本來琉的重溫修建內金宮祭祀弁財天女〔註52〕（中國的斗姥），才改稱內金宮嶽。清國時期是渡唐役人「順禮」（拜所巡禮遶境）的宗教設施之一，不過二次大戰時被炸毀〔註53〕。

「財之神嶽」，「財之神」又作「才之神」（セーヌカン／see-nu-kan）。東恩納寬惇1950年的調查採集，推斷財之神嶽位在久茂地南邊一帶，セーヌカン是「道祖神（さへのかみ／sa-e-no-ka-mi）」的訛音。財神就是五路（東西南北中）的道祖神，在中國廣受尊信奉祀，一般認為財之神應該是和天妃、天尊一起傳進唐榮。但是從「さへのかみ」此一名稱來推判，則其應該是日秀〔註54〕系統的勸請神，而建在泉崎大道的轉彎處〔註55〕。根據記載，日秀為驅趕妖怪，乃在眞和志松川邑指帰立碑唸經文，以保過往行旅通行安全。在首里和浦添之間的山丘上埋有金剛經石，也是為驅趕妖怪。那霸的東西兩側和湧田建地藏堂，供奉地藏尊的雕塑刻像供人祭祀，該處並沒有關於才之神的明確記錄，所以東恩納只能據此推測。

「当間森」（とーまむい／too-ma-mu-i）是久米村的御嶽，也稱唐守嶽，唐間嶽，現址在那霸市辻二丁目。当間森為近世的辻村區域，屬久米村管轄，

〔註51〕比嘉政夫，1987，《女性優位と男系原理──沖繩の民俗社会構造》，東京：凱風社，頁74。

〔註52〕球陽研究会，《球陽　原文編》，頁597。

〔註53〕平凡社地方資料センター，2002，《沖繩県の地名》，東京：平凡社，頁161。

〔註54〕日秀上人（1505～1577），眞言宗僧人。尚眞王代，嘉靖年間（16世紀初）來琉，在各地留下足跡。他乘船到達金武富花津，認為此處即為觀音淨土，便建造三尊立宮祭祀，是為金武觀音寺。沖繩大百科事典刊行事務局，《沖繩大百科事典　中卷》，頁122。

〔註55〕東恩納寬惇，1950，《注釈　南島風土記》，那霸：沖繩郷土文化研究会、南島文化資料研究室，頁242。

位置在現在天理教那霸分教會附近。根據《遺老傳說》，久米村之北有極爲靈驗的的岩石，岩石周圍以石圈成御嶽。琉球人被派遣到中國時一定要到該處祈願，所以也稱唐守嶽〔註56〕。

（二）門中祭祀

就田野調查收集之資料，將目前久米門中會的集團祭祀列述如表 5-4。由表中可以看出清明祭是各門中的共同祭祀，而梁氏吳江會保存了最多與琉球傳統信仰有關的祭祀，如初御願、ウマチー、屋敷御願、師走の拝み等。此外，彼岸祭則是由日本本土傳來的（併於第四節〈日本民間信仰的影響〉敘述）。

表5-4：久米四門中年中祭祀一覽

門　中	祭　祀　名　稱	日　　期
梁氏吳江會	1 初御願 2 彼岸祭 3 清明祭 4 ウマチー（麥穗祭） 5 屋敷の御願 6 師走の拝み	舊曆 1 月 春秋 入清明的第 1 個週日 舊曆 5 月 15 日、6 月 15 日 舊曆 2 月、8 月 舊曆 12 月 24 日
阮氏我華會	1 年始祭 2 清明祭 3 彼岸祭 4 大祖御命日	舊曆 1 月 1 日 入清明的第 1 個週日 入日當日 舊曆 12 月 5 日
王氏槐王會	清明祭	入清明的第 1 個週日
毛氏國鼎會	1 清明祭 2 東廻り	入清明的第 1 個週日 5 年 1 次，舊曆 8～10 月

資料來源：《吳江会の永遠の発展を祈念して》、《阮氏記念誌》、《王氏門中（槐王会）資料四》、《久米　毛氏総家譜》。

（三）初御願（ハツウガワン / hatsu-ugawan）

初御願是新年第一次祈求村落繁榮、五穀豐登的祭典，祭典名稱和舉行的日子因地而異，有的地方稱爲ハチウクシ（初起し / ha-chi-u-ku-si），有的地方稱爲ハチバル（初原 / ha-chi-ba-ru），通常在舊曆 1 月 2 日舉行〔註57〕，

〔註56〕平凡社地方資料センター，《沖縄県の地名》，頁 162。
〔註57〕沖縄大百科事典刊行事務局，《沖縄大百科事典　下巻》，頁 227。

類似台灣年初五各行各業的開工祭典。

　　根據《久米村の民俗》，久米村稱初御願爲「初起し」，非常特別，是專爲孩童舉辦而和家業無關的「初書」〔註58〕。早上上學前讓孩子換裝坐在清理完畢並且備有筆、墨、硯的書桌前，讓孩子將字帖上的字句抄在紅紙上或貼有紅紙的白紙上，然後將作品奉祭靈前，焚香。之前靈前就已供奉有酒、裝有先摺成 3 摺再剪成 3 公分寬的昆布乾、厚片柴魚乾、半球狀的鹽的大碗。拜禮結束，取回酒杯和三品碗，「初書」儀式就算完成，然後才上學。

　　梁氏吳江會的「初御願」沒有詳細的文字描述，比對照片後，確知梁氏的初御願指的是「初拜み（はつおがみ／ha-tsu-o-ga-mi）」，門中年長的婦女前往東壽寺、大成殿（孔子廟）、天妃廟、首里三殿內祭拜，與台灣的新春廟宇上香類似。在梁氏門中，清明祭是男性的祭祀，而初拜み是女性的祭祀，過去原屬於以村落爲單位的「初御願」，後來縮小成以門中爲單位的「初御願」。阮氏我華會的「年始祭」，根據調查〔註59〕，則是屬於新春祭祖團拜，祭祀的對象是門中會事務所內的始祖牌位。

（四）麥穗祭（ウマチー／u-ma-chii）

　　沖繩諸島與麥穗有關的 4 個祭典，分別在 2 月、3 月、5 月、6 月舉行，過去由首里王府選日以村爲單位進行，明治以後固定在舊曆 15 日舉行〔註60〕。2 月正是前一年秋天播種的麥子結穗時期，因此在門中本家處或個人家中，以麥穗 3 株或 7 株敬拜佛壇、神壇、或拜所。麥穗祭期間有禁止針線工作的習俗。2 月祈求麥結穗，3 月是麥的收穫祭，以麥製的神酒和料理前往拜所祭祀。5 月以稻的初穗敬神祈求豐收。以前是首里王府的國家祭典，首里城內、各間切（相當於現在的市町村）受祝女ノロ支配的村落也都會盛大舉行。《琉球國由來記》「國中男女，皆齋戒，3 日不工作」，可見其愼重程度。6 月是稻的收穫祭，以初穗敬神佛，感謝豐收，並祈求村落、門中的繁榮〔註61〕。

　　原本是以村落爲單位所舉行的稻米收穫祭，也因爲稻作的減少衰微而沒落，退居爲門中集團的祭祀，不以稻作爲主要職業的久米村雖然依從琉球習

〔註58〕 具志堅以德，《久米村の民俗》，頁 47。
〔註59〕 2003 年 2 月第一次田野調查口訪紀錄。
〔註60〕 沖繩大百科事典刊行事務局，《沖繩大百科事典　中卷》，頁 312。
〔註61〕 比嘉政夫，1993，《沖繩の祭りと行事》，那霸：沖繩文化社，頁 12～29。

俗，但只有梁氏吳江會舉行麥穗祭，而且時間在 5 月和 6 月，可能的原因是
已經不從事麥作，所以 2 月、3 月的麥穗祭乃告消失。勝連町南風原的情形
是，著神衣裝的祝女（ノロ／no-ro）或神職人員先登勝連城再前往各拜所巡
禮。而久米村人 5 月的稻穗祭時，則是祭拜宗家的神壇，祈求豐年和息災。
司祭者為宗家的神人。神人由兩位女性組成，1 人擔任ウミキー（u-mi-kii／
兄弟），另 1 人ウミナイ（u-mi-na-i／姐妹）的角色，兩人均著神人衣祭拜，
祭拜結束後脫下衣裳放在神壇前，轉身面對參拜人。祭品有合せウブン（ア
ーシウブン／aa-si-u-bun，把飯裝在兩個碗裏合成一份）、ンブシー（n-bu-sii，
多瓜、豆腐、昆布及其他素食材料用濃郁的味增熬煮的料理）、酒、燭、花米
（ンバナグミ／n-ba-na-gu-mi）。

（五）屋敷の御願

　　屋敷（やしき／ya-si-ki）是祖先的遺產，隨著屋號（ヤーンナー／
yaa-n-naa）由有繼承義務的子孫傳承下去。除有經濟價值外，背後含有呪術和
宗教的意義，對居住者有著各種的制約。當有絕嗣的情形出現時，祖先的牌
位會一直放置在空屋內，直到正統的繼承者出現為止。從這種現象我們可以
清楚地觀察此一村落人們的血緣觀和祖先觀。若是沒有系譜上關係的人出入
有屋號的屋子或古屋，就可能冒犯呪術上的禁忌〔註62〕。

　　比嘉政夫對此種情形有詳細的說明〔註63〕。在沖繩，「家」（ヤー／yaa）
的繼承就是牌位的繼承。「家」的繼承不是經濟性或技術性的問題，而是牌位
和「屋敷地」的繼承，具有象徵性和呪術宗教性的涵義。父系血緣（琉球話
血筋シジ／si-ji）是繼承資格必須遵守的嚴格界線，而且長男優先的觀念強
烈。父系血緣繼承的觀念來自於對「他系混淆」（タチイマジクイ／ta-chi-i-
ma-ji-ku-i）的禁忌，他系血緣的人跨越血緣界線繼承是違反祖先旨意的。長
男優先的觀念則來自於「長男封じ込め」（チャッチウシクミ／chya-tti-u-si-
ku-mi）的禁忌，排除長男而讓次男、三男繼承是嚴重地冒犯禁忌。

　　屋敷有屋敷神，是保護屋子驅邪的神祇，因此，沖繩的房屋繼承或買賣
房子，呪術宗教的手續是必須的。2 月和 8 月是屋敷神為家屋驅邪的日子，所
以要行祭祀之禮，以表感謝。

〔註62〕比嘉政夫，《女性優位と男系原理——沖繩の民俗社會構造》，頁 43～44。
〔註63〕沖繩大百科事典刊行事務局，《沖繩大百科事典　下卷》，頁 724。

久米村的屋敷祭拜情形如下〔註64〕：選吉日，先向靈前、火神稟報祭拜
屋敷神的事由，再依序敬拜房屋的四隅、中心、廁、井、門，祈求家內安
全。供品有瓶子（ビンシー/bin-sii,酒、盃、米、收納香的木箱）、重箱內裝
有豬肉、昆布、蘿蔔、魚板、蒟蒻、牛蒡等煮的濃湯、饅頭、白紙3張，另
備香12柱祭拜。香的數目有禁忌，在久米村1柱香表示不吉利，以3柱表示
敬意，3的倍數表示誠意高。

（六）師走拝み

進入舊曆12月，選擇從初一到24日中的某一吉日，對諸神一年當中的
加護表示感謝。祭拜屋內的靈前（佛）、火神、關帝王、觀音等守護神，那霸
7宮、以及首里12處拜所。供品有ウチャヌク（米餅）3個作成一串兩疊，
瓶子、燭，香24柱。祭拜終了，晚上炸サーターアンダギー（開口笑），舉
行小型的慶祝會，慶祝一年平安無事，並在佛壇點燭敬拜。

（七）東御廻り（アガリウマーイ / a-ga-ri-u-maa-i）

東御廻り可以說是琉球版的「巡狩之制」，據《明史》卷五十六志第三十
二禮（十）嘉禮（四）〔註65〕的記載，明永樂6（1408）年成祖到北方巡狩，
出發前、沿途所經之處、以及到達北京都要祭祀，出發前祭告天地、社稷、
太廟、孝陵、祭祀大江、旗纛等神靈，沿途派遣官吏祭祀應該祭祀的神明，
到達北京，再次祭告天地，祭祀境內的山川之神。

皇帝巡狩重在體察民情，監督地方官的治理政績，因此經過的郡縣，官
吏、府州縣學的學生、年高德劭的老人都來朝見皇帝，皇帝則分別派遣朝廷
大臣考察郡守縣令賢能與否，隨即加以罷黜或升遷。對於年長的老人賞賜布
帛酒肉。而琉球國的東御迴，所巡之處概是與農業有關的山川之神，形式與
巡狩不同，但祈求國泰民安的精神是一樣的。

沖繩本島的門中祭祀當中，古時有「東廻り」、「今帰仁上り（ナキジン
ヌブイ / na-ki-jin-nu-bui）」拜所巡禮，現在依然有門中承襲下來選定吉日舉

〔註64〕具志堅以德，《久米村の民俗》，頁54。
〔註65〕「永樂六年北巡。……車駕將發，奏告天地、社稷、太廟、孝陵，祭大江、
　　　　旗纛等神，報祭於承天門。緣途當祭者，遣官祭。……車駕至，奏告天地，
　　　　祭境內山川。……所過郡縣，官吏生員耆老朝見分遣廷臣核守令賢否，即加
　　　　黜陟。給事、御史存問高年，賜幣帛酒肉。」許嘉璐編，《明史》第二冊，漢
　　　　語大詞典出版社，頁1069～1070。

辦。東廻り的「東」，今帰仁上り的「上り」出自於昔日的地域通稱。古時候以首里爲中心，將沖繩本島分爲東方（アガリカタ／a-ga-ri-ka-ta）、下方（シムカタ／si-mu-ka-ta）、上方（ウイカタ／u-i-ka-ta）三個區域，東方指的是大里、佐敷、知念、玉城的區塊，下方包含喜屋武、摩文仁等南部島尻部分，首里以北則屬上方。因此，東方巡禮稱爲「東廻り」，而今帰仁方面的巡禮稱爲今帰仁上り〔註66〕。

　　門中乃是具有共同祖先的父系血緣團體，主要的社會功能在祭祀祖先，包括定期參拜奉祀始祖的本家（ムートヤー／muu-to-yaa）、集合在門中墓前供養祖先、以及一族巡拜有因緣關係的拜所或舊跡。東廻り和今帰仁上り原本是國王和聞得大君的東方巡禮，後來成爲門中的祭祀之一。目前久米系的門中當中僅有毛氏國鼎會舉辦東廻り。

　　相傳東方的知念和玉城曾是沖繩創世神明アマミキヨ（a-ma-mi-ki-yo）居住過的地方，也是最初栽培麥、粟等五穀和稻的地方，自古以來就是聖地，民間祭拜不輟。傳說中アマミキヨ（a-ma-mi-ki-yo）從天降臨至知念村的離島久高島，再乘小舟渡海抵達沖繩本島的玉城海岸，先在海岸邊居住下來，再慢慢往陸上移動，築城建國。

　　國王的拜所巡禮共有14處（如表5-5及圖5-4），從首里城出發，依次到与那原御殿山、与那原親川、馬天御嶽、佐敷上城、知名テダ御川、齋場御嶽、知念城跡、知念大川、ヤハラジカサ（ya-ha-ra-ji-ka-sa）、浜川御嶽、受水走水、ミントン（mi-n-do-n）城、玉城城跡、ノロ殿内。而久米村毛氏的東廻り則是從大里城チチン御井開始，依次爲大里祝殿内、久場森御殿、与那原親川、知名區大陽御川、知名御川、齋場御嶽、受水走水、仲村渠桶川、ミントン。

　　各處拜所形成原因如表5-5。從表中可以發現拜所的由來大部分與創世神話中的人物有關，少部分與農業有關，即Lebra的第一類天神或自然有關的神祇，正是久米村人對琉球傳統信仰受容的一面。民間信仰不僅未被知識階層的久米村人斥爲低級或迷信，而且還加入行禮如儀，因拜所巡禮已具國家級地位，身爲人臣的久米村人沒有將其視爲迷信的道理。另外，門中集團的東方巡禮模仿首里王家，久米村人在這方面也是從善如流，值得注意的是，

〔註66〕 沖繩の習俗研究会，1986，《門中拝所巡りの手続き――沖繩霊地の歴史と伝承――》，那霸：月刊沖繩社，頁9～11。

毛氏久米村不是王家貴族，所以謹守人臣禮儀，沒有僭越。東方巡禮不從首里開始，而是以山南王大里城チチン御井爲起點。

圖5－4：東迴路線

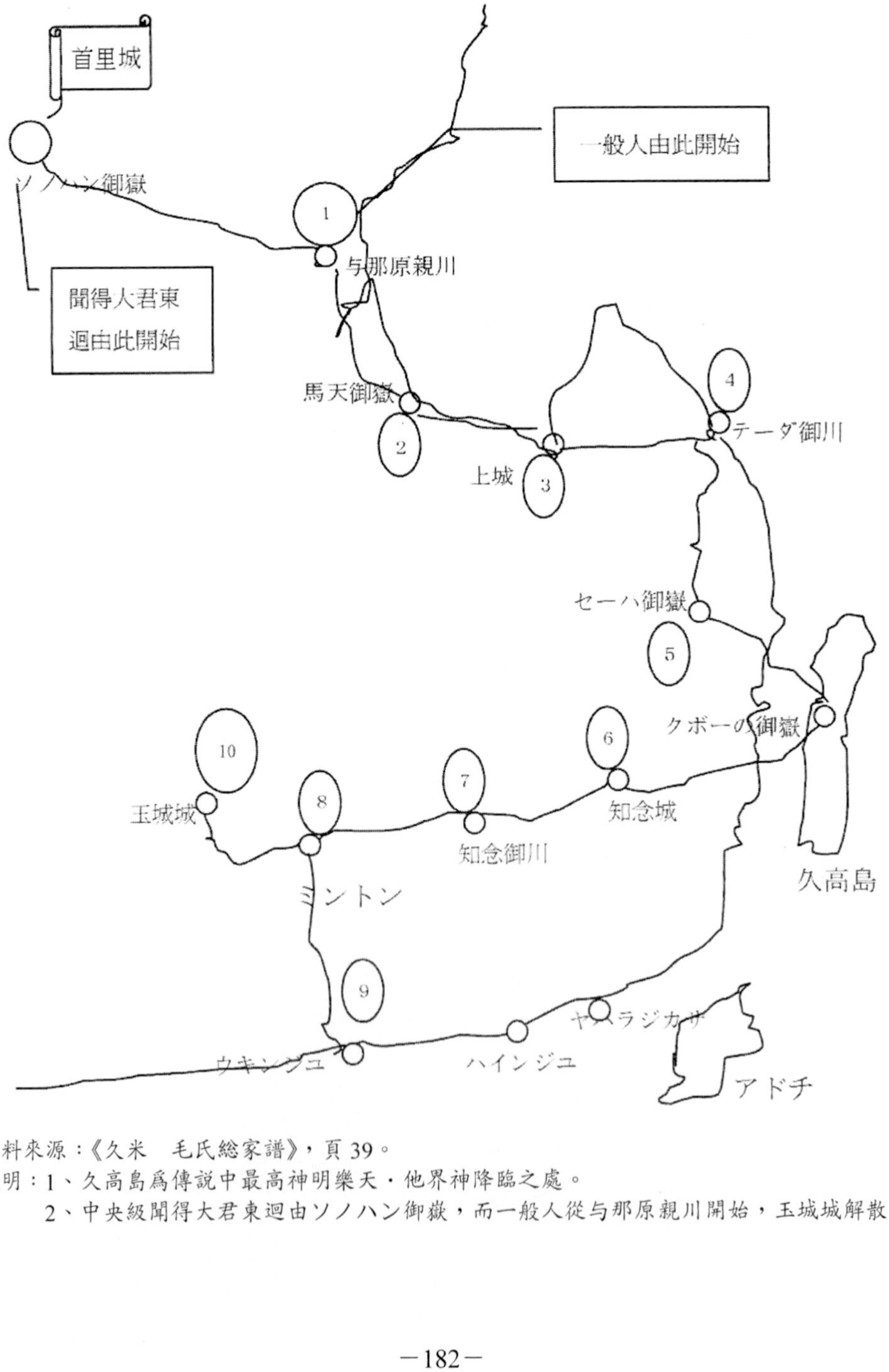

資料來源：《久米　毛氏總家譜》，頁39。
說明：1、久高島爲傳說中最高神明樂天‧他界神降臨之處。
　　　2、中央級聞得大君東迴由ソノハン御嶽，而一般人從与那原親川開始，玉城城解散。

表5-5：琉球國王與久米毛氏東方巡禮順路對照表

拜　所　名	由　　　來	琉球國王	久米毛氏
大里城チチン御井	大里城主所用之井		○
大里祝殿內	不詳		○
久場森御殿	不詳		○
与那原御殿山	天女降臨之所	○	
与那原親川	天女產子取用泉水之所	○	○
馬天御嶽	尚巴志祖父鮫川大主居所	○	
佐敷上城	尚巴志父親尚思紹王居所	○	
知名區大陽御川			○
知名テダ御川	太陽神降臨的靈泉所在	○	○
斎場御嶽	琉球創世神アマミキヨ所造	○	○
知念城跡	アマミキヨ第一次向神祈願處	○	
知念大川	稻米發祥地	○	
ヤハラジカサ	アマミキヨ著陸處	○	
浜川御嶽	アマミキヨ最初居住地	○	
受水走水	稻作發祥地	○	○
ミントン城	アマミキヨ所築之城	○	○
玉城城跡、ノロ殿內	天孫氏時代的城跡	○	

資料來源：《門中拝所巡りの手続き──沖縄靈地の歴史と伝承──》、《久米　毛氏総家譜》，頁39。

　　東方巡禮在舊曆8月到10月的農閑期間舉行。距離巡禮地較近的門中，每年舉辦一次，距離較遠的門中則3年1次，或每5年、7年、9年、13年1次，均在奇數年舉行。久米毛氏每5年舉辦一次。

　　舉辦拜所巡禮之前，先徵收名為「ウサカテ／u-sa-ka-te」的巡拜費，由門中成員平均分攤。參加巡禮的人數有限，通常是事先報名登記的前10名或前20名，ウサカテ用作這些參與巡禮人員的旅費和祭拜品的費用。以往巡禮通常為步行，因此要花上好幾天的時間。近年來交通便捷，道路通暢，自用車增加，巡禮的方式也隨之以車代步，時間大幅縮短，可在一、兩天內完

成，同時不必拘泥於農閑時期。婦女、孩童參加的人數增加，變成家族的集體活動。

第四節　日本民間信仰的影響

日本民間信仰對琉球‧沖繩社會的影響，大致以琉球王國被納入日本版圖的 1879 年作爲分界點，1879 年之前是日本的神道，之後是國家神道，如此斷代劃分的理由是根據日本宗教信仰發展的歷史而來的。本節分別就日本的神道及國家神道，對奉儒教爲正宗的久米村人，在生活及信仰上的影響加以討論。

一、日本的神道

（一）日本神道的發展與琉球

神道爲日本固有的民族宗教，是佛教和儒教傳來之前就已存在的一種信仰形式。是以日本民族的神明觀爲基礎，所產生的傳統宗教實踐、生活習慣和理念。神道的神明觀是多神的，神明的性質原本和農耕、狩獵、漁撈都有關係，後來因爲稻作的傳入和政治上的統一，形成一種以農耕禮儀爲核心的多神祭祀，成爲帶有現世主義色彩的宗教。

神道的發展大致可分爲 5 個階段，「神社神道」、「皇室神道（宮中祭祀）」、「學派神道（理論神道）」、「學派神道」、「民間神道」，這 5 個階段跟日本史的區分原始、古代、中世、近代分別相呼應。古代「神道」僅指神祇的靈威，層級一般視爲比佛教低。皇室或伊勢神宮以及其他大社的祭祀都要遵循神道的傳統，即使在佛教聲勢如日中天時，神道仍受到刻意保護而堅持不輟，得以用「神佛習合」〔註 67〕的方式與佛教妥協相容。鎌倉時代末期以伊勢神宮的神官爲中心的伊勢神道，則倡導神道爲本地宗教，應與佛教劃清界線。之後神官吉田家創立了吉田神道，神本佛迹說的地位鞏固。江戶時代儒教國學勃興，各種立場的神道說相爭不下，神道與佛教間及諸神道相互間的論爭不斷。明治政府時期採用國學者平田篤胤的復古神道說，寄望以此統一國民的思想，但抵不住歐化思潮，復古神道說退居消極地位。神佛分離至今仍是日

〔註67〕　神佛習合，簡單地說，以自然崇拜、精靈崇拜爲基盤的神社祭祀，納入佛教高遠的教義與哲學觀。大塚民俗学会，1972，《日本民俗事典》，東京：弘文堂，頁 364。

本政府的一貫政策，將神社置於宗教之外，一般認爲日本政府乃是從神道的民族主義立場賦予神道特殊的地位〔註68〕。

究竟神道和佛教相異之處何在，伊波普猷〔註69〕有簡單明確的界說，他認爲日本古神道，是以自然現象爲神及祖先爲神兩種觀念的混合。古代日本人相信來世是黑暗的地方，死人是汙穢的。古代日本人的神不像基督教的天主或世界之主，而是位在自己之上、只支配自己的祖先之神、以及山神、海神、水神、風神等自然界的眾多神靈。

日本的宗教信仰最早並非以「神道」之名傳入沖繩，而是以佛教的形式在 1260 年代傳入。當時是日本的鎌倉時代（13 世紀），臨濟宗的禪鑑來琉，影響琉球的英祖，在英祖的居城建立了極樂寺。14 世紀中期，薩摩坊津龍張寺眞言宗的賴重法印在波上開建護國寺。尚泰久王代（1454～1460），沖繩 26 寺中有 18 寺是在此時期建立的，京都的高僧芥隱來琉設立了若干臨濟宗的寺院，各寺都掛有巨鐘，朝夕對僧侶們講經說教。神佛習合的系統有奉祀熊野權現〔註70〕的波上、普天間宮、識名、天久、金武等 7 社，和八幡社〔註71〕。當時的僧侶扮演王家政僧角色，以出使薩摩、幕府的使者身分活躍於首里王府。到了尚眞王代（1477～1526）仿照鎌倉的円覺寺建造了円覺寺，同時建造宗廟，鑄造巨鐘。僧侶在政治上握有重權，一時名家子弟競相入佛門。也就從這時期開始，代表日本佛教文化的僧侶與代表中國冊封制度文化的久米村人兩大勢力，在琉球的政治史上互相較勁。1522 年從事農村布教的紀州知積院僧日秀（眞言宗）來琉，但是在當時神女組織健全的社會體制下無法生根。1603 年袋中上人傳入淨土宗，因教義問題也無法長期立足，對琉球・沖繩的影響僅止於盆祭時的エイサー（ei-i-saa／鼓陣）和藝能。1609 年薩摩島津入侵琉球之後，以對明貿易利益爲優先考量，獨尊儒教，一直到 1879 年廢藩置縣爲止〔註72〕。明治時代之後採行以國家神道進行同化的宗教政策，迄今未變（參見表 5−6）。

〔註68〕 大塚民俗学会，《日本民俗事典》，頁 363。

〔註69〕 伊波普猷，《伊波普猷全集第一卷》，頁 422。

〔註70〕 權現，神祇現身顯靈的意思。熊野權現信仰，以紀伊熊野山爲中心發展出來的信仰。熊野山是修煉者聚集修行的地方，另有聖地祀奉神祇。聖地不是神祇常居之所，而是降臨之地。大塚民俗学会，《日本民俗事典》，頁 223～224。

〔註71〕 琉球 8 社，有波上宮、天久宮、末吉宮、沖宮、識名宮、普天間宮、安里八幡宮、金武觀音寺。

〔註72〕 新里群子，《沖繩女性史研究》第 8 号，頁 7～16。

表 5－6：日本、琉球・沖繩神道關係略年表

時期	紀　元	中心思想	日　本	琉球・沖繩
原始	BC4 世紀	萬物有靈說 自然崇拜 神靈崇拜	原始宗教	
	AD3 世紀		神社起源 原始神道	
	AD646	大化革新 佛、儒、陰陽道傳入		
			神社神道	
古代	710 平城京	統一國家的宮廷祭祀 神佛習合	皇室神道	
	8 世紀中	佛教隆盛	神佛融合神道	
	9 世紀	天台眞言佛教		
中世	12～13 世紀	本地垂迹理論化 （佛主神從）	理論神道 天台神道 眞言神道	1260 年佛教傳入琉球
	13 世紀		鎌倉新佛教 法華神道	臨濟宗的禪鑑 極樂寺
	14 世紀中	反本地垂迹說 神主佛從	伊勢神道	眞言宗的賴重法印在波上開 建護國寺
	15 世紀～16 世紀		吉田神道 民間神道	建立 18 座寺院 琉球 8 社
近世	17 世紀	神儒融合	學派神道	獨尊儒教
近代	1868	神社神道＋皇室神道	國家神道	
	1879	神社神道＋皇室神道	國家神道	國家神道
現代	1945	神社神道＋皇室神道	國家神道	國家神道
			神社本廳	國家神道殘存

資料來源：村上重良，1970，《国家神道》，東京：岩波書店，頁 17；赤井聰司，2002，《日本統治時代台湾に移植された国家神道》，成功大學歷史學系學士論文，頁 10；新里群子，1992，〈沖繩史における外来宗教の影響〉，《沖繩女性史研究》第 8 号，頁 7～16。

（二）久米村人對日本神道的受容

在歷史變遷環境下，明治時代以前的日本宗教信仰對久米村人似乎沒有留下太多的影響。能見到的歷史遺跡有清泰寺、東禪寺、東壽寺、東龍寺等，而年節祭祀中則以彼岸祭較爲重要。

1、蔡氏堂與清泰寺

蔡氏堂又名忠盡堂，是蔡氏門中的家祠，建於 1472 年，而且還是出於女流輩亞佳度（アガトウ／a-ga-to-u）之手。亞佳度是蔡氏開球第 3 代，17 歲守寡，不願再嫁，以紡織爲生，蓄財購地建祠堂，奉祀蔡家祖先神位。家譜作以上的記載而未及其夫名氏，應是以亞佳度的貞烈事蹟來提高家族聲望。此外，亞佳度還在祠堂內闢一室安奉觀音菩薩，取名清泰寺，紀念觀音菩薩庇護其父蔡讓 1439 年擔任慶賀通事渡海赴明遇海難死裡逃生。祠堂原本由門中成員輪流看管，到了第 9 代紫金大夫蔡堅（喜友名親方）時因「一族人皆官仕恐無人看守祠堂」，於是委託友僧參雪管理，後來成爲円覺寺〔註73〕的末寺（分寺）。

在福建，修建家族寺廟有其功利性色彩，他們希望某些神靈偶像能夠對本家族提供比較特殊的護祐，而且爲了促進族廟的修建，強化族廟的管理，福建各家族往往籌集專門的經費和設立寺田廟田等固定財產，以供族廟的長年使用，並僱請廟祝和僧人來負責族廟的日常管理〔註74〕。蔡氏堂所發揮的社會功能完全符合這樣的模式，但值得注意的是後來成爲円覺寺末寺的發展，乃是受了來自日本的「神佛習合」影響，成爲附屬在神社的寺院，也就是所謂的神宮寺。

2、東禪寺

位在現今那霸市久米二丁目，是近世時期久米村的臨濟宗寺院，也稱長門寺。建立的年代不明，祭祀對象爲觀音菩薩，亦爲円覺寺末寺。《琉球神道記》（1605）、《琉球國由來記》（1713）、《新納氏家譜》、《中山傳信錄》（1721）對此均略有提及，但不見與久米村有直接關連的記載。李鼎元的《使琉球記》（1802）提到當時佛堂中有徐澄齋、王夢樓的詩軸。另有楊文鳳詩題「和十

〔註73〕 円覺寺，位在首里城久慶門外，是琉球國第一巨刹，禪宗的總本山，尚氏歷代的香華場，奉祀觀世音菩薩。尚眞王爲祭祀先王尚圓所建造，歷時 3 年落成，特請京都禪師芥隱爲開山住持。昭和 18（1943）年 2 月 13 日指定爲國寶。東恩納寬惇，《注釈 南島風土記》，頁 127～128。

〔註74〕 陳支平，2004，《五百年來福建的家族與社會》，台北：揚智文化，頁 190～191。

月二日寄塵大師香巖先生遊東禪寺次徐編修見贈原韻」（四知堂詩稿，卷三），寄塵大師爲李鼎元的從客，徐編修指的是 1719 年冊封副使徐葆光〔註75〕。可知東禪寺位在久米村內有地利之便，又是「村中最高燥清麗」，可能深得冊封使喜愛，當冊封使與從客探訪時，久米村人必然隨同在側。

3、東壽寺

爲久米町二丁目 87 番地附近的小寺，是護國寺〔註76〕的末寺。有關東壽寺的記載僅見於《球陽》附卷一尚質王代（1648～1668）「附　始賜大日寺於賴慶座主」〔註77〕條，但亦由此窺出尚質王對日本佛教的重視，以及日本佛僧開始參與政治的現象：

> 順治年間有賴慶座主者，其爲僧也，質資敏捷，穎悟絕倫，已飛錫扶桑，竊受密法之奧旨，亦極兩部之深源，兼學儒道之書籍，頗知義理之精微，既而歸來本國即住東壽寺說法講道，以教諸徒，時尚質王令賴慶侍講儒書，而自唐榮至禁城，道路已遠，往來甚勞，由是王賜宅于首里內金城邑，創建此寺院叫東照山原號東林大日寺，又號遍明院，奉安大日如來像，以爲崇信焉。

4、東龍寺

與久米一丁目 52 番地附近內兼久山拜所（內金宮嶽）相鄰，爲円覺寺的末寺。

5、彼岸祭（ヒガンまつり／hi-gan-ma-tsu-ri）

彼岸祭乃是在春分和秋分（2 月和 8 月）前後 7 天所舉行的祖先供養祭祀。彼岸一詞出於佛典，是梵語波羅（para）的譯語〔註78〕，彼岸祭經由日本本土傳入沖繩。在沖繩是以糕餅、豆腐、豬肉、昆布等供於佛壇，焚燒紙錢，慰祖先靈。過去有些地方會前去塋墓祭拜，現在則通常在家祭拜，祈求一家安泰〔註79〕。

〔註75〕 平凡社地方資料センター，《沖縄県の地名》，頁 161。
〔註76〕 護國寺，俗稱波上寺，是琉球眞言宗的第一巨刹，受到上下尊崇信篤，幕府末期與天久的聖現寺充當接見外國人、解決外交問題的公館。琉譯聖書作者伯德令僑居 8 年之所。相傳開山爲倭僧賴重法印，建造時間約在明洪武年間，即 14 世紀末期。東恩納寬惇，《注釈　南島風土記》，頁 229～230。
〔註77〕 球陽研究会，《球陽　原文編》，頁 595。
〔註78〕 大塚民俗学会，《日本民俗事典》，頁 592。
〔註79〕 比嘉政夫，《沖縄の祭りと行事》，頁 13。

彼岸祭在久米村稱爲ウンチャビ（un-chya-bi），進入彼岸節氣後擇日祭拜。祭品有香、燭、酒、紙錢、餅。ンブシー（n-bu-sii，用濃稠的味噌熬煮豬肉、魚板、昆布、蘿蔔、油豆腐、芋頭、牛蒡、蒟蒻）一大碗（直徑 40 公分左右），一大碗餅，左右成對置放祭拜。加上由飯、湯、醬菜組合而成的定食，獻上香、燭、酒，燒紙錢，完成祭拜。由男性行四拜禮，即跪、起重複 4 次〔註 80〕。

二、國家神道

（一）國家神道的內涵

國家神道是進入天皇時代後所創造出來的國家宗教，從明治維新到太平洋戰爭戰敗的 80 年之間，國家神道全然地支配了日本人的精神思想。這個 19 世紀末登場的日本新國教結合了神社神道和皇室神道，以宮中祭祀爲基準，重新整合管理神宮、神社的祭祀〔註 81〕。

1889 年，大日本帝國憲法規定國民有信教自由、政教分離，因此明治政府將國家神道定位在超宗教的「國家祭祀」，1900 年發佈教育敕語，進一步將國家神道訂爲國民道德的基礎，最後國家神道將宗教、政治、教育結合在一起，制約國民思想〔註 82〕。一言以蔽之，國家神道是爲政治目的服務的。

（二）沖繩的神社與祭祀

神道進入沖繩之後，佛寺改作神社，祭神爲本土的「御靈代」所取代，波上宮原是琉球 8 社之一，祭祀熊野三社權現，1890 年曾被列爲沖繩唯一的官幣小社，原本在新曆 12 月 29 日舉行祭典，1893 年爲配合日本本土的夏日慶典，改在 5 月 17 日舉行，有藝者的舞蹈、提燈遊行、花車遊行、自行車賽、賽馬、角力等，慶典的形式自 1918 年起就已經日本化了〔註 83〕。

明治以後新建的神社有三處〔註 84〕，一爲首里城內的沖繩神社，一爲那

〔註 80〕具志堅以德，《久米村の民俗》，頁 56。
〔註 81〕村上重良，1970，《国家神道》，東京：岩波書店，頁 1。
〔註 82〕赤井聰司，2002，《日本統治時代台湾に移植された国家神道》，成功大學歷史學系學士論文，頁 7。
〔註 83〕沖繩大百科事典刊行事務局，《沖繩大百科事典　下卷》，頁 78～79。
〔註 84〕那霸市企画部市史編集室，《那霸市史　資料編　第 2 卷中の 7　那霸の民俗》，頁 433。

霸奧武山的世持神社，其三則爲 1940 年紀念天皇紀元 2600 年在奧武山公園設立的護國神社。沖繩神社乃沖繩縣的縣級神社，爲紀念明治天皇即位 50 週年，縣廳在 1910 年訂定以舜天王、源爲朝、尙泰侯爲祭神的縣社建築計畫，後來因爲天皇駕崩而中止。1915 年再向內務省提出以阿摩彌姑、志仁禮久（琉球創世神話中的始祖）、尙泰爲祭神的縣社創建願書，1922 年內務省核定以舜天王、尙円王、尙敬王、尙泰侯爲主神，源爲朝爲陪祀神。縣社的拜殿就在首里城正殿〔註85〕。1936 年在奧武山設立以蔡溫、儀間眞（產業恩人）、常野國總管（從福建引進蕃薯，改善飢荒）爲主祀神的世持神社，第二年獲得認可。護國神社原稱招魂社，祭祀在日清、日俄戰爭戰死的人，二次大戰犧牲的 11 萬沖繩縣民也安靈在此〔註86〕。

（三）神道滲透久米村人

戰後，帶有濃厚民族主義的國家神道在日本本土逐漸被揚棄，但在新入版圖的沖繩，卻悄然地滲入包含久米村人在內的沖繩人生活當中。茲舉地鎮祭、家中祭祀二例，來說明國家神道對久米村人的影響。

1、地鎮祭

地鎮祭是破土所舉行儀式。梁氏門中爲新建門中事務所，於 1988（昭和63）6 月 30 日舉行地鎮祭，主持祭典的是波上神社的宮司（參考照片 5－8、5－9），列席的有當時的門中會長龜島入德、事務局長国吉惟弘、監事、設計士、建設公司作業員 4 名，儀式隆重。

照片 5－8　　　　　照片 5－9：神官（男）正在進行祭拜

〔註85〕 沖繩大百科事典刊行事務局，《沖繩大百科事典　上卷》，頁 537。
〔註86〕 沖繩大百科事典刊行事務局，《沖繩大百科事典　中卷》，頁 117。

2、家中祭祀

如本章第一節祖先祭祀所述，久米村人家中的佛壇設有祖先牌位，年節也祭拜竈神、井神、屋神等，可是這種觀念在年輕的下一代已經漸漸地淡薄了。鄭氏門中後代上原和信（1936 年出生），在 2003 年的口訪記錄〔註 87〕有如下的對話。

> 上原：有關祭祀這方面，在家中也起變化了吧。像祭竈、拜井、屋
> 　　　内祭拜等，確實年輕的一輩已經逐漸淡薄了。
>
> 松家：那是因為生活形態改變的關係所造成的吧。
>
> 上原：是啊，現在沒竈改用電爐。我內人還是在廚房設了神棚祭拜
> 　　　竈神，到我女兒、兒子家就都看不見這些了。

筆者在 2005 年 9 月到上原家中採訪時，確實也見到設在廚房的竈神壇（參見照片 5－10），只是已經改成瓦斯爐炊飯。上原因為妻子已經過世的關係，原來由"主內"的妻子獨自擔綱的祭拜竈神已無以為繼，當時正在進行房屋改建的設計工程，待改建完成，竈神即會從上原家中隱退，年輕一代的久米村人家中，竈神更是早已撤離，而神主牌位也已被和式的「祖靈舍」（參見照片 5－11）所取代。

照片 5－10：左上方即為**竈神棚**　　　照片 5－11：現代和式祖靈舍

資料來源：筆者拍攝，2005 年 9 月。　　　資料來源：筆者拍攝，2005 年 9 月。

〔註 87〕 重松伸司代表，《在日華人系知識人の生活意識調查——沖繩・久米崇聖会孔子祭の儀礼・慣行調查および沖繩・久米崇聖会生活慣行の聞き取り調查——》，頁 48～49。

小　結

綜合以上敘述，同時將久米村內的拜所、遺跡（表 5－7）和沖繩現行年中節慶（表5－8）列表對照，可以肯定以下三事。

一、久米村人至今仍以家祭、墓祭兩種形式祭拜祖先。家祭與沖繩的傳統信仰相結合，主要在每月初一、十五日，以及春秋兩季的彼岸、忌日時舉行。墓祭指清明祭，以門中為單位，在進入清明節的第一個假日舉行，祭拜的對象通常是開琉始祖。

二、閩人三十六姓所帶來的道教信仰，如天妃、關聖帝君、天尊等已由衰微轉為沉寂，僅可在久米崇聖會的一角依稀感覺其存在。日前久米村人正以久米崇聖會為基地，戮力重振儒教，建構久米村特色。

三、民間信仰不會因為國家政權的改變而立即變化，但時日既久，必定受影響。閩人三十六姓自 1392 年入琉，在 1644 年明亡清立改從琉俗為止的 250 餘年間一直保持明國習俗。自 1879 年廢藩置縣起，進入日本國家體制已超過 130 年，琉球的民間信仰與久米村人的日常生活仍密不可分，此可以從 5、6 月的麥穗祭，2、8 月的屋敷御願，12 月的師走拜み中可以深深體察。與此同時，來自日本信仰的浸染，如春分、秋分時節的彼岸祭、地鎮祭、家中各種神明祭等，也已強固地根植於久米村人的生活當中。

表5－7：久米村境內的宗教信仰建築與遺跡一覽

名　　　稱	琉球話	祭祀對象	建立年	現　　　址
至聖廟	チーシンビュー chi-si-n-byu	孔子 顏子 曾子 子思子 孟子	1674	那霸市若狹町
上天妃宮			1424？	天妃小學校校園→至聖廟
下天妃宮			1424？	那霸消防署附近→至聖廟
龍王殿			？	中三重城→上天妃宮→至聖廟
關帝廟			1661	→舊至聖廟
天尊廟				→舊至聖廟
蔡氏堂（忠盡堂） 清泰寺		蔡家位牌 觀音菩薩	1472	久米町 2 丁目 106、107 番地

東禪寺		觀世音		久米町 2 丁目 46 番地 元覺寺分寺
東壽寺		不詳		久米町 2 丁目 87 番地附近 護国寺末寺
東龍寺		不詳		久米町 1 丁目 52 番地 元覺寺分寺
內兼久山拝所 （內金宮）	ウチガニクー u-chi-ga-ni-ku	弁財天女	不詳	久米小公園附近一帶 神女：泉崎村船蔵鉢嶺家
セーヌカン（senukan） 拝所	セーヌカン Se-nu-ka-n	才之神 道祖神	不詳	松下町 1 丁目 1 番地附近 （現 SUBARU 汽車販賣公司）
唐守嶽（当間森）	トーマムイ To-ma-mu-i		不詳	波之上辻町側

資料來源：具志堅以德，1997，《久米村の民俗》，那霸：久米崇聖会。

表5－8：沖繩現行年中節慶一覽

月　　　日	節　　　　　慶	中文意思
1月 　1日 　2日 　3日 　4日 　7日 　12日 　15日 　16日 　20日	正月 ハジウクシ（仕事始め） ミッカ ノ シュク（三日の節供）三日節 火神加那志の下天 ナンカ ノ シュク（七日の節供） トゥシビー ウイエー（年日祝） 上元 お墓参り ハチカソーグッチ（二十日正月）	 開始工作 三日節祭拝 火神加那志下凡 七日節祭拝 慶祝十二支生日 上元 掃墓
2月 　2日 　15日 18、19、23 日	土帝君 **クーシーウマチー（孔子祭り）** ウマチー（麦穂祭） 屋敷の拝み **守神の御祭り** ウンチャビ（御彼岸祭） 島クサラシ	土地君 奉祀孔子 麥穗祭 祭拝屋神 彼岸祭
3月 　3日 　3日 　4日ごろ	**ウジュウ** 浜下り ウシーミー（御清明祭） ウビナリー ウフワタムン アシバスン お水撫で	 下海邊 清明節

4月		
14～15日	**カーサレー** 畦払い 腰憩い 山留	祭拜水井、祖先
5月		
4日	ユッカヌヒー（4日の日） ハーリー（爬龍船）	
5日	アマガシ	
15日	5月ウマチー（麦穂祭）	
18、19、23日	**お観音拝み・プーサガナシ** 原山勝負	祭觀音、拜菩薩
6月		
15日	ウマチー（稻收穫祭　）	
24日	**天尊廟の例祭**	天尊廟例行祭典
25日	ウイミ	
25日	6月強飯 綱引	
7月		
7日	七夕のお墓祭り	
9日	クニチマチ	
13日	ウンケー（御迎え）お盆	
14日	後生	
15日	ウークイ（お送り）	
盆明亥	シヌグ（豊作豊漁祈願）	
盆明亥	ウンガミ（海神祭）	
8月		
	丁御祭（孔子祭り）	祭拜孔子
1～7日	屋敷の拝み	
8日	トーカチのお祝い	
8～15日	ヨーカビー（妖怪日）	
9～13日	柴差	
10日	**ウイミ**	
10日	8月強飯	
13～15日	8月遊び	
15日	十五夜	
18、19、23日	**守神の祭り** ウビナリー 彼岸	
9月		
7日	カジマヤー	
9日	菊御酒 ウビナリー	
18、19、23日	**お観音拝み・天妃菩薩の拝み** **ウフウスウコー（大御燒香）**	拜觀音、拜天妃菩薩

18 日	十八夜 神拜み 原山勝負	
10 月 　10 日 　10 日 　立冬	**竈まわり** 切支丹帳 種子取	
11 月 　7 日 　冬至 　15 日	**トゥンジージューシー** ひいご祝い（大工） 芋の祭り 島クサラシ 冬至 イザイホー（久高島）	冬至
12 月 　8 日〜24 日 　24 日 　27 日 　30 日	ムーチー（鬼餅） ウグァン　ウフトゥチ（お願お解き） ヒヌカン　ガナシの上天 豚の屠殺 トゥシ　ヌ　ユール（歳の夜＝大晦日）	

資料來源：《久米村の民俗》、《沖繩の祭りと行事》。
説明：粗體字爲久米村現行獨具特色的祭典。

第六章　久米村人的認定與認同

認同與認定在民族學的區辨與歸類上具有重要的意義，民族學者林修澈認為，認定的主體是國家，有客觀依據，一定是單選，邊界是明確的，穩定性強，涉及權利與義務。而認同的主體是個人，是主觀，可以是單選也可以是複選〔註1〕，即所謂的重層認同〔註2〕，邊界是不明確的，穩定性可以是不強的，不涉及權利義務（如表6−1）。

表6−1：認定與認同比較表

	認　　定	認　　同
觀點	客觀	主觀
主體	官方	個人
選擇	單選	單選／複選
邊界	明顯	不明顯
穩定性	強	弱
權利義務	涉及	不涉及

資料來源：林修澈，2001，《原住民的民族認定》，台北：行政院原住民委員會，頁121。

把這套標準用在有 600 年歷史的久米村人身上討論，頗可以發現許多可以分判的殊異之點。在本章中，以時間為縱軸，以認同和認定這一組概念為

〔註1〕　林修澈，《原住民的民族認定》，頁121。
〔註2〕　歷史學者也同意有重層認同，參考張啓雄編，2001，《琉球認同與歸屬　論爭》，台北：中央研究院東北亞區域研究所，頁13〜18。

橫軸，檢視久米村人在琉球・沖繩社會的脈絡下，其認同與認定的變遷、在此變遷中的歷史記憶與失憶，以及文化的誇耀與攀附過程。

發生在久米村人身上的認定現象與久米村人的認同變遷，其實是琉球民族對抗日本民族侵略的力量來源，是琉球民族賴以建立主體性的憑藉和對照。16 世紀末日本薩摩藩對琉球的覬覦，出現了鄭迵與之對抗，19 世紀中葉近代日本欲納琉球王國爲領土，出現了林世功自弒，誓不爲日本臣民。20 世紀 90 年代沖繩人重新爲自己在日本史上定位時，以王國「大交易時代」來突顯琉球的特殊性，以「王府主久米村從」的口號來突顯琉球人的主體性。

第一節　身分認定政策與久米村人

一、琉球王國的身分制度

爲統治方便，琉球王國實施身分認定政策，政策大致以流動期、準備期、和確立期三個階段完成，簡述如下。

（一）流動期：古琉球末期（16 世紀末～17 世紀初）

本時期的身分制，可化約成支配階層和被支配階層，支配層又可細分爲授有位階封號的中央官人層和任職地方的地方官人層，「民、百姓」屬於被支配層。這個時期的官人層尚未固定化，可以流動，百姓可因中央的授命，擔任地方職務、進貢船務員、官人家臣而上昇到官人層的末端。

（二）準備期：近世琉球初期（島津入侵～17 世紀中葉）

1636 年實施「宗門改」（戶籍調查），身分認定進入形式粗具時期，分爲士、百姓兩種，限定居住在都會區且爲王府服務的官員爲士，其他爲百姓。都會區下設首里、那霸、久米村、泊村 4 種戶籍。此種分籍是爲了對明朝貢，因此必須對久米村人做特別的處理。

（三）確立期：近世琉球中期（17 世紀後半～18 世紀初）

1671 年王府要求所有的士提出「系圖」（家譜）登記，有家譜者爲士，無家譜者則爲百姓。古琉球期發出的「辭令書」（人事任命狀）成爲能否被承認爲士的證明文件，部分提不出證明但其祖先確曾擔任前述的地方職務、進貢船務人員，官人家臣的人紛紛提出申請，要求承認。於是 1679 年進行「系圖改正」，1689 年設置「系圖座」作爲管理家譜的常設單位，正式展開第一次的

系圖整編，1712年進行第二次系圖整編，身分制至此確立而固定下來。

二、久米村人認定政策的實態

　　相應於王國的認定政策，久米村人的身分認定情形依其發生原因，政策具體實施情形、結果與影響分述如下。

（一）認定政策實施的原因

　　針對久米村實施認定政策的原因，學者的看法大致可整理成 3 種：三十六姓凋謝〔註3〕，三十六姓子孫漢語能力退化〔註4〕，以及重新強化與明國的關係和招攬明國海商〔註5〕。

1、三十六姓凋謝

　　16 世紀前半葉，也就是尚眞～尚清王代（1527～1555），琉球海外貿易的衰微跡象漸漸呈現，貿易衰退的大致原因，一是明國外交政策的轉換（懷柔政策的萎縮、船舶支給的停止），二是薩摩藩對琉球通商船統制的強化，三是日本商船對東南亞諸國航線的入侵，四是漳州、泉州等地的明國海商擴大貿易範圍至九州及東南亞〔註6〕。久米村因琉球貿易的不振而衰微，三十六姓多離開久米村四散他處。

2、三十六姓子孫漢語能力退化

　　三十六姓因為通漢語、擅航海，方能勝任朝貢貿易的實際任務，然而時日既久，琉球化日深，子孫輩漢語（官話）能力逐漸流失，王府不得不另覓通漢語的人才，以確保進貢貿易的遂行。

3、強化明琉關係與招攬明國海商

　　成化（1465～1487）以後到明末為止，擔任朝貢職務的久米村人一直都集中在蔡、鄭、林、梁、金幾個勢力較龐大的家族手上，到了萬曆年間，久米村的衰微情勢已經開始對位居官員階層的久米村人形成威脅。久米村的沒落是琉球王國在東南亞的貿易關係不振所延伸出來的結果，對王國來說是牽涉國家經濟命脈的嚴重問題，必須要加以處理。除了經濟危機之外，還有政

〔註3〕　富島壯英，〈明末における久米村の衰退と振興策について〉，頁 469～490。
〔註4〕　渡口眞清，《近世の琉球》，頁 447。
〔註5〕　高瀨恭子，〈明代琉球国の「久米村人」の勢力について──《歷代寶案》による──〉，頁 174～175。
〔註6〕　富島壯英，〈明末における久米村の衰退と振興策について〉，頁 469～490。

治危機，那就是日本薩摩藩在一旁虎視眈眈，琉球王國頻臨被日本兼併的危機。萬曆 37（1609）年島津入侵，自此控制了琉球王國的內政外交〔註7〕。

（二）具體因應政策

基於以上原因，王國展開久米村強化政策。政策分為兩部分，一是確保職能集團的身分，對於現存的閩人三十六姓子孫給予俸祿，在位階與職階方面，久米村、首里、那霸的士分籍負責，久米村籍專門負責冊封、進貢並擔任與此相關事務的職務；二是人才的確保，陸續將「通漢語、知禮數」的那霸、首里籍人，或漂流至琉的漢人編入久米村，編入的年代及出身地如表 6－2。

表6－2：新編入籍的久米村人一覽

編　號	元　祖	出　身　地	入　籍　年
1	蔡宗貴	福建西門外	嘉靖年間（1522～1566）
2	鄭肇祚	福建福州府長樂縣	嘉靖年間（1522～1566）
3	林世重	琉球	萬曆3（1575）
4	王立思	福建漳州府龍溪縣	萬曆19（1591）
5	阮　明	福建漳州府龍溪縣	萬曆19（1591）
6	毛國鼎	福建漳州府龍溪縣	萬曆35（1607）
7	阮　國	福建漳州府龍溪縣	萬曆35（1607）
8	蔡　廛	琉球	萬曆38（1610）
9	陳　華	福建漳州府	萬曆45（1617）
10	周國盛	琉球	崇禎年間
11	孫自昌	琉球	順治2（1645）
12	楊明州	浙江台州府	順治5（1648）
13	曾志美	琉球（首里虞姓）	順治13（1656）
14	程祚泰	琉球（首里虞姓）	順治13（1656）
15	魏士哲	琉球（首里応姓）	康熙8（1669）

〔註 7〕 高瀨恭子，〈明代琉球国の「久米村人」の勢力について──《歷代寶案》による──〉，頁 174～175。

| 16 | 林茂豐 | 琉球（小祿間切） | 康熙 9（1670） |
| 17 | 李榮生 | 琉球（那霸牛姓） | 康熙初年（推定） |

資料來源：富島壯英，〈明末における久米村の衰退と振興策について〉，中琉文化經濟協會編，1987，《第一屆中琉歷史關係國際學術會議論文集》，台北：聯合報文化基金會國學文獻館，頁 469～490；琉球新報社編，1989，《新琉球史　近世編（上）》，那霸：琉球新報社，頁 212。

1、給予俸祿保障身分

受封采地的久米村人，最早有嘉靖 26（1547）年的梁顯，被授予西原間切神谷地頭職，其他還有嘉靖年間的蔡瀚（読谷山間切屋良地頭職）、金昇（眞和志間切友寄地頭職）。專務進貢的久米村人被授予采地，意味著久米村人被收編，成為王國體制內的一員〔註8〕。俸祿依位階高低而定〔註9〕，如最低階的若秀才（1653 年開始）支給俸米 5 斗，最高階的正議大夫（1706 開始）支給俸米 6 石（米 3 石 5 斗，雜石 2 石 5 斗）。

2、語言人才的確保

嘉靖（1522～1566）到萬曆（1573～1619）年間，陸續以「補唐榮之缺」名義，網羅漳州人王立思、阮明、阮國、毛國鼎，從日本豐後國輾轉來琉的鄭肇祚、蔡宗貴，以及漂流民的陳華（漂流到慶良間島）和楊明州（漂流到八重山島）等人納入久米村〔註 10〕。此外，也將「通漢語、知禮數」的琉球人，包括蔡廛、周國盛、梁守德、孫良秀、曾志美、程泰祚、魏世哲、林胤市、李榮生等人納入。

由以上新入唐榮人的背景，我們可以歸納出，語言是琉球官方認定身份的必要條件，會說漢語（官話）的人才有資格編入唐榮籍，才能被認定為久米村人，琉球人可以因為通曉漢語，而跨越過血緣界線成為唐榮人的一份子，很明顯地身分認定的關鍵在語言。

（三）結果與影響

久米村人移入政策實施之後，久米村人口由 1654 年的 305 人，攀升到 1729 年的 1507 人，75 年之間成長 5 倍，對於王國來說，進貢時所需的大量

〔註 8〕　琉球新報社編，1991，《新琉球史　古琉球編》，那霸：琉球新報社，頁 248。
〔註 9〕　詳細參考富島壯英，〈明末における久米村の衰退と振興策について〉，頁 469～490。
〔註10〕　同上註，頁 483。

人才確實可以因此得到補充，不虞匱乏。

　　對於久米村人來說，全體被定位在爲冊封進貢服務的士族階層，居於國王之下，百姓之上。同時，久米村人的內涵因爲認定政策而有重大的變化，新入唐榮人的比例高達 72%，導致內部階級意識產生（如圖 6－1），而階級意識關係到待遇官階的爭取。1392 年移住琉球的「閩人三十六姓」及其子孫堅持在位階上要有所區隔，自己列爲「譜代」（授與既有任官者的位階稱呼），後來編入唐榮籍的，不論其爲具有中國血統或琉球人血統，均列爲「筑登之」（授與新參入籍者的位階稱呼）。如第二章第二節的久米村位階圖所示，「筑登之」比「譜代」多一階，不利升官。即使是現代的久米村人當中，仍有人認爲閩人三十六姓的子孫才是「正統」的久米村人，和後來編入的是不同的。

圖 6－1：琉球國身分階層略圖

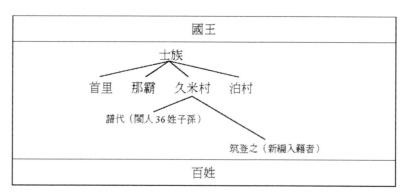

第二節　鄭迵事件與林世功事件

一、事件之前

　　爲了解兩人事件之始末及影響，茲以〈金氏家譜序〉〔註 11〕的說明作爲起始：

> ……按琉球自明初通中國，當其時，國人未諳中國言語、文章，於是明太祖敕賜閩人三十六姓，令掌朝貢及國教之典故。國王以賓禮待其人，悉聚族於唐榮，卜宅給俸，俾世世子孫使中朝修貢典迄今。

〔註 11〕〈金氏家譜序〉那霸市企画部市史編集室，《那霸市史　資料編第 1 卷 6 家譜　資料二（上）》，頁 52。

三百年來，累世國恩，可謂至深……。

久米村人一向根據久米村家譜的記載，宣稱始祖閩人三十六姓乃是明太祖爲方便朝貢，於洪武 25（1392）年下賜給琉球，琉球國王令其卜地居唐榮（那霸）。然而，針對閩人三十六姓此後生活的具體記錄則少之又少，堪能作爲舉證資料的，僅有朝鮮漂流民的零散報告，因此很難探究此時期久米村人的認定和認同問題。

《李朝實錄》中，載有 1456 年漂流到琉球的梁成等人對當時那霸的描述：「……住水邊公館，館距王都五里餘，館傍土城有百餘家，皆我國及中原人居之……」〔註12〕，1461 年肖得誠的報告說，「……市在江邊，南蠻、日本國、中原商船來，互市」，1479 年金非衣的報告提到，「唐人商販來有因居者、其家皆蓋瓦、制度宏麗、內施丹雘、堂中皆設交倚、其人皆著甘套衣、則如琉球國、見俺等無笠贈甘套」，「江南人及南蠻國人皆來商販、往來不絕、……」。

從以上報告可以窺知，15 世紀中葉朝鮮漂流民眼中，那霸港區內江南、南蠻、日本船絡繹不絕，一幅商業鼎沸的景象；包含久米村人在內的唐人衣著與琉球人相同，住在氣派的瓦頂房屋裏，仍然保有原鄉的一些生活習慣，是和南蠻、日本、朝鮮、琉球有別的一個民族集團。

學者一般認爲「中原人」、「唐人商販來有因居者」、「江南人」就是閩人三十六姓，但是史料有限，無法呈現具體的面貌。具體出現閩人三十六姓漢式唐名是在 1462 年朝鮮的琉球國使臣宣慰使李繼孫與正使普須古、副使蔡璟（1426～1486）論《文獻通考》所記載的琉球國風俗。當時蔡璟多次提到福建，如李繼孫問喪葬，蔡璟答曰：

於山上巖下作室、女人家人死、則收骨盛函、次次置於巖室、春秋擇日開門入室祭之、且於家正廳奉安神主、以朝夕所食之物祭如平生、以白衣終三年若中朝福建之俗、則臨死之時、令左右持體使之坐死、用水銀灌口顏色如平生、奉安正廳、奉祀如常、三年喪畢後或燒葬、喪葬之禮如此其厚、故世人云、生在揚州、死在福建〔註13〕。

蔡璟一方面敘述琉球的習俗，另一方面又以「中朝福建」做比喻，有意攀附中華文明來提高琉球的地位。對朝鮮的衣冠文物，蔡璟認爲：

〔註12〕 鄉土研究会，1966，《李朝実錄　琉球関係資料》，那霸：鄉土研究会，頁 13。
〔註13〕 鄉土研究会，《李朝実錄　琉球関係資料》，頁 20。

我於中國及外國無不遍行、今到貴國、衣冠文物侔擬中華、凡朝臣
舉動有似福建長樂縣、俗非他國所及〔註14〕。

　　蔡璟生於 1426 年，童名千松，曾以長史身分前往至明國 4 次，是閩人三
十六姓蔡氏家族渡琉後的第 3 代〔註15〕。已經琉球化的蔡璟，對朝鮮使者的
質問不僅展現了他個人見識廣博、善於外交辭令的一面，同時站在王國的立
場，力護琉球的尊嚴。他稱讚朝鮮朝臣舉動類似福建，衣冠文物有中華之風，
其實也表示朝鮮與同樣行福建厚葬風俗的琉球是平等的，是文明的。

　　除了少部分從事島內商販活動外，大部份的久米村人自琉球與明國有正
式邦交（1368 年，琉球處於三山時期）以來，就擔任琉球進貢船的大夫、通
事、火長，活躍於明國、朝鮮、與南蠻之間，以特殊技能集團的身分為琉球
的中繼貿易擔綱，一直持續到 16 世紀初琉球的海外貿易開始衰退為止，為琉
球締造所謂的「大交易時代」。

　　歷史學者高良倉吉稱這群為琉球締造「大交易時代」的人為「請負（承
辦）集團」〔註16〕。相對於國王直接頒給「辭令書」（任命狀）的琉球人──
直接受雇者，久米村人沒有辭書令，屬於間接受雇者。重點在強調大交易時
代是琉球人的時代，琉球人才是貿易經營的主體，久米村人不過是支援琉球
的承辦集團而已。

　　高良的論點很清楚地是站在琉球人的立場，利用久米村人做對照，來突
顯琉球人的主體性。的確，從認定的角度來看，久米村人乃外籍兵團，還不
是琉球王國人。既然不是琉球王國人，王府對久米村人就沒有約束力，久
村人可以選擇告老還鄉（如潘仲孫、程復），也可以選擇留下來。然而，對已
經琉球化的久米村人來說，很可能已經對王國產生認同。以蔡璟的例子來說，
儘管看不出蔡璟對原鄉福建的認同程度，但當面對朝鮮人時，他確實是以琉
球國的一份子與之論談。

　　此後的琉球‧沖繩史，蔡璟並不是唯一，1609 年薩摩入侵琉球，王國成
為傀儡政權時，鄭迥捨身取義，1879 年琉球被日本處分，琉球王國瓦解時，
林世功自剄以明不為日本臣民之志，便是久米村人對王國認同的典型例子，
可以說在這兩個琉球王國存亡的關鍵時刻，出現在久米村人身上的是王國認

〔註14〕 同上註，頁 13。
〔註15〕 那霸市企画部市史編集室，《那霸市史　資料編　第 1 卷 6　家譜資料二
　　　　（上）》，頁 248。
〔註16〕 高良倉吉，《アジアのなかの琉球王国》，頁 138。

同而非民族認同，而且久米村人國家認同意識的產生，和 16 世紀末王府實施的認定政策有很大的關係。

　　反倒是沖繩人有認同危機意識，例如当眞嗣合〔註 17〕在〈名護聖人　程順則〉文中強調，對王國教育有卓越貢獻的程順則（1663～1734）是純正的「琉球種族」〔註 18〕，反應在此一名稱之後的另一個可能涵意是：有琉球種族血統的程順則不遜於漢民族血統的久米村人；同樣的例子，邊土名朝有在《琉球の朝貢貿易》中舉出蔡國器（1632～1702），強調具有琉球血統的久米村人蔡國器，才有更寬廣的視野來固守琉球的國家利益〔註 19〕。

二、鄭迵事件

（一）鄭迵事件始末

　　鄭迵，生年不詳，1565（明嘉靖 44＝尚元 10）年選爲官生渡唐。翌年進南京國子監讀書，1572 年歸國，分別於 1574（萬曆 2）、1577（萬曆 5）、1579（萬曆 7）年以都通事、長史的身分赴閩上京朝貢。1579 年進貢謝恩任務完畢歸國後，陞爲久米村最高行政長官總理唐榮司。1606 年更擢爲三司官（國政大臣）〔註 20〕。在此之前，琉球國從未用久米村人擔任三司官，鄭迵是第一人，另一人則是 114 年後的蔡溫（1720 年陞三司官）。

　　鄭迵任事的年代正是日本江戶幕府初成立的時候，新政權對外需要國際社會的承認，對內必須鞏固幕府支配的正當性。在此日本從中世國家轉型爲近世國家的動盪時期，琉球自然無法置身事外。鄭迵和日本結下仇怨是在 1591（萬曆 19）年（即日本出兵征伐朝鮮的前一年）8 月，琉球國急急派遣福建商人陳申和當時官拜長史的鄭迵前往明國報告日本軍的動向。

　　1609 年薩摩藩島津氏挾鐵炮 730 挺、軍船 100 餘艘、率兵 3000 餘人進攻琉球，身爲三司官的鄭迵雖是一介書生，但卻毫無畏縮，不僅派女婿擔任德

〔註 17〕当眞嗣合（1884～1946），出生在首里，原「琉球新報」記者，曾創辦「沖繩朝日新聞」，後當選眾議院議員。名護市教育委員會・名護市史編さん室編，1991，《名護親方程順則資料集・一　人物・伝記編》，頁 68。

〔註 18〕同上註，頁 59。

〔註 19〕邊土名朝有，1998，《琉球の朝貢貿易》，東京：校倉書房，頁 198～202。

〔註 20〕三司官，首里王府的官名和位階名，即掌理國政事務的宰相，設有三名，對於重要政務經協議後由國王裁決，其他則協議後決定。三司官之上雖有攝政，但只是形式上的，三司官才握有政治實權。沖繩大百科事典刊行事務局，《沖繩大百科事典　中卷》，頁 253。

之島的守備隊長，自己更領兵 3000 防守那霸。琉球國雖有兵力，但兵器火力
與戰力與日軍相距懸殊，完全不是島津的對手。鄭迵退守首里，島津圍城數
日，尚寧王最後出城乞降。尚寧王與及家眷、三司官被帶到薩摩藩當人質。
鄭迵被軟禁的期間曾透過長崎的商人攜密函向明國求救，但此事被當時滯留
福州的琉球使者金応魁得知，金応魁以一百金買下這封密函，阻斷求援訴請。
1611 年 9 月尚寧王一干人等被允歸國，但須簽下起請文（誓約書）才能放行，
鄭迵因為不願在喪權辱國的誓約書上按捺，被處死刑〔註21〕。

　　民間傳言，薩摩藩執行死刑的官差問鄭迵（謝名親方）有何遺言。鄭迵
答道：無遺言，惟願能演出「唐手／karate」（中國拳術）再赴死。於是官差解
開他手上的綁繩，讓他在油鍋旁演練唐手之後，再將其丟入滾滾生煙的油鍋
中；鄭迵的三魂成巴字形在鍋中旋轉。為了紀念鄭迵粉身碎骨仍然心懷國家
的忠義之心，琉球王國乃把三個「巴」紋代表的意義作各種穿鑿附會，不僅
用作琉球王家的紋章〔註22〕，也用作琉球王國國旗（1429～1874），及後來琉
球藩時期（1874～1879）的旗印（圖 6－2、6－3、6－4），之後更成為琉球獨
立運動組織的標誌。

圖 6－2：	圖 6－3：琉球王國國旗	圖 6－4：琉球藩旗
琉球王家紋章	（1429～1874）	（1874～1879）

資料來源：http://www.okinawajoho.net/pc/culture/kamon。

〔註21〕 琉球新報社，1989，《新琉球史　近世編（上）》，那霸：琉球新報社，頁 61。
〔註22〕 紋章，原是日本平安時代公家牛車頂和側板上的圖案，漸漸也用在織、染物
　　　　 的圖紋上，武家時代轉化為家紋。明治維新時代平民被允有姓，家紋普及
　　　　 化。戰後受西方文化影響，家紋逐漸沒落，只用在墓碑上。本惠鄉，1992，
　　　　 《琉球紋章 I》，浦添：琉球紋章館。琉球王國於 1879 年成為日本的沖繩縣，
　　　　 家紋章的普及自然晚於日本本土，至於確切的年代則不詳。沖繩家紋章的特
　　　　 徵在於王家以「左三巴紋」為主，支系的家紋通常是巴紋的變形。而久米系
　　　　 的家紋當中，只有鄭氏眞榮里家的紋章是二巴紋中一橫柱，屬巴紋變形的一
　　　　 種。

民間傳說未必能盡信，但卻也反映了當時一般平民百姓對鄭迵的正面評價，倘若鄭迵不是認同琉球王國，心懷社稷，斷然無法做出如此犧牲生命的事來。民間傳說的繪形繪聲也可能是迫於當時的政治環境，無法見諸文字，包括史書、家譜等，對鄭迵的事蹟都只有寥寥幾筆，鄭迵和蔡溫是久米村出身的僅有的兩個三司官，可是有關蔡溫的記載卻遠比鄭迵為多，由此可見一般。

（二）鄭迵事件的評價和影響

1、中國史觀中的鄭迵

鄭迵的史料極少已如前述，即使在中國方面也僅只有清國時代周煌的《琉球國志略》（1759），把鄭迵列在人物「忠節」項下，記載非常簡略：

> 鄭迵，字利山，祖本閩人，賜籍中山，都通事祿次子。嘉靖中，入太學讀書。歸，累官至法司。球例：法司無用三十六姓者；有之，自迵始（夏子陽「使錄」作迵，迵，字格橋，官長史，未嘗為法司也）。祿三子，其長曰達，次曰迵，季曰週。萬曆間，浦添孫慶長（即察度王後）興於日本，自薩摩洲舉兵入中山，執王及羣臣以歸，留二年。迵不屈，被殺；王危坐，不為動。慶長異之，卒送王歸國〔註23〕。

「迵不屈」，指的是鄭迵寧死也不願簽署薩摩藩「掟十五条」〔註24〕的誓約書，理由是該盟約書純屬奴隸琉球民族的喪國條款，因此拒絕按捺指紋。「被殺」的方式一般史書載為斬首，民間則是下油鍋。列在「忠節」項下，被評為「為國殉難的忠臣」，即表示清國認定鄭迵是琉球國人。

台灣的研究者對鄭迵的認識不深，可能是研究方向的關係。陳紀瀅引用《琉球國志略》，說鄭迵是被「倭寇」所俘不屈，後被殺；楊仲揆作〈琉球國丞相鄭迵傳並序〉讚其為「成仁取義」〔註25〕；吳靄華則承 Kerr 的觀點稱鄭

〔註23〕　周煌，1759，《琉球國志略》，台灣銀行經濟研究室編印本第二冊，頁228。
〔註24〕　掟十五条，掟（おきて／okite）是法令、規章的意思。島津統治琉球的基本方針，共有15條，內容可歸納為6類，王府支配階級的重構，收奪制度（年貢徭役的公定京升的使用），勞動力的確保（禁止人身買賣），風俗取締（博奕等），薩琉間商品流通統制，琉球人民向薩摩訴願許可的規定（掌握裁判權）。沖繩大百科事典刊行事務局，《沖繩大百科事典　上卷》，頁425。一言以蔽之，其實就是15條控制琉球王國的內政與外交。
〔註25〕　楊仲揆，1981，〈琉球國丞相鄭迵傳并序〉，《中華文化復興月刊》第14卷第3

迴爲「親華派」，也只點到爲止〔註26〕。值得注意的共同點是三人都是戰後的一代，在當時的政治氣氛下把鄭迴視爲「反日」的精神象徵。

2、薩摩史觀中的鄭迴：喪國佞臣

日本方面對於鄭迴的記載見於有喜安親方〔註27〕的《喜安日記》〔註28〕、南浦文之的「討琉球詩並序」（1649），琉方向象賢（羽地朝秀）下令編纂的《中山世鑑》（1650），後人研究鄭迴事蹟時多引《喜安日記》，把鄭迴描寫成喪國的亂臣，將薩摩入侵的責任歸在他一人身上。考究這種說法的用心，應是要爲侵佔琉球取得正當性。喜安稱鄭迴爲「佞臣」，則是爲殺害鄭迴編寫一個冠冕堂皇的理由，因爲薩摩害怕讓鄭迴繼續存活在琉球掌權，成爲「養虎之憂」，有礙其侵略琉球王國的計畫。

> ツラツラ事ノ心ヲ思フニ、今度琉球ノ乱劇ノ根本ヲ尋ヌルニ、若那（謝名）一人ノ所爲也。其上佞臣也。是ノ等ヲ助置レバ養虎ノ憂アルベキトテ、特ニ沙汰アリテ九月十九日申ノ時バカリニ首ヲ刎ラレケリトゾ聞エケル〔註29〕

> （仔細思量，若問此次琉球亂劇根源，乃若那（謝名）一人所爲也。且其爲佞臣也。若放任不顧，恐有養虎之憂。幸有消息傳來九月十九日申時已被刎首。）

南浦文之的「討琉球詩並序」中更把鄭迴的名字謔稱爲「邪名／じゃな（jyana）親方」（爲謝名親方的諧音），指責鄭迴對島津家久派去的使者無禮，才會導致薩摩出兵討伐琉球〔註30〕。另一方面，爲了要在薩摩的控制之下生存，向象賢選擇了篡改琉球歷史，以尋求日本認同。在其下令編纂的《中山

期，頁55～56。

〔註26〕 吳靄華，1985，〈一六○九年日本薩摩藩入侵琉球之研究〉，《教學研究》第7期，頁171。

〔註27〕 喜安（1566～1653），僧侶，日本和泉國堺人。1600年35歲時來琉，以茶道在王府朝中爲官，因擅和歌及漢詩，大和式教養，1609年薩摩侵琉時擔任琉薩之間的折衝，始終隨侍王側。尚寧被捕至薩摩亦隨行。沖繩大百科事典刊行事務局，《沖繩大百科事典　上卷》，頁814。

〔註28〕 《喜安日記》，喜安入道蕃元的日記。自1609年（尚寧21）3月薩摩入琉，喜安跟隨著身爲薩摩俘虜的尚寧王到薩摩、江戶始，1611年10月歸國爲止，約兩年半的隨行記錄。是琉球有關薩摩入侵極爲少數資料之一。沖繩大百科事典刊行事務局，《沖繩大百科事典　上卷》，頁814。

〔註29〕 池宮正治等編，《久米村——歷史と人物》，頁152～153。

〔註30〕 宮城栄昌，《沖繩の歷史》，頁89。

世鑑》中明載：琉球本爲日本的後代，只因爲尚寧聽信佞臣「邪名」，對日朝貢虛與委蛇，失去了以小「事大」的誠意。

> ……尚寧……先是大日本永享年中，琉球國始爲薩州太守嶋津氏附庸之國，朝貢於日本百有余年也。尚寧慎終悖始，恐懼之心，日弛邪僻之情，轉恣用，聚斂臣，一邪名而失事大之誠也。故慶長己酉薩州太守家久公遣樺山權左衛門尉平田太朗，左衛門尉率兵征伐琉球而擒國王返〔註31〕。

3、琉球史觀中的鄭迴：盡忠職守 V.S 親中派

琉球沖繩史論著的論述所本都是《喜安日記》，但不同的人引用《喜安日記》則賦予鄭迴不同的評價（如表6-3）。眞境名安興在《沖繩一千年史》中描述鄭迴具有「不屈不撓精神」，其他大都把問題焦點傾向於首里王府內親中派和親日派間的政治鬥爭，而鄭迴則是親中派的代表。只有 Kerr 的論點獨排眾議，頗能指出問題的癥結所在，Kerr 認爲鄭迴是因爲自己的國家無法繼續處在獨立狀態，因而以死抗議。

表6-3：琉球沖繩史論中鄭迴的相關敘述摘要

作　者 出版年 書　名	鄭迴出現 的頁數	處刑 方式	內容與評價	史料出典
紙屋敦之 （1989） 《新琉球史——近世編（上）——》	頁59～61	斬首	身爲法司應有的作爲。 抵抗薩摩到最後。	《喜安日記》 《討琉球詩並序》 《中山世譜》
太田良博 （1983） 《間違いだらけの沖繩史》	頁41	斬刑	謝名親方（鄭迴）以不屈服於薩摩的態度，徹底排除其他意見，具有決定當時政治意志的權力，也正是朱明府（那霸久米村）在王府權力的象徵。	不詳
新里恵二、田港朝昭、金城正篤 （1972） 《沖繩県の歷史》	頁77	（未提）	琉球王府一時採納閩人後裔謝名親方的意見，決定拒絕島津氏的要求，但考慮將來，還是徵收超過索取數量一半以上的糧草相應。	《喜安日記》

〔註31〕橫山重編，1972，《琉球史料叢書　第五卷》，東京：東京美術，頁12。

宮城栄昌 （1968） 《沖繩の歷史》	頁 88～89	（未提）	平述未做評價。 堅決拒絕薩摩的要求， 邪名（謝名）對島津派去的使者無禮，導致島津侵琉球。	《喜安日記》 《討琉球詩並序》
東恩納寬惇 （1957） 《琉球の歷史》	頁 82～83	（未提）	官生出身的謝名與日本通的三司官和學者城間親方，主義思想無法兩立，唐榮人成爲三司官已造成首里閥族間不滿。	《喜安日記》
原國政朝 （1957） 《通俗琉球史》	頁 130	油鍋刑	拒絕在盟約書上捺印。油鍋刑的來龍去脈。紀念捨身爲國的鄭迴成爲尙家家紋的由來。	《遺老說傳》
George. H. Kerr （1956） 《琉球の歷史》	頁 115 頁 127	斬首	尙寧聽從顧問官謝名親方鄭迴的進言，拒絕支援豐臣秀吉征伐朝鮮。屬親中派。頑強地反對自己國家無法獨立而被斬首。	《喜安日記》
眞境名安興 （1923） 《沖繩一千年史》	頁 367～369	斬首	深得尙寧王信任，臨死前向尙寧王推薦蔡堅爲繼任人選掌貢典，富不屈不撓精神，送密書到明國求救。	《喜安日記》

資料來源：筆者整理製表。

　　當代的史論中，鹿兒島出身的歷史學者紙屋敦之，以較爲持平論述，正面賦予鄭迴新的歷史定位。他認爲鄭迴身爲處理國政的三司官，職責所在，理當拒絕薩摩無理的進貢招降，理當拒絕支援朝鮮征伐兵糧的請求，理當拒絕割讓大島，凡此種種，都是爲所當爲，不應非難。鄭迴只是一介書生，卻能以「千萬人吾往矣」的意志，反抗薩摩到底，自己率兵防衛那霸。當尙寧王棄城出降，鄭迴成爲人質被押到薩摩時，即使是軟禁期間仍設法向宗主國明國求救，最後拒絕在喪權辱國的起請文上署名，而招來殺身之禍〔註32〕。

4、久米村人的鄭迴觀：默默的悲劇英雄

　　學者根據自己的立場，對同一事件各自表述，其是非對錯及是否值得信賴，讀者自有公斷，我們比較好奇的是久米村人後代如何看待鄭迴。經過史料查證和口訪資料，我們發現鄭迴與蔡溫同是久米村出身的三司官，但在久米村的境遇卻大不相同，鄭迴除了相關史料缺乏之外，連鄭氏家譜〔註33〕的

〔註32〕 琉球新報社，1989，《新琉球史　近世編（上）》，那霸：琉球新報社，頁 59～61。
〔註33〕 那霸市企画部市史編集室，《那霸市史　資料編　第 1 卷 6　家譜資料二

記載都相當簡略，敘述極爲平淡，記事之外不加任何評述，茲錄於下。

　　九世祖諱迥謝名親方

　一　嘉靖四十四年乙丑二月二十二日奉　爲官生同梁炤蔡嫌梁焌共
　　　肆員入南京國子監讀書

　一　萬曆二年甲爲慶賀　皇上嗣登寶位事奉　使爲都通事隨王舅馬
　　　忠叟長史鄭祐赴閩上京

　一　萬曆五年丁丑三月初三爲進貢謝恩事奉　使爲長史隨正議大夫
　　　蔡灼赴閩上京

　一　萬曆七年己卯十二月十二日爲進貢謝恩事奉　使爲長史隨王舅
　　　馬良弼赴閩上京事竣歸國後爲總理唐榮司

　一　萬曆三十七年己酉五月十四日現任法司隨　先王赴麑島上江戶
　　　至萬曆三十九年辛亥被殺於麑島迥預知其死故稱蔡堅之才足可
　　　托貢典之事遂薦於　王王歸國即擢蔡堅爲總理貢典唐榮司

　　立碑以記述功勳德業，中外皆然，沖繩久米至聖廟內立有二碑（1969 年
落成），一是程順則名護親方寵文頌德碑，二是蔡溫具志頭親方文若頌德碑，
而鄭迥則似乎已遭遺忘。且看所樹兩碑的碑文解說：程順則，「我國道德教育
史上程順則的功績大矣，且是純然的朱子學者，德高之士，以名護聖人之名，
爲萬世師表，所以建碑永彰功德」；蔡溫，「任三司官輔佐尙敬王二十五年，
創造沖繩的極盛時代，尤其在日中兩屬政治的時代，苦心折衝，因此建碑永
彰功德」〔註 34〕。出身久米村的鄭迥，在職位上做到掌理國政的三司官，力
抗薩摩，以身殉國，卻只能在久米的土地上成爲默默的悲劇英雄。

　　Edward Said 說，知識份子總要面臨兩種選擇，一是成爲弱者的代言人，
一是向當權者靠攏〔註 35〕。鄭迥選擇前者，而現代久米村人選擇後者。從碑
文中的「程順則，我國（按，指日本）道德教育史上程順則的功績大矣」，可
以明確瞭解久米村人已經認同自己是「日本人」，在此種觀念下，對於「抗日」
的鄭迥當然避之唯恐不及。

　　比較令人感到安慰的是，紛擾的歷史觀和學者評價沒有影響鄭氏門中子

　　　（下）》，頁 936。

〔註34〕　国吉有慶編，1969，《程順則名護親方寵文頌德碑　蔡溫具志頭親方文若頌德
　　　　碑》，那霸：社團法人久米崇聖会，解說頁。

〔註35〕　Edward W. Said 著、單德興譯，1997，《知識分子論》，台北：麥田出版，頁
　　　　70。

孫對鄭迵的觀感，依然傾向選擇傳承鄭迵正面的光榮歷史記憶。以下是鄭氏門中渡琉第 20 代八木明德（1911 年出生，全沖繩空手道聯盟會長，鄭氏門中會長）對鄭迵的選擇性歷史記憶，話中頗有以祖先爲榮，同時也透露出子孫榮顯祖先的驕傲。

> 我雖然是鄭氏的會長，但歷史和琉球史問國吉先生或仲井眞元楷就可以，我沒什麽可以説的。不過我的祖先謝名親方鄭迵，在沖繩戰敗的時候，他是沖繩第一忠臣，也被説成沖繩第一逆臣。他和國王作伴，不願蓋章，對今後絕對要服從日本的一言一行的命令唱反調的人哦。後來，從事秘密工作，寄求救信到中國，結果被發覺，在鹿兒島被斬首。這個人就是我的祖先。我爺爺還在世的時候，戰前久米人經常自己聚在一起。髻髮、服裝也是繫寬帶呢！中學的時候和爺爺到空手道的宮城常順先生家，「這孩子可是謝名的子孫，應該會很厲害，你就教他空手道吧」。從此我就被帶去學空手道，現在是剛柔流的會長，也是聯盟會長〔註36〕。……

三、林世功事件

（一）林世功事件始末

　　林世功，久米村子弟，生於 1841 年 12 月 24 日，卒於 1880 年 11 月 20 日，享年 39。善詩文，1865 年通過官生科考試，1868（清同治 7，明治 1）年入北京國子監求學，是琉球王國派遣至清國的最後一批官生之一（共派遣 4 人，除林世功外，其他 3 人均病歿善終）。林世功 1874（清同治 13）年學成歸國之後，先後擔任國學大師匠、世子尚典〔註37〕。

　　林世功在北京的 6 年期間（1868～1874），正是琉球王國面臨日本蠶食鯨吞、岌岌可危的多事之秋：1871 年 7 月日本改薩摩藩爲鹿兒島縣，琉球歸鹿兒島縣管轄，10 月發生琉球宮古島民 54 人被台灣原住民殺害事件，1872 年琉球王國成爲琉球藩。1874 年林世功歸國時，駐北京日本官員因琉球派遣進貢使到清國，非常憤慨。1875 年 5 月明治政府下令琉球藩與清國斷絕關係，7 月內務大丞松田道之在首里布達命令，禁止琉球派遣向清國進貢使、要求藩

〔註36〕戶谷修・重松伸司，1979，《在沖繩中国系住民の生活意識——文化接觸の視点から——》，特定研究「文化摩擦」インタヴユー記錄，頁 88。

〔註37〕那霸市企畫部市史編集室，《那霸市史　資料編　第 1 卷 6　家譜資料二（下）》，頁 969。

王上京（日本江戶）等，企圖落實其對琉球的掌控。1876 年 12 月與向德宏（幸地朝常）、蔡大鼎（伊計親雲上）密航清國，開始投入琉球復國運動〔註 38〕，琉球史稱這些人為「脫清人」。

1879 年 4 月明治政府宣布廢琉球藩置沖繩縣，1880（光緒 6）年 10 月明治政府派遣宍戶璣與清國總理衙門商議分島增約案，滯留在北京的林世功決定使用「回天奇策」，以死陳情，於 11 月 20 日留下請願書，自刃身亡〔註 39〕。此事在北京引發了很大的風波，清國政府受了林世功自決抗議的衝擊，最後延緩分島條約的簽訂，琉球王國因而避免掉當時被分割的命運。

投入琉球復國運動的「脫清人」，除了前述林世功、向德宏、蔡大鼎等人之外，還有 1874 年滯留在福州的進貢使節毛精長等人，以及林世功往生後以毛鳳來為首的一群人。儘管他們對於國體、社稷領域的等國家的構想不同〔註 40〕，但就林世功本人來說，他對琉球的認同始終如一，由最初的請願書、及辭世詩均可再再證明，這也就是為什麼後來關心沖繩獨立或民族問題的人士一定會提到林世功的原因所在。請願書中述及「生不願為日國屬人，死不願為日國屬鬼，雖糜身碎首亦在所不辭」〔註 41〕，辭世詩〔註 42〕則寫出：

　　　古來忠孝幾人全？憂國思家已五年；

　　　一死猶期存社稷，高堂專賴弟兄賢。

張啟雄〔註 43〕認為，從認同觀點來看，中琉雙方的國家認同都屬於重層結構。就琉球君臣民的國家認同而言，先琉球而後中國，即先國家而後天下的雙重結構；就中國君臣民的國家認同而言，先中國而後琉球，也是先國家而後天下的雙重結構。在「中華世界秩序原理」下，琉球國只有離棄「舊正

〔註 38〕 上里賢一，1986，〈關於琉球知識人和動盪時期的中國——以林世功和蔡大鼎為中心——〉，《国文学論集　琉球大学法文学部紀要》30：69。

〔註 39〕 西里喜行，〈琉臣殉義考——林世功的自刃與其周邊〉，《球陽論叢》，那霸：ひるぎ社，頁 373。

〔註 40〕 赤嶺守著、張維真譯，〈請願書中「脫清人」的國家構想——以 1879 年至 1885 年的琉球復舊運動為中心〉，收入張啟雄編，2001，《琉球認同與歸屬論爭》，台北：中央研究院東北亞區域研究所，頁 161～181。

〔註 41〕 同上註，頁 172。

〔註 42〕 上里賢一著、嚴雅美譯，〈從詩文看林世功的行動與精神〉，收於張啟雄編，2001，《琉球認同與歸屬論爭》，台北：中央研究院東北亞區域研究所，頁 152。

〔註 43〕 張啟雄，〈琉球棄明投清的認同轉換〉，收於張啟雄編，2001，《琉球認同與歸屬論爭》，台北：中央研究院東北亞區域研究所，頁 3。

統」（南明）迎向「新正統」（清朝）的問題，日本明治政府廢琉球藩置沖繩縣的舉動等於是要琉球國滅亡，林世功乃是以身為琉球國臣民的一員，認同宗祖國清國是正統，才會以殉國方式對抗外來侵略者日本。他的舉動作為無關血緣，也無關親中與否。

茲歸納「中華世界秩序原理」〔註44〕下琉球正統認同轉換變遷的過程（參見圖6-5）。

圖6-5：中華世界秩序原理下琉球王國正統認同轉換變遷

	1372	1587		1609		1645		1875
中心變遷：	明國 →	明國・日本 →		明國・日本 →		清國・日本 →		日本
	↑↓	↑↓	↑↓	↑↓	↑↓	↑↓	↑↓	↑↓
邊陲適應：	朝冊貢封	朝冊貢封	拒封絕貢	朝冊貢封	朝封貢貢	朝冊貢封	朝封貢貢	拒廢絕藩
	⇩	⇩	⇩	⇩	⇩	⇩	⇩	⇩
正統認定：	正統	正統	外來政權	正統	曖昧正統	正統的新生	曖昧正統	外來政權
認同情形：	肯定	肯定	否定	肯定	被迫肯定	肯定	被迫肯定	否定

1372年琉球開始向明國朝貢接受冊封，到明亡為止，歷時約三百年，琉球均視明國為「中華世界帝國」的唯一正統，所以1587年豐臣秀吉多次招諭，琉球國都予以拒絕。1609年鄭迵拒絕簽下喪國的起請文也正是因為認同明國為唯一的正統，而在島津以武力併吞琉球之後，琉球國被迫臣屬於明國和日本之下，開始了遮遮掩掩的「日中兩屬」生活。1645年明清王朝交替，琉球依然在「中華秩序原理」之下，作棄明投清的認同轉換。1875年日本片面廢藩置縣，琉球又面臨亡國的危機，林世功等脫清人的抗拒自然是「復國」，而非「復舊」。

（二）對林世功的評價

1、沖繩觀點：頑固守舊主義 vs 琉球主體性主張者

林世功和鄭迵一樣處在非常時代，政治立場相異的人對其自殺的舉動評價也就南轅北轍，從頑固的守舊主義者，到琉球主體性的主張者不一而足。

〔註44〕同上註。

仲原善忠〔註45〕眼中的林世功是一個頑固的守舊主義者，是一個未能認清時局的無知反對運動者，因其「愚行」所及，原本是人人稱羨的「官生」反而成了「陳腐」的代名詞。仲原善忠所持的理由，乃是1875年日本，以德川爲至高無上的幕藩體制解體，已經在清算封建制度的同時施行絕對君主制。在這種情形下，琉球王國的解體已是絕對無法避免而且指日可見的事，士族階級的久米村人見不及此，仍然不死心的從事反對運動，當然會落得事與願違的結局。

伊波普猷〔註46〕認爲林世功是琉球主體性的主張者。他說，「姑且不論事情的成敗與否，林氏的自殺，確是給當時人們帶來了衝擊，連秩齡兒童和販夫走卒對官生新垣（林世功的琉球名字）的名字都能朗朗上口。但是隨著日本思想的浸潤，事情也就漸漸地被遺忘了」。上里賢一〔註47〕認爲伊波普猷這段話僅著眼於對事件衝擊之大、以及此一事件在琉球被日本同化的過程中逐漸被遺忘做描述，而未對整個事件給予持平的評價。上里似乎忽略了一項客觀事實，亦即一向追求琉球主體性的伊波之所以特別記述此一事件，乃是想藉著林世功的作爲提醒沖繩人不要忘記自己是琉球民族。

2、台灣觀點：琉球殉國詩人

林世功的名字台灣鮮有人知。1970年代的楊仲揆（當時任中華學術院琉球研究部主任）爲少數知悉林世功行事始末的一人，楊氏奉派駐沖繩美軍基地數年，對琉球頗有研究。在其〈琉球亡國與詩人林世功乞師殉國記〉〔註48〕中敘述琉球第二次亡國（1972年「沖繩復歸日本」爲第三次亡國）的經緯，以及林世功殉國的意義，以表彰忠烈，用爲史鑑。楊氏稱讚林世功乃「忠臣殉國，視死如歸」，文中凸顯了與林世功同行的蔡大鼎畏事，以及琉球人懼怕日本人太甚，清國官吏顢頇畏事等。林世功事件對於從中國大陸退守來台的人而言，可說是苦悶的象徵，不同的是琉球喪於異族日本之手，而這些來台的人則是被自家人趕出家園。

另一篇值得注意的是論作是蔡璋的〈琉球殉國詩人林世功其人其事〉〔註49〕。蔡璋是久米村人後代，由於不認同沖繩回歸日本，乃遷移來台，定

〔註45〕仲原善忠，〈官生小史──中国派遣の琉球留学生の概観──〉，頁547。
〔註46〕伊波普猷，1998，《沖繩歷史物語》，東京：平凡社，頁172。
〔註47〕上里賢一著、嚴雅美譯，〈從詩文看林世功的行動與精神〉，頁153。
〔註48〕楊仲揆，1975，〈琉球亡國與詩人林世功乞師殉國記〉，《華學月刊》38：42～48。
〔註49〕蔡璋，1951，《琉球亡國史譚》，台北：正中書局，自序。

居基隆。他認同自己爲「琉球人」，以中華民國爲「祖國」，視日本爲外來侵略政權。他心目中的林世功與歷史學者西里喜行相近（後敘），爲恢復祖國，不惜「尸諫」中國政府對琉的曖昧政策；「……受著琉王的的密命，重渡中國，無非爲挽救國家而奮鬥，恪尊『主憂臣辱主辱臣死』之義，移孝作忠，以死明志，尤令我們今日深感琉球復國責任的重大」。

3、林世功的當代意義：自由民權鬥士、民族獨立精神的象徵

相對於仲原善忠的大和史觀，和伊波普猷的琉球主體史觀，當代歷史學者西里喜行〔註50〕給予林世功的評價則頗爲正面，從論文的題目：〈琉臣殉義考〉便可以使人立刻有此感受。在西里西行的眼中，林世功不但是「琉球人」，而且他的自殺是「殉義」的行爲。西里西行旁徵博引大量史料證明林世功事件是確確實實的歷史事實，反駁當時中國新聞媒體對林世功的否定，並且批評日本媒體和明治政府對此事件的忽視。清國政府當時並未對林世功的殉義予以肯定，整個事件隨著歲月的流逝逐漸湮滅。但是，在琉球・沖繩近現代史的脈絡裏，審視林世功的殉義事件時，會與明治時期「自由民權」鬥士謝花昇〔註51〕一樣，成爲琉球民族被壓抑的苦悶象徵。

林世功的事跡在重新檢討沖繩回歸運動意義的學者及主張沖繩獨立（自立）的人士中都被廣爲提及，前者如新川明，在論及琉球王國末期頑固黨（林世功是其一）與開明黨派的對立，以及頑固黨中的白、黑對立議題時，便以同化於日本國及反國家兩者的對立作爲論述的主軸。又比屋根照屋〔註52〕則在分析主導日本自由民權運動的思想家及政治家們如何認知琉球王國末期的狀況之餘，試圖以林世功等人的思想與行動，建立起亞洲被壓迫民族抵抗運動之間廣義上的關連性〔註53〕。後者如仲地博〔註54〕，在探討沖繩自治可能

〔註50〕 西里喜行，〈琉臣殉義考──林世功の自刃とその周辺〉，頁388。

〔註51〕 謝花昇，1865～1908，行政官、社會運動家。1881年第一屆縣費留學生負笈東京，91年農科大學畢業，回沖繩擔任縣技師，後升高等官。是沖繩平民出身的第一位學士，且是高等官，民眾尊其爲「打破階級的象徵」。1898年辭官，投入土地事業整理陳情、與參政權取得的運動，可惜未能成功，1901年精神失常，1908年去世。沖繩大百科事典刊行事務局，《沖繩大百科事典 中卷》，頁361。金城正篤等，《沖繩県の百年》，頁96。

〔註52〕 比屋根照夫其他與琉球自立相關的著作有〈近代琉球的同化與自立──以太田朝敷・伊波普猷爲中心──〉，收於張啓雄編，2001，《琉球認同與歸屬 論爭》，台北：中央研究院東北亞區域研究所。

〔註53〕 上里賢一著、嚴雅美譯，〈從詩文看林世功的行動與精神〉，頁151。

性的歷史因素時，總會一再強調脫清人代表之一林世功投入沖繩救國運動，不惜爲此訴求自殺殉國的歷史事跡。

　　由以上的敘述，我們發現不同年代、不同地區、不同立場的人，對於同一件歷史事件有天壤之別的評價，之所以會有不同評價，是因爲選擇性的利用史料來穩固自己的主張和立場。若回到林世功的認同角度，我們還是贊同歷史學者西里喜行的看法，林世功是「琉球」的忠臣，也就是說，在林世功的事件中我們看到林世功的琉球國認同，而不是民族認同。

第三節　久米村人的遷移四散

　　琉球・沖繩史上有四次分期的人口移動〔註55〕，第 1 期在尙敬王（1713～1751）爲中心的前後 100 年，第 2 期由尙溫王代（1795～1802）以後到廢藩置縣（1879），第 3 期由廢藩置縣至土地整理（1903），第 4 期則在土地整理以後。其中第 1 期之末到第 3 期之間對久米村人影響較著，尤其第 3 期廢藩置縣之後，由於明治政府對脫清人的逮捕懲治，久米村人的人口移動最爲明顯。

　　導致人口移動的主要成因，最初是 18 世紀初琉球王府爲解決過剩人口問題，獎勵士族轉業或歸農〔註56〕，琉球史稱此爲「屋取」（やどり／ya-do-ri，琉球話ヤードゥイ／yaa-du-i）。屋取是「宿」的意思，貧窮下級士族下鄉，暫居農家，從事耕作開墾。原本屋取對士族來說只是暫時的權宜措施，大多抱著有朝一日還會東山再起返回都市的想法，但這樣的機會終未出現，而且大勢所趨，越來越多的歸農士族在農村定居下來，形成聚落〔註57〕。

　　以王氏門中爲例〔註58〕，7 世王成謨遷居具志川間切〔註59〕西原，後來因

〔註54〕　仲地博，〈沖繩自立構想の系譜〉，《沖繩の自治の新たな可能性》報告書
　　　　　No.5，http://www7b.biglobe.ne.jp/~WHOYOU/okinawajichiken0410.htm。
〔註55〕　小渡清孝，1982，《久米村　王姓門中の由來と發展——1982 年度門中清明祭
　　　　　りに際しての覺え書き》未刊本，頁 10。
〔註56〕　尚敬王代蔡溫擔任三司官期間，蔡溫爲解決人口及糧食問題，以免稅方式獎
　　　　　勵下級士族轉業，因此政經文化中心那霸、首里的士族開始向沖繩本島的農
　　　　　村區域移動。新里金福，1993，《琉球王朝史》，東京：朝文社，頁 157、179。
〔註57〕　沖繩大百科事典刊行事務局，《沖繩大百科事典　下卷》，頁 730。
〔註58〕　小渡清孝，《久米村　王姓門中の由來と發展——1982 年度門中清明祭りに際
　　　　　しての覺え書き》，頁 10～12。
〔註59〕　間切（マギリ／amgiri），自古琉球至 1907（明治 40）年爲止，沖繩特有的行

為美軍進駐，屋取村落被撤除，繼承的後代子孫中元家族散居在周邊的西原、安慶名、川崎、昆布。5 世王裕之移居今帰仁間切與那嶺村，繼承的小渡家有的回到久米村或再遷往今帰仁、本部羽地。而第 3 期廢藩置縣之後，位在久米村的各支派更擴散至現今的宜野座、嘉手納、系滿、石川、具志川。王氏門中的屋取分布地與數目尚難完全確定，但根據門中會所設立的 11 處地方分部來看〔註60〕，有系滿、那霸、離島、首里、眞和志、小祿、浦添、宜野湾、西原、北谷、嘉手納、沖縄市、具志川、石川、金武、宜野座等地，而且還擴及沖縄縣以外的的地區（參考圖6－6）。

圖6－6：王氏門中會分會分佈略圖

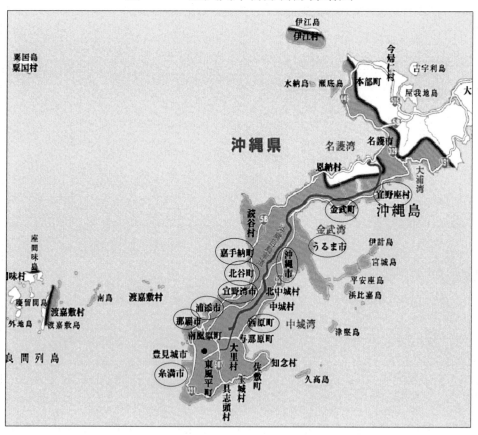

政區劃單位，通常幾個村落組成一間切，相當於「郡」或「縣」。詳細參照沖縄大百科事典刊行事務局，《沖縄大百科事典 下卷》，頁 508～509。

〔註60〕 王姓門中資料 4 編集委員會，《久米村 王姓門中（槐王會）資料4》，頁104。

－218－

　　王氏一族如此，其他 16 姓 25 系統的久米村人莫不如是，他們分散在沖繩縣各地、沖繩以外的離島和日本本土，更有遠居海外的（參見第一章第四節久米村人的現況）。同門家族可以靠宗親會性質的門中會凝聚在一起，而進一步把各門中再組織起來，就有賴位在那霸久米町的久米崇聖會了。

第四節　久米崇聖會與門中組織：歷史記憶的再創造與遺忘

　　日本是一個沒有民族認定政策的國家，對於異民族的統治一律採行同化政策，先有愛努和琉球，後是台灣和朝鮮。1868 年明治維新之後，新政府強制愛努人使用日本語，改日本姓名，透過學校教育強迫愛努人尊崇天皇，參拜大和人所建的神社〔註 61〕，對民族構成三大客觀要素——語言、民俗、宗教——的消滅，不遺餘力。

　　琉球廢藩置縣後，由於官話失去功能，久米村人地位一落千丈，生活也因此失去保障，必須下鄉從事農耕，已如第三節所述。久米村人由聚居變成散居，在困難的環境下，久米村人要凝聚力量，重振聲威，就有賴門中會與久米崇聖會（以下簡稱崇聖會）兩股力量了〔註 62〕。

　　門中會是以各姓宗族爲單位組成的宗親會，目前較積極運作的有梁氏吳江會、阮氏我華會、毛氏國鼎會、王氏槐王會〔註 63〕。崇聖會則是由久米村人後裔所組成的孔廟管理委員會。兩者的關係是，崇聖會扮演整合各門中會的角色。整合需要共通元素，兩者的基本共通元素是儒教。儒教不僅是所有久米村門中的共同記憶，更是東亞世界共通的符碼。本節引用前人所建立的兩次田野調查紀錄及個人在 2003、2005 年的田野調查材料爲基礎，討論崇聖會如何善用孔子此一文化符號整合各門中會，因而強化「久米村人」之認同意識及其過程。

　　日本祀孔始於 701（文武天皇大寶元）年，之後朝代雖有更替，但釋奠始

〔註61〕　澤田洋太郎，1999，《アジア史の中のヤマト民族》，東京：新泉社，頁 243。
〔註62〕　其他有秉燭會，由蔡氏仲井眞元楷所發起的聯誼性社團組織，會費 2,500 日幣，每月聚會 1 次，沒有固定的聚會所，通常在明倫堂或餐館（阮氏与世山茂經營的廣州城）或酒館話家常。秉燭會的名稱取自李白的詩「故人秉燭夜遊良有故哉……」。
〔註63〕　會員數與具體的運作情形，參見第一章第四節。

終不衰。直到 15 世紀下半葉進入戰國時代，釋奠暫時停止。江戶幕府時期，儒學復興，祀孔再度流行，當時以儒學爲官學，是儒學在日本的全盛時期。聖德太子以後，神道與佛教結合，成爲另一種社會信仰風氣，儒教乃轉爲與佛教分庭抗禮的局面〔註 64〕。日本本土目前尚存的孔廟有東京都的湯島聖堂、岡山縣的閑谷學校聖廟、佐賀縣的多久聖廟和白木聖廟神社、栃木縣的足利學校孔子廟、茨城縣的水戶孔子廟、三重縣的ユネスコ村孔子廟、神奈川縣的程ヶ谷大正殿、香川縣的孔聖神社、大阪府的道明寺天滿宮釋奠會、岩手縣的盛岡聖堂、山形縣的庄內藩校致道館、福島縣的會津藩校日新館、熊本縣泗水町孔子廟、長崎縣的孔子廟等〔註65〕。

孔廟在沖繩，本來只是久米村的孔廟，明倫堂原只是爲教育久米村子弟而存在，自成一個封閉的世界，孔廟也鮮有久米村以外的人士前來參拜。但 1895 年中日甲午戰爭（日本稱爲日清戰爭）清國戰敗以後，久米村人逐漸有所體悟：「只能在日本之中活下去」。認爲在這種情況下，與其傳承祖先留下的道理，不如思考如何接受日本教育，從中尋找出久米村人的定位，孔廟的角色應該再作轉換。

1912 年崇聖會於焉創立，最初由一羣以久米村人爲主的有志之士發起至聖廟修繕費募款運動，同時以維持管理至聖廟、明倫堂、執行祭典、普及儒教爲宗旨，組織了崇聖會〔註 66〕，1914 年完成社團法人的登記認可。其間，歷經二次大戰，孔廟化爲灰燼。1962 年崇聖會在琉球政府的認可之下復活，1974 年 12 月至聖廟、明倫堂、天尊廟、天妃宮、正門與四周的石牆竣工。1975 年 1 月 25 日舉行落成典禮及戰後的第一次釋奠。

一、崇聖會的政治氛圍

1970 年代中國大陸還未開放，台灣與沖繩保持相當良好的關係，當時台北市政府致贈大成至聖先師孔子銅像（國立師範大學教授劉獅塑造），立在至聖廟遺址（那霸市久米二丁目二番地五號，照片 6－1），1975 年 1 月 25 日由

〔註 64〕 朱雲影，1981，《中國文化對日韓越的影響》，台北：黎明文化事業，頁 630 ～634。

〔註65〕 重松伸司代表，《在日華人系知識人の生活意識調查──沖繩‧久米崇聖会孔子祭の儀礼‧慣行調查および沖繩‧久米崇聖会生活慣行の聞き取り調查》，頁 31。

〔註66〕 具志堅以德編集‧發行，1975，《久米至聖廟沿革概要》，那霸：久米崇聖会，頁 6。

孔子 77 世孫孔德成主持銅像揭幕儀式。天尊廟的
關聖帝君神像、天妃宮的天后媽祖神像來自台北龍
山寺，正門懸掛的「至聖廟」匾額由當時中琉文化
經濟協會理事長方治〔註67〕所題。

照片 6－1：
位在孔廟舊址的
孔子銅像

　　中國大陸開革開放之後，沖繩人順應世界潮
流，向中國靠攏。1982 年那霸市與福州市締結姊
妹市，並且在松山公園對面建設福州園，1988 年浦
添市與泉州市締結姊妹市，同年兩市為紀念締結姊
妹市，舉辦了學術研討會；學術界與福建的大學、
北京第一歷史檔案館開始交流。久米村人也隨著開
放的腳步，自 1986 年開始陸續回到福建原鄉尋根
〔註68〕，獎助子弟到福建留學、參訪。例如，王氏
門中於 1987 年 10 月前往漳州與同姓宗親會交流。更甚者，將原來刻有方治
落款的「至聖廟」匾額拆除，換成只有至聖廟三字的另一匾額〔註69〕。

　　從這 30 年來的發展來看，我們可以說台灣對久米崇盛會只是一個替代
品，就像許多從事中國研究的民族（人類）學研究者一樣，當中國大陸處於
封閉的政治狀態下時，只能到台灣來從事替代性的研究，等到大陸一開放，
研究重點立刻轉向中國。筆者在阮氏門中會口訪時，事務局長特別針對牆上
掛著的閩琉宗親會交流的紀念旗幟加以解釋，「我們和台灣的宗親會也有往來
哦，只是旗子太多，我們把它換下來」。

二、內部不同的聲音：歷史記憶斷層

　　從事田野調查時，和幾位年輕的研究學者共同體認到一個現象，就是崇

〔註67〕　方治，1958 年在蔣介石的親琉政策下創立中琉文化經濟協會，推動台琉交流
　　　　30 餘年，1989 年 3 月 28 日逝世，葬於國頭郡恩納村月之濱。張希哲，2003，
　　　　《中琉關係的突破》，台北：中琉文化經濟協會，頁 363～364。
〔註68〕　小熊誠，〈現代福建における宗族の復興──伝統の再生と創造──〉，收於
　　　　福建師範大學閩台區域研究中心編，2005，《第 9 屆中琉歷史關係國際學術會
　　　　議論文集》，北京：海洋出版社，頁 198～205。
〔註69〕　2005 年 8 月筆者拜訪崇聖會時正在整修正門，2007 年 3 月再訪，已換成僅有
　　　　「至聖廟」三字的另一匾額。對照筆者 2003 年、2007 年取得的至聖廟簡介，
　　　　可以清楚地瞭解其中的差異。除此之外，方治在其自傳中也提到：「……以及
　　　　本人親撰『有教無類』匾額，孔廟正門之『至聖廟』匾額等各一方，……」，
　　　　參見方治，1986，《我生之旅》，台北：東大圖書，頁 240。

聖會中的代溝觀念。崇聖會內部依年齡層大致可分爲三類,一是老一輩(70
～90 歲者)的主要幹部,包括崇聖會前事務局長上原和信、梁氏吳江會會長
国吉惟弘、崇聖會前理事長具志堅以德等,這一輩人極度厭惡他人將久米村
人與華僑或客家人等同看待;二是出現一批懷疑自己可能是客家人,而積極
到中國大陸尋根的中生代(40～69 歲者),如阮氏我華會的前事務局長與古田
增秋、亀島靖(劇作家,繪本《閩人渡來記──三十六の鷹》作者);而 40
歲以下歲數的年輕人,則大多不知道或根本不關心什麼是久米村人(如圖 6
－7)。

圖6－7:久米村人內部認同分歧

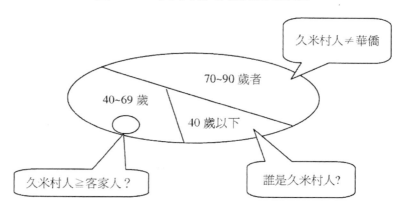

(一)耆老級:我們不是華僑,也不是中國人子孫

久米村長老級人物深信,華僑是爲自己利益、爲作生意而到海外的一群
人,而久米村人是比華僑還要再更早的年代,直接受明、清國朝廷命令來琉,
或應琉球王府要求入籍久米村,對兩國有極大的貢獻的一群人,地位比華僑、
客家人都要來得崇高。崇聖會前理事長具志堅以德(金氏門中)、和崇聖會前
事務局長上原和信(鄭氏門中)是此一信念最典型的代表人物。具志堅甚至
認爲,修得儒學方爲久米村人(儒学を修めてこそ久米村人である)。而上原
更以此信念教育子孫〔註70〕。

　　我們常訓示兒子、孫子説:你們和週遭的人可不一樣喔!全世界到

〔註70〕 重松伸司代表,《在日華人系知識人の生活意識調査──沖繩・久米崇聖会孔
　　　子祭の儀礼・慣行調査および沖繩・久米崇聖会生活慣行の聞き取り調査》,
　　　頁 45、55。

處都有中國城、唐人街（china town），沖繩沒有。理由就是（久米
村人）都是士族，戶籍上全員都是士族，所以沒有形成中國城。

「和週遭的人不一樣」有兩層意義，除了表層駁斥久米村人是華僑的說
法外，深層的意思更是指出，久米村人17姓25系統中，最初的蔡、鄭、林、
梁、金氏才是由明皇帝官派、正統的閩人三十六姓，家格要比由漂流來的，
或由首里、那霸入籍的其他久米村人要高。

必須注意的是，久米村人宣稱自己祖先來自明國時代的閩地方，並不等
於認同自己是「中國人」，具志堅在 1979 年接受戶谷修、重松伸司口訪時，
就明白聲明自己是日本人，並且指責研究人員老是用「中國的子孫」來指稱
久米村人。

> 私たち自身も中国人の子孫だと思っていませんが、……。日本人
> としか思っていません。調査にこられる方がそういうふうなこと
> をよく言われるものだから、今さら何を言うのかなあと思うんで
> すがね [註71] ……。
> （我們並不認爲自己是中國人的子孫……只覺得自己是日本人。來
> 調查的人老是這樣說，還眞不知道該怎麼回答）

然而，在回答這批日本內地來的研究者問題時，卻不時提到「這和日本
不一樣」、「日本是……，沖繩不是這樣」，表現出極爲濃厚的「沖繩」主體意
識，似乎也隱然有日本非我祖國的意思。

筆者在 2003 年 1 月口訪時，曾請問具志堅：「你認爲你是日本人？還是
中國人？」。當下認爲自己問了一個不適當的問題，但他答道：「我住在沖繩，
所以我是沖繩人，沖繩是日本的一縣，當然我也是日本人」。這樣的答案不僅
清楚地表明他認同自己是日本人，同時間接地否認了他是中國人，婉轉地避
開了對發問者的正面指責。

（二）部分中生代：我們應該是客家人

40 歲出頭的阮氏與古田增秋 [註72] 以肯定的語氣明白表示祖先是客家
人，當詢及是否有證據時，回答有但並未出示。根據阮氏家譜的記載，元祖
阮國原是福建漳洲府龍溪縣人，顯然這樣簡單的記載無法成爲證據。熱衷客

〔註71〕 戶谷修・重松伸司，《在沖繩中国系住民の生活意識──文化接触の視点から
　　　　──》，頁 69。
〔註72〕 2003 年 1 月口訪記錄。

家研究的沖繩大學教授緒方修〔註73〕在參加中國世界客家大會後發表的短文中提到，1998 年出版《久米阮氏記念誌》〔註74〕中載有「漳州龍溪石美的阮氏支派有遷居日本沖繩久米村、永定湖雷、永定長流、台灣等。永定位在福建北部深山中，乃客家圓樓櫛比鱗次的客家人密集區。與隔鄰的廣東省梅縣都可說是客家的故鄉」。據此推測阮氏為客家人。

　　梁氏大宗家龜島靖〔註75〕雖也主張梁氏有可能是客家人子孫，但態度較為保留。根據龜島自己的調查〔註76〕，梁氏祖先最早可以上溯至紀元前 770 年授封於梁山的梁康（如表6－4），經過 4 次的遷移，傳到梁嵩，先到福建省福州府長樂縣，再於 1392 年奉派到琉球，是梁康的第 94 代孫，在沖繩已傳 21 代。

表6－4：沖繩梁氏世系簡表

第1系	第2系	第3系	第4系	第5系
夏陽衍派	黃州仕曹梁氏	泉州仕曹里梁氏	華夏梁氏	沖繩梁氏
始祖　梁康（陝西省）	始祖　梁遐（福州）西曆 390 移住三山福州。閩梁氏始祖。	始祖　梁範（惠安縣）	始祖　梁克家（泉州）1127～1187狀元，後為南宋宰相	始祖　梁嵩（福州）1392 來琉1406 長史
傳 39 代	傳 17 代	傳 8 代	傳 13 代	傳 21 代
梁康 ｜ 梁遐	梁遐 ｜ 梁範	梁範 梁克家	梁克家 ｜ 梁嵩	梁嵩（1代） 梁仁（2代） 梁傑（3代） 梁靖（龜島靖） 梁力（21代）

資料來源：梁氏龜島靖提供。

　　劇作家兼導演的龜島發現沖繩的豆腐料理方式和味道與客家極為相像，因此懷疑久米村人之中有來自客家原鄉的，把客家的料理方式傳入沖繩。由

於龜島不是學術界中人，所以他利用報紙的連載小說、和旅遊業合作，以及
演講的方式闡揚他的理念〔註77〕。

　　學術界的高木桂藏極力想證明梁氏是客家人之後。高木在〈久米三十六
姓と渡来客家人〉文中表示沖繩梁氏的祖先是客家人，其家譜的記載即是明
確的證據：「元祖嵩　福建福州府長樂縣人，宋朝國相狀元克家三十世之孫而
至」〔註78〕。據此推溯，應是梁氏祖先梁克家在宋朝時代受到北方民族的壓
迫南遷，而成為南宋的宰相，原本即是漢民族子孫。高木認為梁氏祖先的經
歷應已交代了身為客家的緣由，而客家人的特色：團結心強、具保持文化傳
統精神、具進取尚武的精神、重視教育、對政治有高度的參與感等〔註79〕，
依然可以從後世的梁氏子孫身上完全見到。

　　綜觀高木的論點，應該只能算是推論。理由之一，宋朝中原南遷的未必
全都是漢民族；其二，上列的 5 種特色不必然只有客家人才有，換句話說，
這些個人主觀認定的特色無法作為客家人的民族邊界。再者，中國修撰族譜
時都會儘可能地把自己的祖先與先朝的名人或望族聯繫在一起，以提高家族
和族人的自尊心與榮譽感〔註80〕。因此，曾任南宋宰相的梁克家可能是族譜
修纂者刻意的連繫而非事實，也就是說，族譜中對宋代的祖先記載不能證明
梁氏是客家人。

　　沖繩的族譜可分為記錄的家譜和記憶的家譜〔註81〕。前者指的是「士族
門中」的家譜，後者則是「百姓門中」的家譜。近世琉球（1609～1879）時
期，琉球王府為確立支配體制，建立身分制度，於 1689 年設置系圖座（家譜管
理機構），要求所有士族必須修纂系譜，系譜中的所有記載須經官方認證，是為
記錄的家譜。有家譜者稱為士族（系持ち），沒有家譜者稱為百姓（無系）。

〔註77〕　龜島靖受邀在 2003 年 4 月沖繩ツーリスト創立 45 週年紀念會中，以〈琉球
　　　　歷史の謎とロマンス──琉球王朝と客家人のつながりについて〉（琉球歷史
　　　　之謎和羅曼斯──琉球王朝與客家人的關聯性）為題發表演說。沖繩ツーリ
　　　　スト DM。
〔註78〕　龜島入德，1987，《吳江梁氏世系総図》，那霸：梁氏吳江会，頁 373。
〔註79〕　高木桂藏，〈久米三十六姓と渡来客家人〉，收於国際言語文化学科日本文化
　　　　コース編，1995，《課題としての日本》，静岡：静岡県立大学国際関係学部，
　　　　頁 169～203。
〔註80〕　陳支平，《五百年來福建的家族與社會》，頁 45。
〔註81〕　小熊誠，〈記録された系譜と記憶された系譜──沖繩における門中組織のヴ
　　　　ァリエーション──〉，收於筑波大学民俗学研究室編，2001，《都市と境界
　　　　の民俗》，東京：吉川弘文館，頁 3。

　　近世末期，門中觀念漸漸傳播到農村，百姓開始修纂家譜，由於沒有傳承下來的記錄，僅能依賴前幾代人的記憶修撰，是為記憶的家譜。記憶不及的部分當然沒有記載，記憶所及的部分通常模糊曖昧，因此民間常有利用記憶的模糊，曖昧地將自家家譜與王族或某士族的系譜連繫在一起的現象。

　　士族門中的家譜雖有官方認證，但 1689 年之前的祖先則常因為年代久遠而不可考，如《吳江梁氏家譜》〔註82〕對元祖梁嵩的兒子梁仁的記錄如下：

> 二世諱仁
>
> 號克江衣冠之家必有官職者似不待言而可知也然年代已久文獻無以
>
> 足徵故不敢強記

　　和前述的梁氏家譜兩相對照，可以看出高木的久米梁氏乃客家人子孫的假設很大膽，論述不夠周嚴，而龜島靖的沖繩梁氏世系簡表，在對比那霸市史的《吳江梁氏家譜》之後，可知屬於第 3 代開始的記錄性家譜，可信度高，而第 1 代與第 2 代都只能算是曖昧的記憶性家譜。

（三）新生代：誰是久米村人？

　　20 歲到 30 歲，甚至部分 40 歲的年輕人，在父執輩與耆老間不同聲音的情況下，或是莫衷一是，或是漠不關心，部分人且開始質疑外人眼中自視甚高的久米村人形象究竟從何而來？久米村人的祖先到底是不是明皇帝派遣而來〔註83〕？在幾次田野調查的抽樣訪問案例中，非久米村人不論年齡大小，對久米村人的印象相當一致，亦即「自視甚高」、「多從事與學問有關的行業」。甚至有一受訪者說，「久米村人的臉和我們琉球人不一樣，一看就知道」。

三、當代久米村人的適應選擇

　　久米村人內部有如此的認知差異，無疑地是由於不同年齡成員擁有不同的歷史記憶及歷史記憶斷層所致，歷史記憶斷層又導致「集體記憶競逐」〔註84〕現象。耆老級人物歷經琉球王國到日本國民的改朝換代之苦，仍然秉持上一代的傳承，自許為正統漢學、儒學的傳人，堅信開琉祖先是官派的

〔註82〕　那霸市企画部市史編集室，《那霸市史　資料編第 1 卷 6　家譜資料二（下）》，頁 762。

〔註83〕　梁氏門中子弟國吉美繪子就因為有此問題意識，以「古琉球期久米村的形成過程」為題，撰寫畢業論文。2003 年 1 月田野調查口訪。

〔註84〕　夏春祥，〈文化象徵與集體記憶競逐〉，收於盧建榮編，2001，《文化與權力：臺灣新文化史》，台北：麥田出版，頁 107～148。

身分。

　　而生來就是日本國民的中生代和新生代，對於遠祖已不復記憶，可能只是一片空白，但因著某些因緣與久米村相關的人事物遇合接觸，因而產生不同的想像與連結，乃致有龜島靖選擇客家祖源爲認同的文化符號，與耆老們選擇孔子爲認同符號形成水火不相容的態勢。

　　儘管認同符號選擇不同，但兩者有一共同點，那就是 Shepherd〔註85〕所說的「文化聲望的政治學」。Shepherd 用這樣的例子闡述了他的「文化聲望的政治學」：非中國人借用某種文化要素來提高聲望，提升社會地位，17 世紀的平埔族採用荷蘭人的文化要素，因爲他們認爲當時的荷蘭人文化比漢人墾荒者更具聲望價值，等到漢人的聲望超過荷蘭統治者時，他們又改採漢人的文化要素來提高自己的聲望，因爲在那種社會脈絡情境下對他們有利。

　　同理，耆老之選擇孔子，中生代選擇客家，都是在日本國家體制的情境下，各自選擇了有利於提高自己聲望的文化符號。孔子是東亞共通的符碼，而客家已經走向國際，只是目前選擇孔子派的人士掌握了崇聖會的資源，在這場集體記憶競逐中居於領先地位，掌握了歷史詮釋權。

　　在日本國民的脈絡下，針對中國日益強大的外部拉力與內部成員歷史記憶斷裂的狀況，久米村人選擇遺忘鄭迥、林世功，凸顯包含蔡溫、程順則的儒教。具體的事證是舉辦各項與孔子相關的活動，積極重編更新家譜，重行架構內部共同的歷史記憶，並與國際連結。在這重構與連結的過程中，沖繩的歷史學者扮演舉足輕重的角色。

（一）建構久米村認同的活動與措施

　　爲了行銷久米村特色，喚起久米村人意識，強化「久米村人」認同，崇聖會積極舉辦活動，設立青年部，教育久米村子弟，培養文化接班人。

1、擴大舉行釋奠之禮

　　每年西曆 9 月 28 日舉辦祭孔大典，集合久米系各門中團體、久米共進會、下鄉（屋取聚落）的久米村人，除鼓勵個人參與之外，同時對官、學界廣發邀請帖（參見附錄 6−1），一改過去封閉的作法。藉釋奠儀式對內強化久米村人意識，對外推廣儒教，重塑久米村人是儒教傳人的形象（如圖 6−8）。

〔註85〕John R. Shepherd "Rethinking Sinicization: Processes of Acculturation and Assimilation"，收於蔣斌、何翠萍編，2003，《國家、市場與脈絡化的族群》，台北：中研院民族所，頁 133～150。

圖 6－8：孔廟釋奠之功能

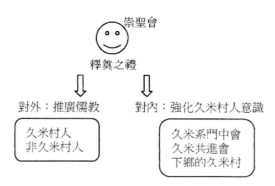

2、至聖廟全年無休開放參觀，建置網頁〔註 86〕**，創新改良宣傳品**

網頁共分設施介紹、地圖、歷史、釋奠、久米三十六姓、久米崇聖會六部分，除了設施及地圖外，其他四項都是耆老的傳承和歷史學者研究成果的累積。對於求功名的參拜者設計了四款「學業成就」符，背面附有香灰，正面分別是孔子銅像、孔子神像、大成殿、孔廟正門，並有文字解釋附香灰的緣由〔註 87〕。

3、文化向下扎根

鼓勵各門中會親子團體參訪崇聖會，從小培養子弟對久米村人的認同。針對中小學生編輯漫畫版的《六諭衍義大意》，引發青少年對久米村人的興趣，進而了解久米村人。

（二）積極重編家譜

族譜乃是一族的記錄，在個人層次上，是將「事實」的記述、個人的認同與榮耀連結在一起的記載〔註 88〕。對久米村人來說，更是證明自己家族身份地位的寶典。族譜在台灣，多由家族中德高望重的長老出面召集族人編修，久米村人中不乏德高望重且富學問的長老，但因日本尊重學術專業權威甚於尊重耆老宿彥，因此族譜多假手學者修纂。已經擁有《久米　毛氏總家譜》

〔註 86〕 久米崇聖會網址：http://kumesouseikai.jp。2013 年至聖廟遷至久米町新址，網頁已改版。

〔註 87〕 在台灣，釋奠之後，參拜民眾拔取牛毛帶回家，可以保佑考試順利；而在沖繩，相傳釋奠之後以香灰沾頭上，祈求腦袋能變得像孔子一樣聰明靈光。

〔註 88〕 小熊誠，〈記録された系譜と記憶された系譜──沖縄における門中組織のヴァリエーション──〉，頁 3。

兩大巨冊的毛氏國鼎會，曾經委託專精《歷代寶案》的歷史學者孫薇編修族譜，其後此事因故擱置。而金氏門中的族譜則委託沖繩國際大學歷史學教授田名眞之修編〔註89〕。

四、與沖繩歷史學者的矛盾關係

久米村耆老們堅信久米村人祖先乃明皇帝所「下賜」而非華僑，是針對歷史學者所發出的。嘉手納宗德〔註90〕、富島壯英〔註91〕、田名眞之〔註92〕都因爲正史沒有記載而否認久米村人祖先的閩人三十六姓是官許移民；眞栄平房昭〔註93〕更直言：僞造明皇帝下賜的史實來賦予權威的理論結構在17世紀以後固定化。認爲久米村人乃華僑集團，將私人性質的渡琉，藉歷史的假造，轉化爲「公」派，目的在保證久米村歷史的正當性，可謂帶有「神話」性格的系譜觀念。

施正峰論客家人認同建構時〔註94〕，提到歷史在這裏的功能是提供客家族群可以接受的集體記憶，能接受多少端賴其成員相信的程度，而集體認同的建構自有不同的凝聚力。也因此，這段記憶的眞實性多寡並不重要。耆老們的反應正是如此，堅信過往的傳承，不受當代歷史學者的影響。弔詭的是，修纂族譜時又必須借助學者的專業來提高權威性。而中生代爲了力證客家祖源，也與學者結合在一起，譬如前述的龜島靖與沖繩大學的緒方修、靜岡縣立大學的高木桂藏。

新生代就讀於沖繩縣內大學的，通常受教於上述的沖繩歷史學者，歷史觀受影響自可預測，梁氏門中子弟國吉美繪子的論文指導教授爲研究琉球王國史的專家高良倉吉，他主張久米村人乃華人集團，雖然對琉球王國的貢獻很大，但眞正的主宰者仍是首里王府的琉球人。用現在的話說，久米村人僅是受僱者。此一觀點隱含著琉球人高於久米村人的階級觀念，並且在相當程

〔註89〕 2007年3月訪問調查。

〔註90〕 嘉手納宗德，1987，《琉球史の再考察》，沖繩：あき書房。

〔註91〕 富島壯英，1982，〈久米三十六姓とは何か——久米村沿革史稿——〉，《青い海　春1982》第110号。

〔註92〕 田名眞之，〈古琉球の久米村〉，《新琉球史——古琉球編——》，那霸：琉球新報社。

〔註93〕 眞栄平房昭，〈對外關係における華僑と国家——琉球の人三十六姓をめぐって——〉，《アジアの中の日本史III　海上の道》，東京：東京大學出版社。

〔註94〕 施正鋒，2000，《台灣人的民族認同》，台北：前衛，頁142～143。

度上削減了久米村人在琉球歷史上的重要性。

小　結

　　認同意識因他者的出現而產生，閩人三十六姓在 14 世紀末移住那霸之後，與時推移，在尚眞王代（1477～1526）實施身分制度時，由民族集團轉換爲王國支配階層的政治集團，18 世紀初身分制度確立，久米村人被定位爲進貢專門技能集團，隨之產生了琉球王國認同，因此才有 1609 年日本薩摩藩入侵之際出現了鄭迵，明治政府意圖指染王國時出現了林世功。1879 年琉球王國被納入日本國家體制，久米村人又從政治集團轉換爲民族集團，備受明治政府有別於其他琉球人的差別待遇。本章以認定和認同的概念爲主軸，探討 16 世紀末期開始琉球王府正式的認定對往後久米村人認同的影響，以及 19 世紀末久米村人由琉球王國人變成日本國民後，如何利用這段歷史記憶重行建構認同的過程。

　　結果，我們發現：自 1392 年久米村人移住琉球迄今，「久米村人」的身分認定現象發生在 16 世紀末到 1879 年（琉球王國被納入日本國家體制）的 3 個世紀之間，是王國身分認定政策的一環，而認同現象則自閩人三十六姓移住之初即已存在，只是認同的內涵隨著時代改變而趨向多重。

一、久米村認定現象始自 16 世紀末

　　在王府強力操控下，從 17 世紀初開始，久米村的「久米」稱名和士族的身分被固定，凡是具有通漢語或擅航海（邊界）的人，不論是否具有閩人三十六姓血緣關係，只要經過王府官方（主體）的認可，就可以編入久米村籍，成爲久米村人，具有士族的身分，享有俸祿（權利），從事明國、清國朝貢特定任務（義務）。久米村人是一種官定身分，這種身分是在具有漢語、航海能力的客觀條件下經官方許可獲得，不可任意變換，是單選的，穩定性強，且

圖 6−9：久米村人認定與認同存在期間

涉及權利義務，邊界清楚（說漢語、具特定唐姓）。這種「久米村人」認定現象直到 1879 年琉球處分之後才戛然而止，爲「日本國國民」所取代（如圖 6－9）。

二、存在多元認同

　　自然性的久米村人認同，則在稱名以及身分被琉球王府（外來力量）固定之前即已存在。他們以共同祖源（閩人三十六姓）爲認同的標誌，這種認同一直維持到現在。近世琉球時代（1609～1879）的久米村人，對內與首里人、那霸人有別，而在面對日本薩摩藩、明國、清國，或南海諸國時則是琉球王國人。

　　目前的情形是，這些當代的久米村人，在面對泊村人（トマリンチュー／ to-ma-rin-chyuu）、或那霸人（ナファーチュー／ na-fa-chyuu）時會自稱久米村人（クニンダチュー／ ku-ni-da-chuu），如圖 6－10-A；面對日本本土人士（大和人・ヤマトゥンチュー／ ya-ma-ton-chuu）時會以ウチナンチュー（u-chi-nan-chuu）自稱，如圖 6－10-B；面對台灣或其他國家則以日本人或沖繩人自稱，如圖 6－10-C。舉例而言，1992 年開始久米村後代陸續回福建尋根，並非以「日本人」或「琉球人」身分訪中，而是以「祖先（血緣）爲閩人的日本人」身分回閩尋根。「祖源」在此處乃是關鍵。由此可知，久米村人可以同時擁有久米村人認同、沖繩人認同、日本人認同等多重認同，因時空因素而作不同的選擇。

圖 6－10：久米村人多重認同結構

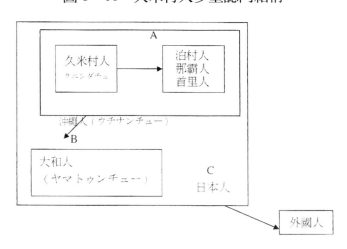

附錄 6−1：至聖釋奠請函

孔子祭りのご案内

拝啓　秋季さわやかな候貴殿には益々ご清栄の事とお慶び申し上げます。

さて、今年度の至聖先師孔子祭典を左記のとおり執行致します。ご多忙の降りとは存知ますが、ご参列賜りますようご案内申しあげます。

　　　　　　　　　　　　　　　　　　　　　敬　具

追伸
お祝儀等はご辞退させていただきます。

記

一、日　時　九月二十八日（水）午後四時
二、場　所　那覇市若狭一丁目二十五番地の一
　　　　　　久米至聖廟（孔子廟）

平成十七年九月吉日

社団法人　久米崇聖会

理事長　吉川　努

資料來源：琉球大學法文學部教授赤嶺守提供。

結 論

　　久米村人的祖先——閩人三十六姓，是明國爲幫助琉球順利進貢而派遣
到琉球的一群人，不僅血緣與琉球人不同，語言、宗教、風俗習慣也不一
樣，是一個民族集團。自 1392 年移住那霸之後，久米村人與琉球成爲生命共
同體，一起走過 450 年（1429～1879）的琉球王朝時代，其中有 270 年（1609
～1879）周旋在中國和日本之間，在中國與日本的夾縫中求生存，繼而一起
被迫崁進近代日本國家體制當中。

　　環繞主題的相關研究可分爲台灣、中國、日本、沖繩四方面，台灣的研
究者早期有吳靄華（台灣師範大學歷史系教授）、徐玉虎（政治大學歷史系教
授）、楊仲揆（中華學術院琉球研究所所長），現在有張啓雄（中央研究院近
代史研究所研究員）、朱德蘭（中央研究院人文社會科學研究中心研究員）、
林泉忠（中央研究院近代史研究所副研究員）、曾煥棋（靜宜大學日本語文學
系副教授）。中國方面主要有謝必震（福建師範大學歷史系）、方寶川（福建
師範大學圖書館研究員）、孫薇（日本法政大學文學博士）、楊國楨（廈門大
學歷史系教授）、林國平（福建師範大學社會歷史學院教授）、徐斌（福建師
範大學歷史學博士）等。日本本土有浜下武志（東京大學東洋史）、戶谷修（追
手門學院大學）等。沖繩方面有田名眞之（神戶大學史學科）、高良倉吉（九
州大學史學專攻）、比嘉政夫、小熊誠等（東京都立大學社會人類學）。

　　綜觀以上，可以發現相關的研究成果絕大部分來自歷史學研究方法，缺
少民族學的視角，因此本書以時間爲縱軸，以民族集團客觀特徵的姓名、語
言、宗教信仰、主觀意識爲橫軸，探討這一民族集團在琉球·沖繩社會脈絡
下改變的過程和因應機制，以及客觀的文化特徵如何影響主觀的認同意識。

簡單地說，本書的問題意識是：600 年的變遷，民族學的視野。

章節安排，除緒論和結論外，本論有六章，分別是久米村人的形成、久米村人職業、久米村人的姓名、久米村人的語言、久米村人的宗教信仰、以及久米村人的認定與認同。在此，筆者依序對久米村人的形成、民族客觀特徵的各章做一摘要後，再就主觀的認同意識做探討。

一、客觀文化特徵泯滅，邊界模糊

（一）久米村人的形成

現在的久米村人口估計在 6000 人以上，有 17 姓 25 系統，分別是鄭、金、林、梁、蔡、紅、毛、阮、王、陳、周、孫、楊、程、曾、魏、李。久米村人原本聚居在那霸久米村，現已分散到沖繩本島各地、沖繩島以外的離島、日本本土以及海外。目前主要以門中會（宗親會）和久米崇聖會的組織團體在運作。社會組織方面，一直維持父系家長制，採外婚制，而且嚴格遵守同姓不婚原則，同時允許異姓養子繼承。

（二）職業

閩人三十六姓中可能大部分是「善操舟者」，少部分是知識人，漸漸地子孫受了教育，部分轉向政治、文教方面發展，但總的來說，主要從事的還是對明國乃至清國的朝貢相關事務，尤其是在 1609 年日本薩摩藩控制琉球王國，實施士農分離的身分制之後，對外朝貢所需的通事、撰寫漢文公文成為久米村人的固定職業。朝貢外交相關職務是體制內的本業，內政、教育及其他技能職務則為體制外的工作。進入近代日本國家體制之後，士農工商四民平等，久米村人失去士族身分，經濟也失去保障，遷移下鄉的「投筆從農」，留在都市的則從事抓捕青蛙等賤業，社會地位隨之一落千丈。我們認為這正是久米村人認同危機的來源。

（三）姓名

琉球人原本只有「童名」，繼而有「唐名」，後有「和名」，而久米村人本有「唐名」，繼有「童名」，後有「和名」。琉球人的童名在 14 世紀末時，為了方便與明國交往，開始以漢字來表記童名，1689 年設立「系圖座」（家譜管理機關）時，士族一律取漢式「唐名」，1879 年日本併吞琉球王國後，廢唐名改和名。

以在地籍那霸人栢姓門中的 5 世良次平安山親雲上爲例，童名眞三良，唐名栢盛（姓栢名盛），良是名乘頭字，名平安山是領地名，親雲上是位階名。家人喚他「眞三良」，出使到明國則以平安山親雲上栢盛自稱，1879 年之後子孫的名字則以「平安山○○」的形式存在。

而久米村人原本有唐名，約在第 3 代的時候開始使用童名，琉球被日本納編之後廢唐名改和名。以紅氏門中 9 世自煥伊指川親雲上爲例，童名千松原，沒有名乘，家人喚其「千松原」，給清國的正式文件則登載爲「伊指川親雲上紅自煥」，1879 年之後子孫的名字則以「伊指川○○」形式存在。比較上下兩個例子，可知 1879 年之後，已經無法從姓名來區辨何者是琉球人，何者是久米村人。

從琉球・沖繩史的角度來說，久米村人的唐名自 14 世紀末開始到 1879年爲止，持續在對明、清國朝貢的正式場合使用，童名約自 15 世紀初至 20世紀初爲止，在家中使用，不過童名和唐名最後都被日本名取代。

（四）語言

明國把久米村通事視爲琉球人的漢語通譯，稱爲「夷通事」，而明國人的琉球語通譯稱爲「土通事」，表示久米村人在 16 世紀後期已經擔任琉球進貢使節團的通事，據此推測久米村人至少通曉琉球語與漢語（官話）。母語的閩南話或福州話可能在與南海諸國交易的時候使用，不過到了第 3 代就已完全流失，轉換爲琉球語。至於執行對明國、清國朝貢業務時必須具備的官話，是以「外語」方式學習，進入 20 世紀以後，官話逐漸被日本語取代，70 歲以上的久米村人仍然是琉球語和日本語的雙語人，70 歲以下的和其他沖繩人一樣，幾乎只會說單一語言日本語。

（五）宗教信仰

久米村人至今仍以家祭和墓祭兩種方式祭拜祖先，家祭與沖繩的傳統信仰相結合，耆老家中還可見到佛壇在左，神壇在右，佛壇置神主牌位，神主牌位又可分爲福建原鄉帶來的遠祖牌位，和新近去世的祖先牌位兩種，年輕一輩則大多改爲日式的「祖靈舍」。墓祭指清明祭，以門中爲單位，在進入清明節氣的第一個假日舉行，祭拜對象通常是開琉始祖。例如阮氏門中的清明祭便是聚集在開琉始祖毛國鼎墓前舉行，供品除了有沖繩當地的水果鳳梨、甘蔗和糕點外，還有全雞、全魚、豬肉三牲，可說是保留原鄉的特色。

從閩人三十六姓的祖籍（福州、泉州、漳州）推測，隨同三十六姓到琉球的道教神明有媽祖（在琉球稱做天妃）、天尊、和龍王等。

琉球原本有 3 處天妃宮，建廟的先後順序是久米村的上天妃宮（1424 年之前）、王家下命建造的下天妃宮（1424）、久米島的天后宮（1424 年之後）。下天妃宮乃官方為公務而建，到了汪楫（1684）來琉時，由於沒有信徒，下天妃宮也就荒廢了。相反的，上天妃宮一直是久米村人的信仰生活的中心，不僅是冊封船在琉期間供奉船上媽祖的臨時處所，也是平日處理朝貢文書的辦公室，更是教育久米村子弟的場所，可以說上天妃宮和久米村人的日常生活緊密結合在一起。至於久米島的天后宮，因為沒有信徒，早已呈現一幅破落景象。

時至今日，天尊、龍王、天妃屈居在舊孔廟的一角，已由衰微轉為沉寂，當今久米村人正以久米崇聖會為基地，戮力重振儒教，建構久米村特色。與此同時，琉球的民間信仰（汎靈信仰、祖靈崇拜）、以及來自日本國家神道的浸染（例如破土儀式的地鎮祭），也已強固的根植於久米村人的生活當中。

（六）認定與認同

琉球王國為確保朝貢所需人才，從 16 世紀末開始陸續將漳州人和「通華語、知禮數」的琉球人編入久米村籍，他們享有固定俸錄保障，肩負朝貢義務，即琉球王國的身分認定政策。

身分認定政策的實施，導致久米村人內部產生階級意識，閩人三十六姓子孫自認為正統，應該比新編入籍這些非正統的享有更高職等官位的權利，導至後來久米村的官職分裂為「譜代」和「筑登之」兩個系統，閩人三十六姓的子孫屬「譜代」系統，其他則列在「筑登之」系統，「筑登之」比「譜代」多一階，多一段的時間歷練。

身分認定政策也影響久米村的認同意識。現代的久米村人，在面對泊村人、或那霸人時，會自稱久米村人；面對日本本土人士時會以ウチナンチュー自稱；面對台灣或其他國家則以日本人或沖繩人自稱。也就是說，久米村人可以同時擁有久米村人認同、沖繩人認同、日本人認同等多重認同，因時空因素而作不同的選擇。

二、認同、認定與歷史

現代久米村人有認同危機。如前所述，近世到近代改朝換代時，社會制

度改變，久米村人未能即時轉業成功，社會經濟地位低落，備受歧視，轉變成一個隱性民族集團。這正是久米村人認同危機的來源。

　　民族的組成有客觀條件和主觀要素，主觀的共屬意識因應行政制度而生時，客觀要素會轉爲主觀要素，成爲自我認同的證據，比如語言的習得或回復傳統等，會引導民族集團往客觀特徵方向發展。客觀特徵和主觀意識互相作用，被認定的主體因應需要，巧妙的操作客觀特徵。在這種狀況下，發揮主導的通常是主體內部權力者或知識分子〔註1〕。

　　民族語言、習慣、宗教信仰幾乎已經完全同化於當地社會的久米村人，解決其認同危機的方法，是由主流派組織久米崇聖會，在至聖孔廟展示具有久米村特色的歷史文化，重行建構「民俗」的傳統文化，藉展示與活動的一再重覆舉行來強化久米村意識。而核心內容的選取，則鎖定在琉球史上被認爲對社會貢獻最鉅的蔡溫和程順則，而捨棄了爲琉球王國對抗日本民族侵略的鄭迥和林世功。蔡溫以儒教思想爲基底，爲琉球王國創造了第二個全盛時代（第一個全盛時代是尙眞王代的「大交易時代」），而名護聖人程順則自中國帶回的儒教修身道德書《六諭衍義》，不僅教育琉球百姓，更因此深受江戶時代日本儒學大家的賞識。

　　另外，久米村人也透過家譜的文字記載、口傳、清明祭的祭祀儀禮來記憶祖先，凝聚團結。不論是眞實或想像，「祖籍地」一向是表現地域性、民族性或社會性認同的重要元素。載有祖籍地的家譜有時可以成爲獲得民族地位和政治地位的重要武器。家譜對久米村人來說，不僅是身分與對琉球社會貢獻的證明，更是與世界各國宗親會交流的重要媒介。

三、「新久米村人」意識的形成

　　久米村人的內涵在16世紀末到18世紀初之間，因爲琉球王府的身分認定政策，陸續加入閩地方、和血緣不同的琉球人，造成久米村人內部產生階級意識。閩人三十六的子孫認爲自己祖先是明皇帝官派的，才是正統，其他則是非正統。這種階級意識只有在面對外部調查者時才會出現，平常是看不到的。與此同時，久米村人雖仍保有福建祖源意識，但不認爲自己是華人，也不是華僑，而是一群不同於琉球人的特殊日本國沖繩縣縣民，我們稱之爲

〔註1〕 劉正愛，2006，《民族生成の歷史人類学——滿州・旗人・滿族》，東京：風響社，頁329～330。

「新久米村人」意識。

由此也印證民族學的理論：語言、宗教、民俗是一個民族集團客觀的文化特徵，也是民族的標識要項，一個民族集團的認同受到這些文化特徵的制約，文化特徵式微，民族邊界模糊，認同感也隨之消失。

跋

一書誕生，萬人成事

《琉球久米村人——閩人三十六姓的民族史》，寫的是十四世紀末的閩人三十六姓，如何變成今日日本沖繩縣那霸的久米村人，寫的是久米村人的民族認同問題。語言、風俗習慣、宗教信仰等客觀特徵，是維持民族邊界的要素，這些客觀特徵消失了，民族邊界也就模糊了，民族邊界模糊了，認同也就起變化了。

久米村人，從原初三十六姓開始，這些來自中國的民族內部，本身無所謂的共同母語，後來雖有官話優勢，卻非人人可用。反倒是祖源的想像成了大家共享的一項，也就是唐山來的唐榮人。久米村人歷來無不創用各種可能方法，設法維持住那份想像足以延續，那怕生活各個方面，不是被琉球化，就是被日本化。

本書以二○○八年完成的博士論文修改而成，有關理論深度、及近年來許多的相關研究，尤其中國在媽祖、琉球史方面的研究發展快速，容許筆者另文再探。

本書能夠出版要感謝很多人，包括家人、同事、朋友，他們長期的容忍和支持；台灣、日本、中國三方許多學術研究先進，他們給予寶貴時間和指導；提供經費補助的學校和機構。一一列舉恐怕需要繞上地球好幾圈，請容筆者以久米崇聖會為代表，在此致上深深謝意。此外，花木蘭文化出版社總編輯杜潔祥先生，另立「古代移民史研究專輯」收錄本書，實在感激不盡。

二○一五年七月

呂青華

參考文獻

一、史籍

1. 李鼎元，1802，《使琉球記》，台北文海版（1966）。
2. 周煌，1759，《琉球國志略》，臺北廣文版（1968）。
3. 夏子陽，1606，《使琉球錄》，台北臺灣學生書局版（1969）。
4. 徐葆光，1721，《中山傳信錄》，臺北臺銀經濟研室版（1957）。
5. 陳侃，1534，《使琉球錄》，上海商務版（1937）。
6. 潘相，1764，《琉球入學聞見錄》，臺北文海版（1973）。
7. 蕭崇業、謝杰，1579，《使琉球錄》，台北臺灣學生書局版（1969）。

二、專書、期刊、會議論文

（一）中文部分

1. Edward W. Said 著、單德興譯，1997，《知識分子論》，台北：麥田出版。
2. 丁鋒，1995，《琉漢對音與明代官話音研究》，北京：中國社會科學出版社。
3. 上里賢一，1986，〈關於琉球知識人和動盪時期的中國——以林世功和蔡大鼎爲中心——〉，《国文学論集 琉球大学法文学部紀要》30：69。
4. 上里賢一著、嚴雅美譯，2001，〈從詩文看林世功的行動與精神〉，收於張啓雄編，《琉球認同與歸屬論爭》，台北：中央研究院東北亞區域研究所，頁 152。
5. 上里賢一著、陳瑋芬譯，2006，〈琉球對儒學的受容〉，《台灣東亞文明研究學刊》第 3 卷第 1 期，頁 3～25。
6. 方治，1986，《我生之旅》，台北：東大圖書。

7.　安煥然，1996，《琉球滿剌加與明朝貢体制的關係：明代前半期（1368～1505）兩個朝貢藩屬國的崛起》，成大歷史語言所碩士論文。

8.　王明珂，1997，《華夏邊緣：歷史記憶與族群認同》，台北：允晨文化。

9.　王賡武，1994，《中國與海外華人》，台北：台灣商務。

10.　朱雲影，1981，《中國文化對日韓越的影響》，台北：黎明文化事業。

11.　吳靄華，1985，〈一六○九年日本薩摩藩入侵琉球之研究〉，《教學研究》第七期。

12.　吳靄華，1989，〈明清時代琉人姓名所受華人姓名的影響〉，收於琉中歷史關係国際學術会議实行委員會，《第二回琉中歷史關係国際學術会議報告　琉中歷史關係論文集》，那霸：琉中歷史關係国際學術会議实行委員会。

13.　吳靄華，1991，〈十四至十九世紀琉球久米村人與琉球對外關係之研究〉，《國立台灣師範大學歷史學報》19：1～196。

14.　吳靄華，1996，〈論明清時代琉球朝貢團之組織〉，收於第五屆中琉歷史關係學術研討會籌備會編，《第五屆中琉歷史關係學術研討會文集》，福州：福建教育出版社，頁531～552。

15.　呂青華，2006，〈久米村人的研究史〉，收於政治大學民族學系編，《政大民族學報》25：263～291。

16.　呂青華，2006，〈台灣的沖繩學——戰後的研究動向〉，收於靜宜大學日本語文學系編，《靜宜大學 2006 年『日本學與台灣學』國際學術研討會會議論文集》，2006 年 5 月 20 日，頁 C2－1～13。

17.　李雲泉，2004，《朝貢制度史論——中國古代對外關係体制研究》，北京：新華出版社。

18.　李世眾，2006，《晚清士紳與地方政治——以溫州爲中心的考察》，上海：上海人民出版社。

19.　李如龍，1997，《福建方言》，福建：福建人民出版社。

20.　李獻璋，1979，《媽祖信仰の研究》，東京：泰山文物社。

21.　宋漱石，1954，《琉球歸屬問題》，台北：中央文物供應社。

22.　周婉窈，2003，《海行兮的年代——日本殖民統治末期臺灣史論集》，台北：允晨文化。

23.　林修澈，1976，〈名制的結構〉，《台灣風物》第 44 卷第 1 期。

24.　林修澈，1996，〈中國的民族語言政策〉，收於施正鋒編，《語言政治與政策》，台北：前衛，頁 295～334。

25.　林修澈，2001，《原住民的民族認定》，台北：行政院原住民委員會。

26.　施正鋒，2000，《台灣人的民族認同》，台北：前衛。

27. 夏春祥，2001，〈文化象徵與集體記憶競逐〉，收於盧建榮編，《文化與權力：臺灣新文化史》，台北：麥田出版，頁 107～148。

28. 孫薇，1993，〈關於冊封朝貢——圍繞中琉的冊封朝貢關係〉，收於琉球中國關係國際學術会議，《第四回琉中歷史關係国際学術会議　琉中歷史関係論文集》，沖繩：琉球中國関係国際学術会議，頁 199～218。

29. 徐恭生，1997，〈明清冊封琉球使臣與媽祖信仰的傳播〉，收於北港朝天宮董事會・台灣文獻委員會編，《媽祖信仰國際學術研討會論文集》，頁 31～44。

30. 徐曉望，2000，〈明清中琉貿易與福建經濟〉，收於中國第一歷史檔案館、第六屆中琉歷史關係學術研討會籌備會編，《第六屆中琉歷史關係學術研討會論文集》，北京：中國第一歷史檔案館、第六屆中琉歷史關係學術研討會籌備會，頁 374～375。

31. 秦國經，1995，〈清代國子監的琉球官學〉，收於中國第一歷史檔案館編，《明清檔案與歷史研究論文選 1985.10～1994.9》，北京：國際文化出版。

32. 翁佳音，1999，〈十七世紀的福佬海商〉，收於湯熙勇編，《中國海洋發展史論文集》第七輯，台北：中研院人文社會科學研究中心，頁 59～92。

33. 馬戎，2001，〈關於民族研究的幾個問題〉，喬健、李沛良、馬戎編，《21世紀的中國社會學與人類學》，高雄：麗文文化，頁 529～553。

34. 張希哲，2003，《中琉關係的突破》，台北：中琉文化經濟協會。

35. 張啓雄，2001，《琉球認同與歸屬論爭》，台北：中央研究院東北亞區域研究所。

36. 張紫晨，1993，〈日本沖繩與中國南方若干習俗的比較〉，收於賈蕙萱、沈仁安編，《中日民俗的異同和交流》，北京：北京大學出版社，頁 185～196。

37. 曹永和，1986，〈明末華人在爪哇萬丹的活動〉，收於中國海洋發展史論文集編輯委員會主編，《中國海洋發展史論文集（二）》，台北：中研院三民主義研究所，頁 219～244。

38. 曹永和，1988，〈明洪武朝的中琉關係〉，收於張炎憲編，《中國海洋發展史論文集》第三輯，台北：中研院三民主義研究所，頁 283～312。

39. 陳支平，2004，《五百年來福建的家族與社會》，台北：揚智文化。

40. 陳尚勝，2001，〈「夷官」與「逃民」：明朝對海外國家華人使節的反應〉，收入世界海外華人研究會、中研院中山人文社會科學研究所編，《第4屆世界海外華人國際學術研討會論文 II》，頁 459～471。

41. 陳紀瀅，1967，《瞭解琉球》，台北：台灣商務印書館。

42. 陳龍貴，2001，〈琉球久米村系家譜與中琉文化關係——以「通事」爲中

心的考察〉，收入琉球・中國關係國際學術會議編，《第 8 回琉中歷史關係國際學術會議論文集》，台北：琉球・中國關係國際學術會議，頁 277～294。

43. 陶晉生，1981，《女眞史論》，台北：食貨出版社。

44. 許嘉璐編，2004，《明史》第二冊，上海：漢語大詞典出版社。

45. 曾麗名，1999，〈媽祖信仰在日本〉，收於許在全編，《媽祖研究》，廈門：廈門大學出版社，頁 167～177。

46. 黃新憲，2000，〈封貢體制與琉球來華留學生教育〉，收於第六屆中琉歷史關係學術研討會籌備會編，《第六屆中琉歷史關係學術研討會文集》，北京：中國第一歷史檔案館，頁 510～519。

47. 黃新憲，2002，《中華文化與閩台社會的變遷》，福州：福建教育出版社。

48. 楊冬荃，2000，〈明代國子監琉球官生考〉，第六屆中琉歷史關係學術研討會籌備會編，《第六屆中琉歷史關係學術研討會文集》，北京：中國第一歷史檔案館，頁 471～497。

49. 楊仲揆，1972，《中國・琉球・釣魚台》，香港：友聯出版社。

50. 楊仲揆，1975，〈琉球亡國與詩人林世功乞師殉國記〉，《華學月刊》38：42～48。

51. 楊仲揆，1981，〈琉球國丞相鄭迥傳并序〉，《中華文化復興月刊》第 14 卷第 3 期，頁 55～56。

52. 楊秀芝，2002，〈朝鮮時代的漢語譯官〉，收於孔慧怡、楊承淑編，《亞洲翻譯傳統與現代動向》，北京：北京大學出版社，頁 38～53。

53. 楊國楨，1991，〈唐榮諸姓宗族的整合與中華文化在琉球的流播〉，收於林天蔚主編，《亞太地方文獻研究論文集》，香港：香港大學亞洲研究中心，頁 120～122。

54. 葛承雍，1992，《中國古代等級社會》，西安：陝西人民出版社。

55. 鄒嘉彥、游汝彥，2001，《漢語與華人社會》，上海：復旦大學出版社。

56. 劉正愛，2006，《民族生成の歷史人類學──滿州・旗人・滿族》，東京：風響社。

57. 劉顏寧，1989，〈從寺廟看中華文化在琉球〉，收於第二回琉中歷史關係国際学術会議実行委員会編集、發行，《第二回琉中歷史関係国際学術会議報告 琉中歷史関係論文集》，頁 639～652。

58. 蔣為文，2005，《語言認同與去殖民》，台南：成大。

59. 蔣為文，2007，《語言文學 kap 台灣國家再想像＝Language, Literature, and Reimagined Taiwanese Nation》，台南：成大。

60. 蔡璋，1951，《琉球亡國史譚》，台北：正中書局。

61. 蕭新煌，1972，〈近代中國社會買辦的形成與演變〉，《現代學苑》第九卷第七期，頁279～288。

62. 謝必震，1996，《中國與琉球》，福建：廈門大學出版社。

63. 謝劍，2004，《民族學論文集》，宜蘭：佛光人文社會學院。

64. 魏世萍，2003，〈文化的衝突妥協與融合——以日治時期虎尾郡已婚女姓氏的變遷為例〉，收於雲林科技大學資料整理研究所，《漢學論壇》2：181～190。

（二）日文部分

1. William P. LEBRA 著、崎原貢崎、原正子訳，1974，《沖縄の宗教と社会構造》，東京：弘文堂。

2. 「沖縄の土木遺産」編集委員会，2005，《沖縄の土木遺産——先人の知恵と技術に学ぶ——》，沖縄：沖縄建設弘済会。

3. 十周年記念事業実行委員，1991，《呉江会の永遠の発展を祈念して》，那覇：梁氏呉江会会長国吉順質。

4. 下野敏見，1989，《ヤマト・琉球民俗の比較研究》，東京：法政大学出版局。

5. 上里隆史・深瀬公一郎・渡辺美季，2005，〈沖縄県立博物館所蔵『琉球國圖』——その史料的価値と『海東諸国紀』との関連性について——〉，日本古文書学会《古文書研究》第60号，頁32～36。

6. 上野和男，1999，《名前と社会—名づけの家族史》，東京：早稲田大学出版部。

7. 久米村600年記念事業期成会編集・発行，1993，《久米村600年記念事業期成会　報告書》。

8. 大島建彦等編，1971，《日本を知る事典》，東京：社会思想社。

9. 大塚民俗学会，1972，《日本民俗事典》，東京：弘文堂。

10. 小渡清孝，1982，《久米村　王姓門中の由来と発展——1982年度門中清明祭りに際しての覚え書き》，未刊本。

11. 小熊誠，1999，〈沖縄の民俗文化における中国的影響の受容と変容および同化に関する比較民俗学的研究〉，《平成5年度～平成7年度科学研究費補助金研究成果報告書》。

12. 小熊誠，2001，〈記録された系譜と記憶された系譜——沖縄における門中組織のヴァリエーション——〉，筑波大学民俗学研究室編，《都市と境界の民俗》，東京：吉川弘文館。

13. 小熊誠，2005，〈現代福建における宗族の復興——伝統の再生と創造——〉，《第9屆中琉歷史關係國際學術會議論文集》，北京：海洋出版

社，頁 198～205。

14. 戶谷修・重松伸司，1979，《在沖繩・中国系住民の生活意識──文化接触の視点から──》，特定研究「文化摩擦」インタヴュー記錄，私家版。

15. 比嘉政夫，1983，〈沖繩の中国系社会における婚姻と社会構造──歷史と現狀──〉，《わが国華人社会の宗教文化に関する調査研究報告書》，沖繩：琉球大学。

16. 比嘉政夫，1983，《沖繩の門中と村落祭祀》，東京：三一書房。

17. 比嘉政夫，1987，《女性優位と男性原理──沖繩の民俗社会構造》，東京：凱風社。

18. 比嘉政夫，1993，《沖繩の祭りと行事》，那霸：沖繩文化社。

19. 比嘉政夫，1999，《沖繩からアジアが見える》，東京：岩波書店。

20. 比嘉春潮，1997，《比嘉春潮　「沖繩の歲月　自伝的回想」》，東京：日本図書センター。

21. 王姓門中資料4　編集委員会，2001，《久米村　王姓門中（槐王会）資料4》，那霸：王姓門中（槐王会）。

22. 內間貴士，2001，《現代沖繩における久米村人──久米崇聖会を事例として》，琉球大学法文学部国際言語文化学科東洋史專攻，學士論文。

23. 外間守善，1977，〈序章　沖繩の言語風景〉，大野晉編，《岩波講座　日本語11　方言》，東京：岩波書店，頁 197～202。

24. 外間守善，1981，《沖繩の言葉》，東京：中央公論社。

25. 外間守善，1986，《沖繩の歷史と文化》，東京：中央公論社

26. 平凡社地方資料センター，2002，《沖繩県の地名》，東京：平凡社。

27. 本惠鄉，1992，《琉球紋章 I》，浦添：琉球紋章館。

28. 田名眞之，1992，《沖繩近世史の諸相》，那霸：ひるぎ社。

29. 田島利三郎，1978，〈琉球見聞錄〉，《琉球文学研究》，東京：第一書房，頁 116～118。

30. 申叔舟著、田中健夫譯註，1991，《海東諸国紀》，東京：岩波書店。

31. 石毛直道，1996，〈總括　国家と民族──世界と日本〉，《民族に関する基礎研究 II──民族政策を中心に──》，東京：總合研究開発機構，頁 215～232。

32. 石崎博志，2001，〈漢語資料による琉球語研究と琉球資料による官話研究について〉，《日本東洋文化論集　琉大法文学部紀要》7：55～134。

33. 伊波信光，1988，《石川市史》，石川：石川市役所。

34. 伊波普猷，1974，《伊波普猷全集　第一卷》，東京：平凡社。

35. 伊波普猷，1998，《沖縄歷史物語　日本の縮図》，東京：平凡社。

36. 伊波普猷・東恩納寬惇・横山重編，1940，《琉球國由來記》，那霸：風
土記社。

37. 伊波普猷・眞境名安興，1965，《琉球之五偉人》，沖縄：小澤書店。

38. 仲地清，1993，〈アメリカ、カナダにおける沖縄研究の歷史と課題〉，
《沖縄文化研究》20：309～335。

39. 仲原善忠，1977，〈官生小史──中国派遣の琉球留学生の概観──〉，
《仲原善忠全集》第一卷，那霸：沖縄タイムス社，頁 530～569。

40. 企画部市史編集室編，1974，《那霸市史　通史篇第 2 卷近代史》，那霸：
那霸市役所。

41. 名護市教育委員会・名護市史編さん室編，2003，《名護親方程順則資料
集一　人物伝記編》，沖縄：名護市教育委員会文化課市史編さん係。

42. 安里進，1992，〈古琉球世界の形成〉，收於琉球大学公開講座委員会編，
《沖縄文化研究の新しい展開》，沖縄：琉球大学学生部学生科，頁 26
～32。

43. 安里進等，2004，《沖縄県の歷史》，東京：山川出版社。

44. 安達義弘，2001，《沖縄の祖先崇拝と自己アイデンティティ》，福岡：
九州大学出版会。

45. 池宮正治等編，1993，《久米村──歷史と人物》，那霸：ひるぎ社。

46. 池宮正治，1999，〈渡唐船の準備と儀式〉，收於中琉文經協會編，《第 7
屆中琉歷史關係國際學術研討會論文集》，台北：中琉文經協會，頁 517
～546。

47. 池宮正治解題，1986，《嘉德堂規模帳》，東京：法政大学沖縄研究所。

48. 池宮城積寶，1993，〈奧間巡查〉，沖縄文学全集刊行委員会編，《沖縄文
学全集 6　小説 1》，東京：国書刊行会，頁 51～62。

49. 糸嶺篤忠，1969，〈久米村人と島中人について〉，《研究余滴》82：1。

50. 糸数兼治，2003，〈琉球における孔子祭祀の受容と学校〉，比嘉政夫編，
《国立歷史民俗博物館研究報告　第 106 集》，千葉：国立歷史民俗博物
館，頁 93～101。

51. 西里喜行，1986，〈琉臣殉義考──林世功の自刃とその周辺〉，島尻勝
太郎・嘉手納宗德・渡口眞清三先生古稀記念集刊行委員会編集，《球陽
論叢：島尻勝太郎・嘉手納宗德・渡口眞清三先生古稀記念集》，那霸：
ひるぎ社。

52. 西里喜行，2002，〈土通事謝必震とその後裔たち──中琉交涉史の一側
面──〉，《琉球大学教育学部紀要》60：26。

53. 村上重良，1970，《國家神道》，東京：岩波書店。

54. 沖縄歷史研究，1967，《蔡溫選集》，那霸：星印刷出版部。

55. 沖縄県姓氏家系大辞典編纂委員会，1993，《沖縄県姓氏家系大辞典》，東京：角川書店。

56. 沖縄習俗研究会，1986，《門中拝所巡りの手続き——沖縄霊地の歷史と伝承——》，那霸：月刊沖縄社。

57. 沖縄郷土月刊誌，1972，《青い海》第 3 卷第 1 號。

58. 沖縄大百科事典刊行事務局，1983，《沖縄大百科事典　上卷》，那霸：沖縄タイムス社。

59. 沖縄大百科事典刊行事務局，1983，《沖縄大百科事典　中卷》，那霸：沖縄タイムス社。

60. 沖縄大百科事典刊行事務局，1983，《沖縄大百科事典　下卷》，那霸：沖縄タイムス社。

61. 沖縄県公文書館編，2002，《日本復帰 30 周年記念特別展　資料に見る沖縄の歷史》，沖縄県。

62. 赤井聰司，2002，《日本統治時代台湾に移植された国家神道》，成功大學歷史學系學士論文。

63. 赤嶺守，2004，《琉球王国》，東京：講談社。

64. 赤嶺誠紀，1988，《大航海時代の琉球》，那霸：沖縄タイムス社。

65. 那霸出版社編集，2001，《沖縄門中大事典》，沖縄：那霸出版社。

66. 那霸市史企画部市史編集室，1979，《那霸市史　資料編第 2 卷中の 7　那霸の民俗》，那霸：那霸市史企画部市史編集室。

67. 那霸市企画部市史編集室，1980，《那霸市史　資料編　第 1 卷 6　家譜資料二（下）》，那霸：那霸市企画部市史編集室。

68. 阮氏記念誌編集委員会，1998，《阮氏記念誌》，那霸：阮氏我華会。

69. 具志堅以德編集・發行，1975，《久米至聖廟沿革概要》，那霸：久米崇聖会。

70. 具志堅以德編集・發行，1988，《久米村の民俗》，那霸：久米崇聖会。

71. 東恩那寬惇，1925，《琉球人名考》，東京：郷土研究社。

72. 東恩那寬惇，1941，《黎明期の海外交通史》，東京：帝國教育會出版部。

73. 東恩那寬惇，1950，《注釈　南島風土記》，那霸：沖縄郷土文化研究会、南島文化資料研究室。

74. 武光誠，1998，《名字と日本人——先祖からのメッセージ》，東京：文藝春秋。

75. 河村只雄，1942，《続南方文化の探求》，東京：創元社。

76. 金城正篤・上原兼善・秋山勝・仲地哲夫・大城將保，2005，《沖縄県の百年　県民百年史 47》，東京：山川出版社。

77. 屋嘉比収，2007，〈「日本語」「日本民族」の編成でいかに翻弄されたか──沖縄の郷土史家・島袋全発の軌跡〉，古川ちかし、林珠雪、川口隆行，《台湾・韓国・沖縄で日本語は何をしたのか──言語支配のもたらすもの》，東京：三元社，頁 155〜173。

78. 重松伸司代表，2004，《在日華人系知識人の生活意識調査──沖縄・久米崇聖会孔子祭の儀礼・慣行調査および沖縄・久米崇聖会生活慣行の聞き取り調査》，追手門学院大学　2003 年度学内共同研究報告書。

79. 原知章，2000，《民俗文化の現在──沖縄・与那国島の「民俗」へのまなざし──》，東京：同成社。

80. 孫薇，1999，〈市舶司の責務と琉球進貢使の受け入れ方〉，收於中琉文化經濟協會，《第七屆中琉歷史關係國際學術會議　中琉歷史關係論文集》，台北：中琉文化經濟協會，頁 308〜330。

81. 孫薇，2002，〈中国（明朝廷）の琉球に對する勅封の歷史〉，《史料編集室紀要》27，拔刷。

82. 宮田節子・金英達・梁泰昊，1992，《創氏改名》，東京：明石書店。

83. 宮城栄昌，1968，《沖縄の歴史》，東京：日本放送出版協会。

84. 島尻勝太郎・嘉手納宗德・渡口眞清先生古稀記念論集刊行委員会，1986，《球陽論叢》，那霸：ひるぎ社。

85. 浦添市教育委員會，1988，《琉球──中国交流史をさぐる》，浦添：浦添市教育委員會。

86. 琉球大学公開講座委員会，1992，《沖縄文化研究の新しい展開》，沖縄：琉球大学学生部学生科。

87. 琉球政府編，1972，《沖縄県史 22 民俗 1》，東京：国書刊行会。

88. 琉球新報社，1989，《新琉球史　近世編（上）》，那霸：琉球新報社。

89. 琉球新報社，1991，《新琉球史　近世編（下）》，沖縄：琉球新報社。

90. 琉球新報社，1991，《新琉球史　古琉球編》，那霸：琉球新報社。

91. 眞境名安興、島倉龍治，1923，《沖縄一千年史》，那霸：沖縄新民報社。

92. 眞栄平房昭，1986，〈近世琉球における個人貿易の構造〉，《球陽論叢：島尻勝太郎・嘉手納宗德・渡口眞清三先生古稀記念集》，那霸：ひるぎ社，頁 239〜262。

93. 眞栄平房昭，1993，〈近世琉球における航海と信仰〉，《沖縄文化》28：1。

94. 眞栄田義見，1976，《蔡温・伝記と思想》，沖縄：月刊沖縄社。

95. 神山克明，1989，《沖縄の氏と姓の由来》，那覇：月刊沖縄社。

96. 高木桂蔵，1995，〈久米三十六姓と渡来客家人〉，国際言語文化学科日本文化コース編，《課題としての日本》，静岡：静岡県立大学国際関係学部，頁 169～203。

97. 高良倉吉，1989，《琉球王国史の課題》，那覇：ひるぎ社。

98. 高良倉吉，1993，《琉球王国》，東京：岩波書店。

99. 高良倉吉，1996，〈琉球史研究からみた沖縄琉球民俗研究の課題〉，《民族学研究》。

100. 高良倉吉，1998，《アジアのなかの琉球王国》，東京：吉川弘文館。

101. 高良倉吉・豊見山和行編，2005，《琉球沖縄と海上の道》，東京：吉川弘文館。

102. 高橋誠一，2002，〈琉球唐栄久米村の景観とその構造〉，関西大学東西學術研究所，《東西学術研究所紀要》第 35 輯，拔刷。

103. 高瀬恭子，1985，〈明代琉球国の「久米村人」の勢力について──『歴代寶案』による──〉，南島史学会編，《南島──その歴史と文化──5》，東京：第一書房，頁 153～177。

104. 国吉有慶編，1969，《程順則名護親方寵文頌德碑　蔡温具志頭親方文若頌德碑》，那覇：社団法人久米崇聖会。

105. 崎浜秀明，1980，《蔡温全集》，東京：本邦書籍。

106. 深澤秋人，2000，〈清代における琉球使節の再檢討──渡唐役人としての勤学人を中心に──〉，第六屆中琉歷史關係學術研討會籌備會編，《第六屆中琉歷史關係學術研討會文集》，北京：中國第一歷史檔案館，頁 257～258。

107. 球陽研究会，1974，《沖縄文化史料集成 5　球陽　原文編》，東京：角川書店。

108. 富島壯英，1982，〈久米三十六姓とは何か──久米村沿革史稿──〉，《青い海　春 1982》第 110 号，頁 44～50。

109. 富島壯英，1987，〈明末における久米村の衰退と振興策について〉，收於中琉文化經濟協會編，《第 1 屆中琉歷史關係國際學術會議論文集》，台北：聯合報文化基金會國學文獻，頁 469～490。

110. 渡口眞清，1975，《近世の琉球》，東京：法政大学出版局。

111. 渡辺欣雄，2004，《民俗知識論の課題──沖縄の知識人類学──》，東京：凱風社。

112. 渡辺欣雄、三浦国雄編，1994，《風水論集》，東京：凱風社。

113. 鄉土研究会，1966，《李朝實録　琉球關係資料》，那霸：鄉土研究会。

114. 塚田清策，1968，《文字から見た沖繩文化の史的研究》，東京：錦正社。

115. 新村出編，1955，《広辞苑》，東京：岩波書店。

116. 新里金福，1993，《琉球王朝史》，東京：朝文社。

117. 新里群子，1992，〈沖繩史における外来宗教の影響〉，《沖繩女性史研究》第8号，頁11。

118. 新里恵二・田港朝昭・金城正篤，1972，《沖繩県の歴史》，東京：山川出版社。

119. 新崎盛編，2000，《沖繩の素顔　PROFILE OF OKINAWA: 100 Questions and Answers》，東京：テクノマーケティングセンター。

120. 嘉手納宗德，1987，《琉球史の再考察》，沖繩：あき書房。

121. 橫山重編，1972，《琉球史料叢書》第五卷，東京：東京美術。

122. 喜多田久仁彥，2003，〈中国語教育と中国文化——長崎唐通事の中国語教育〉，全国日本学士会会誌，《ACADEMIA》82：10〜13。

123. 澤田洋太郎，1999，《アジア史の中のヤマト民族》，東京：新泉社。

124. 築都晶子，2001，〈琉球と中国の神々〉，收於遊佐昇・野崎充彥・增尾信一郎編，《講座　道教第六卷　アジア諸地域と道教》，東京：雄山閣，頁152〜176。

125. 糖業研究會出版部，1916，《琉球語便覽》，東京：糖業研究會出版部。

126. 龜島入德，1987，《吳江梁氏世系総図》，那霸：梁氏吳江会。

127. 浜下武志，2000，《沖繩入門——アジアをつなぐ海域構想》，東京：筑摩書坊。

128. 瀨戶口律子，1994，《琉球官話課本研究》，香港：吳多泰中國語文研究中心。

129. 邊土名朝有，1986，〈對明国入貢と琉球国の成立〉，收於球陽論叢——島尻勝太郎・嘉手納宗德・渡口眞清三先生古稀記念論集刊行委員会編，《球陽論叢——島尻勝太郎・嘉手納宗德・渡口眞清三先生古稀記念論集》，那霸：ひるぎ社。

130. 邊土名朝有，1998，《琉球の朝貢貿易》，東京：校倉書房。

131. 関晃，1956，《帰化人》，東京：至文堂。

（三）西文部分

1. John R. Shepherd, 2003, "Rethinking Sinicization: Processes of Acculturation and Assimilation"，收於蔣斌、何翠萍編，《國家、市場與脈絡化的族群》，台北：中研院民族所，頁133〜150。

2. Koji TAIRA（平恒次）, 1994, "Ryukyuan Studies in North America: The State of the Field"（アメリカにおける琉球研究の現状），《南島文化》16：1～22。

三、網頁

1. 行政院內政部統計處，台灣各縣市人口統計，http://www.moi.gov.tw/stat/city02.aspx，擷取日期：2015 年 7 月 12 日。

2. 沖繩歷史情報研究会，《歷代寶案》第一集卷十二，琉球關係文獻索系統，www.okinawa.oiu.ac.jp，擷取日期：2015 年 7 月 13 日。

3. 沖繩県庁，沖繩縣人口推估，http://www.pref.okinawa.jp/，擷取日期：2015 年 7 月 12 日。

4. 沖繩県立図書館貴重資料電子書庫，范鑛，1708，《六諭衍義》程氏本，archive.library.pref.okinawa.jp，擷取日期：2015 年 7 月 16 日。

5. 拓殖大学総合情報センター，緒方修，〈中国・世界客家大会に参加して（下）〉，http://www.cnc.takusyoku-u.ac.jp，擷取日期：2003 年 10 月 16 日。

6. 風游サイト，〈沖縄自立構想の系譜〉，《沖縄の自治の新たな可能性》報告書 No.5，http://www7b.biglobe.ne.jp/~whyou/okinawajichiken0410.htm，更新日期：2015 年 7 月 16 日。

7. 琉球文化アーカイブ，間切集成図，http://rca.open.ed.jp/city-2002/road/history/his2_041_p.html，擷取日期：2015 年 7 月 16 日。

8. 國學導航，二十二箚記，http://www.guoxue123.com/biji/qing/ees/034.htm，擷取日期：2015 年 7 月 13 日。

9. 教育部異體字字典，甘套，http://140.111.1.40/fulu/fu5/kor/kor022.htm，擷取日期：2015 年 7 月 16 日。

10. 雅虎地圖 Japan，久米行政區劃圖，http://map.yahoo.co.jp/，更新日期：2015 年 7 月 12 日。

大事年表

日本 年號	朝代	日　　本	西曆	朝　代	琉球・沖繩	中國 年號	世　界
		繩文時代	B.C. 479		貝塚時代	B.C. 479	孔子（B.C. 550～479） 時代
正平23			1368	察度19	明朝興	明洪武1	
文中1			1372	察度23	明太祖遣楊載招諭琉球	洪武5	
					中山王向明進貢		
天授6			1380	察度31	山南王承察度初次向明進貢	洪武13	洪武帝與日 本斷絕交通
弘和3			1383	察度34	山北王帕尼芝初向明入貢	洪武16	
元和9	室町	南北朝合一	1392	察度43	○開始派遣官生 ○相傳閩人36姓來琉		李成桂朝鮮 建國
					蔡崇、金瑛、鄭義才、林喜、 梁嵩（洪武・永樂年間）	明洪武25	
應永10		足利義光受明冊 封開始正式邦交	1403	武寧8	永樂年間（～1424）、紅英・ 陳康自福建省歸化琉球	永樂1	1403改北平 爲北京
應永13			1404	武寧9	冊封使時中渡來，冊封中山 王武寧	永樂2	
應永12			1406	思紹1	尙巴志滅中山王武寧，立思 紹爲中山王	永樂4	
應永22			1415	思紹10	他魯每繼任山南王	永樂13	
應永23			1416	思紹11	尙巴志滅北山	永樂14	
應永29			1422	尙巴志1	○尙巴志任中山王（第一尙 氏王朝開始） ○懷機繼王茂之後任國相	永樂20	

日本年號	朝代	日　　本	西曆	朝　代	琉球・沖繩	中國年號	世　界
應永 31			1424	尚巴志 3	創建下天妃廟	永樂 22	
應永 32			1425	尚巴志 4	冊封使柴山渡來，冊封尚巴志爲中山王	洪熙 1	
應永 34			1427	尚巴志 6	**懷機**立安国山樹華木之記碑（琉球最早之金石文）	宣德 2	
永享 1			1429	尚巴志 8	尚巴志滅南山統一三山	宣德 4	
享德 2			1453	尚金福 4	志魯.布里之亂	景泰 4	
長祿 2			1458	尚泰久 5	○護佐丸.阿麻和利作亂 ○萬國津梁鐘掛首里城正殿	天順 2	
寬政 2			1461	尚德 1	遣蔡璟、普須古出使朝鮮	天順 5	
文明 1			1469	尚德 9		成化 5	市舶司自泉州移至福州設置琉球館（柔遠驛）
文明 2			1470	尚円 1	金丸（尚円）繼任王位，第二尚氏王統始	成化 6	
文明 3			1471	尚円 2	○申叔舟著《海東諸國紀》「琉球國圖」中有〈久面里〉被認爲可能是指久米村 ○蔡璟的私造蟒龍羅緞服事件	成化 7	
文明 4			1472	尚円 3	亞佳度創建蔡氏祠堂（後來的忠盡堂）	成化 8	
文明 5			1473	尚円 4	蔡漳人等在福州放火殺人事件	成化 9	
文明 6			1474	尚円 5	進貢由不時進貢改爲二年一貢且限制入京人員	成化 10	
延德 2			1490	尚眞 14	進貢使節北京入京人員減少	弘治 3	
明應 7			1498	尚眞 22	梁能、陳義等人督造圓覺寺放生池、石橋，設立國王頌德碑（碑文有梁能、陳義、程璉、鄭玖、蔡實的名字）	弘治 11	
永正 3			1506	尚眞 30	獲准 1 年 1 貢	正德 1	
大永 2			1522	尚眞 46	○嘉靖年間（～1566）鄭肇祚、蔡宗貴入久米村籍 ○再度限制 2 年 1 貢	嘉靖 1	西班牙麥哲倫一行世界一周成功
天文 3			1534	尚清 8	冊封使陳侃來琉	嘉靖 13	

日本年號	朝代	日 本	西曆	朝 代	琉球・沖繩	中國年號	世 界
天文 11			1542	尚清 16	中國商人在那霸港騷動，被蔡廷美捕獲，遣返福州		
天文 18			1549	尚清 23	**鄭迵出生**（～1612）	嘉靖 28	
永祿 5			1562	尚元 7	冊封使郭汝霖來琉	嘉靖 41	
永祿 8			1565	尚元 10	官生派遣（**鄭迵**、梁炤等 4 人）	嘉靖 44	
			1567				明海禁緩和
		織田信長制定金、銀、錢交換率	1569				
元龜 1			1570	尚元 15	暹邏最後遣船（東南亞貿易斷絕）	隆慶 4	
			1572				張居正財政改革一條鞭法
天正 1	安土	足利幕府亡	1573	尚永	萬曆年間（～1615 年）梁守德久米村入籍	萬曆 1	
天正 3		長篠之戰	1575		林世重久米村入籍		
		基督教鎮壓開始	1587				
		秀吉發布海賊停止令	1588				
		琉球使僧到薩摩	1589				
天正 19			1591	尚寧 22	出身福建的王立思、阮明入久米村籍	萬曆 19	
文祿 1		秀吉出兵朝鮮（文祿之役）	1592			萬曆 20	
慶長 2		秀吉再度出兵朝鮮（慶長之役）	1597			萬曆 25	
慶長 5		關原之戰	1600			萬曆 28	
慶長 8		德川家康、開江戶幕府	1603			萬曆 31	
慶長 11			1606		○冊封使夏子陽來琉封尚寧王爲中山王 ○鄭迵就任三司官 ○夏子陽在〔使琉球錄〕中感嘆營中（久米村）的半廢墟及衰退狀	萬曆 34	

日本 年號	朝代	日　　本	西曆	朝　代	琉球‧沖繩	中國 年號	世　界
慶長 12	江戶		1607		毛國鼎‧阮國入久米村籍	萬曆 35	
慶長 14			1609		島津入侵琉球，尚寧王被俘虜	萬曆 38	
慶長 15		薩摩設置琉球館	1610		○蔡堅攜回孔子繪像，琉球孔子祭禮開始 ○王舅毛鳳儀、長史金應魁向明請求貢期密集	1613	
慶長 17			1612	尚寧 24	向明進貢受限為 10 年 1 貢	萬曆 40	
			1617	尚寧	陳華自福建省入籍久米村		努爾哈赤建清國
元和 8			1622	尚豐 2	向明進貢懇求 2 年 1 貢，僅獲准得 5 年 1 貢	天啓 2	
			1628	尚豐	崇禎年間（～1644）周文郁久米村入籍	1620	清教徒搭玫瑰花號移住美國
		在林羅山家塾建立聖堂「先聖堂」	1632	尚豐 12			
寬永 10			1633	尚豐 13	派謝恩使至明（王舅向賀齡紫金大夫蔡堅）獲允 2 年 1 貢	崇禎 6	
寬永 11			1634	尚豐 14	開始派遣慶賀使謝恩使（上江戶）	崇禎 7	
		江戶幕府發行寬永通寶					
正保 1			1644	尚賢 4		順治 1	明滅亡清統一中國
			1645		孫良秀京都→經琉球入久米村籍	順治 2	
				尚賢 5	孫自昌、久米村入籍（唐榮孫氏之始祖）		
			1646	尚賢 6	王舅毛泰久、長史金正春、都通事王明佐等人為慶賀隆武帝即位渡閩，但因清興起而投誠	順治 3	
1647		長崎、中島聖堂建立	1647			順治 5	
慶安 1			1648	尚質 1	漂流民楊明州（1629 浙江省）入久米村籍	順治 6	

日本年號	朝代	日　本	西曆	朝　代	琉球・沖繩	中國年號	世　界
慶安 3			1650	尚質 3	○久米村厭從清朝風俗而從琉俗 ○羽地朝秀著《中山世鑑》	順治 7	
承應 3			1654	尚質 7	久米村人口 995	順治 11	
明曆 2			1656		曾志美（曾益之父）、程泰祚（程順則之父）由首里改入久米村籍（久米村強化政策的一環）	順治 13	
寬文 3			1663	尚質 16	清初冊封使張學禮來琉冊封尚質	康熙 2	
寬文 4			1664	尚質 17	北谷　惠祖事件	康熙 3	
寬文 6			1666	尚質 19	鄭職良自中國攜回冷傘五方旗	康熙 5	
寬文 7			1667	尚質 20	○楊春枝在閩學曆法 ○周國俊在閩學地理 ○創設久米村屬地久茂地村	康熙 6	
寬文 8		足利學校孔子廟建立：現存日本最古的孔子廟	1668			康熙 7	
寬文 9			1669	尚貞 7	魏士哲自首里入籍久米村	康熙 8	
寬文 10		閑谷學校聖堂完成	1670		林胤苪自小祿間切入久米村籍	康熙 9	
延寶 1			1673			康熙 12	三藩之亂起～1681
			1675		完成久米至聖廟內聖像塑像	1682	法凡爾賽宮殿完成
延寶 3					金正春建立久米至聖廟，執行釋奠		
延寶 4			1676	尚貞 8	金正春建立孔廟	康熙 15	
延寶 5			1677	尚貞 9	蔡國器因靖南王之變攜帶予靖南王的啓及給清國的咨前往中國	康熙 16	
延寶 6			1678	尚貞 10	○接貢船定例化 ○置講解師（講談師）訓詁師（讀書師）	康熙 17	
延寶 8			1680	尚貞 12	設置中議大夫	康熙 19	
元和 2			1682	尚貞 14	蔡溫出生～1761	康熙 21	

日本年號	朝代	日　　本	西曆	朝　代	琉球·沖繩	中國年號	世　界
		德川綱吉「生類憐みの令」発布	1687				
元祿 1			1688	尚貞 20	魏士哲在福州學補脣術	康熙 27	
元祿 2			1689	尚貞 21	○設置系圖座 ○曾益著《執圭堂詩草》 ○改修板敷橋爲石橋 （碑記王可法撰文）	康熙 28	
元祿 3			1690	尚貞 22	久米村人口 1632	康熙 29	
元祿 6			1693	尚貞 25	程順則著《雪堂紀榮詩》	康熙 32	
元祿 10			1697	尚貞 29	蔡鐸編《中山世譜》～1701 編集《歷代寶案》第 1 集	康熙 36	
元祿 11			1698	尚貞 30	○程順則在福州發行 《雪堂燕遊草》 ○鄭弘良在大嶺村奉祀土帝 君像	康熙 37	
元祿 12			1699	尚貞 31	尚貞慶祝久米村繁榮在王城 開宴招待通事以上人等	康熙 38	
寶永 5			1708	尚貞 40	○蔡溫在福州學地理學 ○程順則在福州出版《六諭 衍義》	康熙 47	
正德 3			1713	尚敬 1	○蔡溫任國師 ○久米村祭禮獲准以儒式進 行（1719 回復佛式）	康熙 52	1695 紫禁城 太和殿完成
正德 5			1715	尚敬 3	程順則任久米村總役	康熙 54	
			1718	尚敬 6	久米至聖廟內設明倫堂·祭 祀啓聖祠	康熙 57	
享保 4		新井白石著《南島志》	1719		○釋奠祭式改正（仿中國禮）	康熙 58	
					→至聖廟行大牢祭式、啓聖 祠行小牢		
					○冊封使海寶　徐葆光來琉 冊封尚敬		
享保 8			1723	尚敬 11	派遣鄭秉哲等 3 人爲官生	雍正 1	
享保 9			1724	尚敬 12	蔡溫改修《中山世譜》	雍正 2	
享保 10			1725	尚敬 13	程順則刊行《中山詩文集》	雍正 3	
享保 13			1728	尚敬 16	○蔡溫任三司官 ○程順則任名護間切總地頭 職 ○久米村分定里之子、筑登 之家	雍正 6	

日本年號	朝代	日　　本	西曆	朝　代	琉球・沖繩	中國年號	世　界
享保 14			1729	尚敬 17	久米村人口 2838	雍正 7	
享保 17			1732	尚敬 20	蔡溫等人發布〔御教条〕	雍正 10	
元文 1			1736	尚敬 24	蔡文溥著《四本堂家礼》	乾隆 1	
寬保 2			1742	尚敬 30	久米村置漢文組立一職	乾隆 7	
延享 2			1745	尚敬 33	鄭秉哲等人編集《球陽》	乾隆 10	
寶曆 10			1760	尚穆 9	應我謝親方建議在久米村實施〔科〕（職務任用考試）	乾隆 25	
天明 1			1781	尚穆 30	限制久米村官職依品級選拔	乾隆 46	
寬政 9			1797	尚溫 3	蔡世昌任國師	嘉慶 2	
寬政 10			1798	尚溫 4	在首里創設公學校（後來的國學）。官生騷動（導致官生4 人中的半數由首里選拔）	嘉慶 3	
文化 3			1806	尚灝 3	鄭嘉訓任上江戶的儀衛正	嘉慶 11	
天保 2			1831	尚灝 28	魏學源編集、制定〔新集科律〕	道光 11	
天保 11			1840	尚育 6	遣阮宣紹為官生	道光 20	
天保 13			1842	尚育 8	鄭元偉任上江戶的儀衛正	道光 22	
弘化 1			1844	尚育 10	尚元魯鄭元偉、魏學賢〔東遊草〕刊行	道光 24	
嘉永 6			1853	尚泰 6	貝里來航	咸豐 3	
安政 6			1859	尚泰 12	牧志恩河事件	咸豐 9	
文久 1			1861	尚泰 14	阮宣紹任總役（最後的久米村總役）	咸豐 11	
慶應 2			1866	尚泰 19	冊封使趙新來琉冊封尚泰（最後一位冊封使）	同治 5	
明治 1		明治政府成立	1868	尚泰 21	派遣最後官生林世功等 4 人	同治 7	
明治 4			1871	尚泰 24	台灣遭害事件　宮古島民漂流到台灣 54 人被殺害	同治 10	
明治 5			1872	尚泰 25	○派遣維新慶賀使到東京○琉球國改琉球藩	同治 11	
明治 7		出兵台灣	1874	尚泰 27	派遣進貢使	同治 13	
			1875	尚泰 28	處分官內務大臣松田道之來琉，命琉與清國斷絕關係		
			1876	尚泰 29	幸地朝常、蔡大鼎、林世功一等人密航清國（脫清人前仆後繼）		

日本 年號	朝代	日　　本	西曆	朝　代	琉球·沖繩	中國 年號	世　　界
明治 10		西南戰爭 （1877～1878）	1878	尚泰 31	清國公使向日本政府抗議琉球處分		
明治 12	明治		1879	尚泰 32	○斷行琉球處分，廢琉球藩置沖繩縣 ○至聖廟等資產國有化	1897	朝鮮國改稱大韓帝國
明治 13			1880	沖	分島問題林世功因請願在北京自刃	光緒 6	
大正	大正	大正天皇即位	1912	繩	久米崇聖會設立、社團法人認可（1914 年）	1912	清滅，中華民國成立
		第一次世界大戰 （～1918）	1915	縣	至聖廟等資產由那霸區所有讓渡給久米崇聖會	1914	第一次世界大　戰（～1918）
昭和	昭和	太平洋戰爭終結 （1941～1945）	1944		至聖廟、明倫堂等因「10.10空襲」化爲灰燼	1945	第二次世界大 戰 終 結（1939～1945）
			1975	沖繩縣	廟堂在現址復元、執行復建後第一次釋奠	1975	越南戰爭結束
					孔子銅像在孔子廟舊址設立		
平成	平成		1992		閩人 36 姓渡琉 600 週年首里城復建完成		
			1993		「琉球之風」NHK 年度大戲播出		
			2007		仲井間弘多（蔡氏）任沖繩縣知事		
			2013		新至聖廟落成（在久米町）		
			2014		久米崇聖會創立 100 週年紀念會